ŒUVRES

DE

DENIS DIDEROT.

TOME III.

PROSPECTUS DE L'ENCYCLOPÉDIE.
SUR LE PROJET D'UNE ENCYCLOPÉDIE.
LETTRE AU R. P. BERTHIER, jésuite.
SECONDE LETTRE AU R. P. BERTHIER, jésuite.
AUX JEUNES GENS QUI SE DISPOSENT A L'ÉTUDE DE LA PHILOSOPHIE NATURELLE.
DE L'INTERPRÉTATION DE LA NATURE.
PRINCIPES SUR LA MATIÈRE ET LE MOUVEMENT.
SUPPLÉMENT AU VOYAGE DE BOUGAINVILLE.
LETTRE A MADAME LA COMTESSE DE FORBACH, SUR L'ÉDUCATION DES ENFANS.
LETTRE SUR BOULANGER.
RÉFLEXIONS SUR LE LIVRE DE L'ESPRIT, PAR M. HELVÉTIUS.

ŒUVRES
DE
DENIS DIDEROT,

publiées sur les manuscrits de l'Auteur,

PAR JACQUES-ANDRÉ NAIGEON,

de l'Institut national des sciences, etc.

TOME TROISIEME.

A PARIS,

Chez DETERVILLE, Libraire, rue du Battoir, N.° 16.

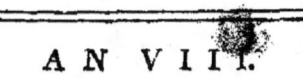

AN VIII.

PROSPECTUS

DE

L'ENCYCLOPÉDIE,

OU

DICTIONNAIRE RAISONNÉ des SCIENCES, des ARTS et des MÉTIERS.

Philosophie.

PROSPECTUS

DE

L'ENCYCLOPÉDIE*.

L'ouvrage que nous annonçons, n'est plus un ouvrage à faire. Le manuscrit et les dessins en sont complets. Nous pouvons assurer qu'il n'aura pas moins de huit volumes, et de six cents planches, et que les volumes se succèderont sans interruption.

Après avoir informé le public de l'état présent

---

* Le mot *Encyclopédie* signifie enchaînement des Sciences. Il est composé de ἐν *en*, de κύκλος *cercle*, et de παιδεία *institution* ou *science*. Ceux qui ont prétendu que cet ouvrage étoit impossible, ne connoissoient pas, selon toute apparence, le passage qui suit; il est du chancelier Bacon. *De impossibilitate itâ statuo; ea omnia possibilia, et præstabilia censenda, quæ ab aliquibus perfici possunt, licet non à quibusvis; et quæ à multis conjunctim, licet non ab uno; et quæ in successione sæculorum, licet non eodem ævo; et denique quæ MULTORUM curâ et sumptu, licet non opibus et industriâ singulorum.* Bac. lib. 2, de Augm. Scient. cap. 1, pag. 103.

de l'Encyclopédie, et de la diligence que nous apporterons à la publier; il est de notre devoir de le satisfaire sur la nature de cet ouvrage, et sur les moyens que nous avons pris pour l'exécution. C'est ce que nous allons exposer avec le moins d'ostentation qu'il nous sera possible.

On ne peut disconvenir que, depuis le renouvellement des lettres parmi nous, on ne doive, en partie aux dictionnaires, les lumières générales qui se sont répandues dans la société, et ce germe de science qui dispose insensiblement les esprits à des connoissances plus profondes. Combien donc n'importoit-il pas d'avoir, en ce genre, un livre qu'on pût consulter sur toutes les matières, et qui servît autant à guider ceux qui se sentiroient le courage de travailler à l'instruction des autres, qu'à éclairer ceux qui ne s'instruisent que pour eux-mêmes.

C'est un avantage que nous nous sommes proposé; mais ce n'est pas le seul. En réduisant sous la forme de dictionnaire tout ce qui concerne les sciences et les arts, il s'agissoit encore de faire sentir les secours mutuels qu'ils se prêtent; d'user de ces secours, pour en rendre les principes plus sûrs, et leurs conséquences plus claires; d'indiquer les liaisons éloignées ou prochaines des êtres qui composent la nature, et qui ont occupé les hommes; de montrer, par l'entrelassement des racines et par celui des branches, l'impossibilité de bien connoître quelques parties de ce tout, sans remonter ou descendre à beaucoup d'autres; de former un tableau général des efforts de l'esprit humain dans tous les genres, et dans tous les siècles; de présenter ces objets avec clarté; de donner à chacun d'eux l'étendue convenable; et de vérifier, s'il étoit possible, notre épigraphe par notre succès:

> Tantùm series juncturaque pollet,
> Tantùm de medio sumptis accedit honoris !
> HORAT. Art. Poet.

Jusqu'ici, personne n'avoit conçu un ouvrage aussi grand; ou du-moins, personne ne l'avoit exécuté. Léibnitz, de tous les savans le plus capable d'en sentir les difficultés, désiroit qu'on les surmontât. Cependant on avoit des Encyclopédies; et Léibnitz ne l'ignoroit pas, lorsqu'il en demandoit une.

La plupart de ces ouvrages parurent avant le siècle dernier, et ne furent pas tout-à-fait méprisés. On trouva que, s'ils n'annonçoient pas beaucoup de génie, ils marquoient au-moins du travail et des connoissances. Mais que seroit-ce pour nous que ces encyclopédies ? Quel progrès n'a-t-on pas fait depuis dans les sciences et dans les arts ? Combien de vérités découvertes aujourd'hui, qu'on n'entrevoyoit pas alors ? La vraie philosophie étoit au berceau; la géométrie de l'infini n'étoit pas encore; la physique expérimentale se montroit à-peine ; il n'y avoit point de dialectique ; les loix de la saine critique étoient entièrement ignorées. Descartes, Boyle, Huygens, Newton, Léibnitz, les Bernoulli, Locke, Bayle, Pascal, Corneille, Racine, Bourdaloue, Bossuet, etc., ou n'existoient pas, ou n'avoient pas écrit. L'esprit de recherche et d'émulation n'animoit pas les savans : un autre esprit, moins fécond peut-être, mais plus rare, celui de justesse et de méthode, ne s'étoit point soumis les différentes parties de la littérature ; et les académies, dont les travaux ont porté si loin les sciences et les arts, n'étoient pas instituées.

Si les découvertes des grands hommes et des compagnies savantes, dont nous venons de parler, offrirent dans la suite de puissans secours pour former un dictionnaire encyclopédique ; il faut avouer aussi que l'augmentation prodigieuse des matières rendit à d'autres égards un tel ouvrage beaucoup plus difficile. Mais ce n'est point à nous à juger si les successeurs des premiers encyclopédistes ont été hardis ou présomptueux ; et nous les laisserions tous jouir de leur réputation, sans en excepter Ephraïm Chambers, le plus connu d'entre eux, si nous n'avions des raisons particulières de peser le mérite de celui-ci.

L'Encyclopédie de Chambers, dont on a publié à Londres un si grand nombre d'éditions rapides ;

cette Encyclopédie qu'on vient de traduire tout récemment en italien, et qui, de notre aveu, mérite en Angleterre et chez l'étranger les honneurs qu'on lui rend ; n'eût peut-être jamais été faite, si, avant qu'elle parût en anglois, nous n'avions eu, dans notre langue, des ouvrages où Chambers a puisé sans mesure et sans choix la plus grande partie des choses dont il a composé son dictionnaire. Qu'en auroient donc pensé nos Français, sur une traduction pure et simple ? Il eût excité l'indignation des savans et le cri du public, à qui on n'eût présenté, sous un titre fastueux et nouveau, que des richesses qu'il possédoit depuis long-temps.

Nous ne refusons point à cet auteur la justice qui lui est due. Il a bien senti le mérite de l'ordre encyclopédique ou de la chaîne, par laquelle on peut descendre, sans interruption, des premiers principes d'une science ou d'un art jusqu'à ses conséquences les plus éloignées, et remonter de ses conséquences les plus éloignées jusqu'à ses premiers principes ; passer imperceptiblement de cette science ou de cet art à un autre ; et, s'il est permis de s'exprimer ainsi, faire, sans s'égarer, le tour du monde littéraire. Nous convenons, avec lui, que *le plan et le dessein de son dictionnaire sont excellens ; et que, si l'exécution en étoit portée à un certain dégré de perfection, il contribueroit plus, lui seul, aux progrès de la vraie science, que la moitié des livres connus.* Mais nous ne pouvons nous empêcher de voir combien il est demeuré loin de ce dégré de perfection. En effet, conçoit-on que tout ce qui concerne les sciences et les arts puisse être renfermé en deux volumes *in-folio*? La nomenclature d'une matière aussi étendue en fourniroit un elle seule, si elle étoit complète. Combien donc ne devroit-il pas y avoir, dans son ouvrage, d'articles omis ou tronqués?

Ce ne sont point ici des conjectures. La traduction entière du Chambers nous a passé sous les yeux : et nous avons trouvé une multitude prodigieuse de choses à désirer, dans les sciences ; dans les arts libéraux, un mot où il falloit des pages; et tout à suppléer, dans les *arts mécaniques*. Chambers a lu des livres ; mais il n'a guère vu d'artistes ; cependant il y a beaucoup de choses, qu'on n'apprend que dans les ateliers. D'ailleurs il n'en est pas ici des omissions, comme dans un autre ouvrage. L'Encyclopédie, à la rigueur, n'en permet aucune. Un article omis dans un dictionnaire commun, le rend seulement imparfait. Dans une Encyclopédie, il rompt l'enchaînement, et nuit à la forme et au fond; et il a fallu tout l'art d'Ephraïm Chambers, pour pallier ce défaut. Il n'est donc pas à présumer qu'un ouvrage aussi imparfait pour tout lecteur, et si peu neuf pour le lecteur Français, eût trouvé beaucoup d'admirateurs parmi nous.

Mais sans nous étendre davantage sur les imperfections de l'Encyclopédie angloise, nous annonçons que l'ouvrage de Chambers n'est point la base sur laquelle nous avons élevé; que nous avons refait un grand nombre de ses articles, et que nous n'avons employé presqu'aucun des autres, sans addition, correction, ou retranchement; qu'il rentre simplement dans la classe des auteurs que nous avons particulièrement consultés; et que la disposition générale est la seule chose qui soit commune entre notre ouvrage et le sien.

Nous avons senti, avec l'auteur anglois, que le premier pas que nous avions à faire vers l'exécution raisonnée et bien entendue d'une Encyclopédie, c'étoit de former un arbre généalogique de toutes les sciences et de tous les arts, qui marquât l'origine de chaque branche de nos connoissances, les liaisons qu'elles ont entre elles et avec la tige commune, et qui nous servît à rappeler les différens articles à leurs chefs. Ce n'étoit pas une chose facile. Il s'agissoit de renfermer en une page le canevas d'un ouvrage qui ne se peut exécuter qu'en plusieurs volumes *in-folio*, et qui doit contenir un jour toutes les *connoissances des hommes*.

Cet arbre de la connoissance humaine pouvoit être formé de plusieurs manières, soit en rapportant aux diverses facultés de notre ame nos différentes connoissances, soit en les rapportant aux êtres qu'elles ont pour objet. Mais l'embarras étoit d'autant plus grand, qu'il y avoit plus d'arbitraire.

Et combien ne devoit-il pas y en avoir ? La nature ne nous offre que des choses particulières, infinies en nombre, et sans aucune division fixe et déterminée. Tout s'y succède par des nuances insensibles. Et sur cette mer d'objets qui nous environnent, s'il en paroît quelques-uns, comme des pointes de rochers qui semblent percer la surface et dominer les autres; ils ne doivent cet avantage qu'à des systèmes particuliers, qu'à des conventions vagues, et qu'à de certains événemens étrangers à l'arrangement physique des êtres, et aux vraies institutions de la philosophie. Si l'on ne pouvoit se flatter d'assujettir l'histoire seule de la nature à une distribution qui embrassât tout, et qui convînt à tout le monde, ce que MM. de Buffon et d'Aubenton n'ont pas avancé sans fondement, combien n'étions-nous pas autorisés, dans un sujet beaucoup plus étendu, à nous en tenir, comme eux, à quelque méthode satisfaisante pour les bons esprits qui sentent ce que la nature des choses comporte ou ne comporte pas. On trouvera, à la fin de ce projet, cet arbre de la connoissance humaine, avec l'enchaînement des idées qui nous ont dirigés dans cette vaste opération. Si nous en sommes sortis avec succès, nous en aurons principalement obligation au chancellier Bacon, qui jetoit le plan d'un dictionnaire universel des sciences et des arts en un temps où il n'y avoit, pour ainsi dire, ni sciences ni arts. Ce génie extraordinaire, dans l'impossibilité de faire l'histoire de ce qu'on savoit, faisoit celle de ce qu'il falloit apprendre.

C'est de nos facultés, que nous avons déduit nos connoissances ; l'histoire nous est venue de la mémoire ; la philosophie, de la raison ; et la poésie, de l'imagination ; distribution féconde à laquelle la théologie même se prête : car dans cette science, les faits sont de l'histoire, et se rapportent à la mémoire, sans même en excepter les prophéties, qui ne sont qu'une espèce d'histoire où le récit a précédé l'événement : les mystères, les dogmes et les préceptes sont de philosophie *éternelle*, et de raison *divine* ; et les paraboles, sorte de poésie allégorique, sont d'imagination *inspirée*. Aussi-tôt nous avons vu nos connoissances découler les unes des autres ; l'histoire s'est distribuée en ecclésiastique, civile, naturelle, littéraire, *etc*. La philosophie, en science de Dieu, de l'homme, de la nature, *etc*. La poésie, en narrative, dramatique, allégorique, *etc*. De-là, *théologie, histoire naturelle, physique, métaphysique, mathématique, etc ; météorologie, hydrologie, etc ; mécanique, astronomie, optique*, etc, en un mot, une multitude innombrable de rameaux et de branches, dont la science des *axiomes, ou des propositions évidentes par elles-mêmes* doit être regardée, dans l'ordre synthétique, comme le tronc commun.

A l'aspect d'une matière aussi étendue, il n'est personne qui ne fasse avec nous la réflexion suivante. L'expérience journalière n'apprend que trop combien il est difficile à un auteur de traiter profondément de la science ou de l'art dont il a fait toute sa vie une étude particulière ; il ne faut donc pas être surpris qu'un homme ait échoué dans le projet de traiter de toutes les sciences et de tous les arts. Ce qui doit étonner, c'est qu'un homme ait été assez hardi et assez borné, pour le tenter seul. Celui qui s'annonce pour savoir tout, montre seulement qu'il ignore les limites de l'esprit humain.

Nous avons inféré de là que, pour soutenir un poids aussi grand que nous avions à porter, il étoit nécessaire de le partager ; et sur-le-champ nous avons jeté les yeux sur un nombre suffisant de savans et d'artistes ; d'artistes habiles et connus par leurs talens ; de savans exercés dans les genres particuliers qu'on avoit à confier à leur travail. Nous avons distribué à chacun la partie qui lui convenoit : les mathématiques, au mathématicien; les fortifications, à l'ingénieur; la chimie, au chimiste ; l'histoire ancienne et moderne, à un homme versé dans ces deux parties ; la grammaire, à un auteur connu par l'esprit philosophique qui règne dans ses ouvrages ; la musique, la marine, l'architecture, la peinture, la médecine, l'histoire naturelle, la chirurgie, le jardinage, les arts libéraux, les principaux d'entre les arts mécaniques, à des hommes qui ont donné des preuves d'habileté dans ces différens genres: ainsi chacun, n'ayant été occupé que de ce qu'il entendoit, a été en état de juger sainement de ce qu'en ont écrit les anciens et les modernes; et d'ajouter aux secours qu'il en a tirés, des connoissances puisées dans son propre fonds : personne ne s'est avancé sur le terrain d'autrui, ni ne s'est mêlé de ce qu'il n'a peut-être jamais appris; et nous avons eu plus de méthode, de certitude, d'étendue et de détails, qu'il ne peut y en avoir dans la plupart des lexicographes. Il est vrai que ce plan a réduit le mérite d'éditeur à peu de chose; mais il a beaucoup ajouté à la perfection de l'ouvrage; et nous penserons toujours nous être acquis assez de gloire, si le public est satisfait.

La seule partie de notre travail, qui suppose quelqu'intelligence, c'est de remplir les vides qui séparent deux sciences ou deux arts, et de renouer la chaîne dans les occasions, où nos collègues se sont reposés les uns sur les autres de certains articles qui, paroissant appartenir également à plusieurs d'entre eux, n'ont été faits par aucun. Mais, afin que la personne chargée d'une partie, ne soit point comptable des fautes, qui pourroient se glisser dans des morceaux surajoutés, nous aurons l'attention de distinguer ces morceaux par une étoile. Nous tiendrons exactement la parole que nous avons donnée; le travail d'autrui sera sacré pour nous; et nous ne manquerons pas de consulter l'auteur, s'il arrive, dans le cours de l'édition, que son ouvrage nous paroisse demander quelque changement considérable.

Les différentes mains que nous avons employées

ont apposé à chaque article comme le sceau de leur style particulier, du style propre à la matière et à l'objet d'une partie. Un procédé de chimie ne sera point du même ton que la description des bains et des théâtres anciens ; ni la manœuvre d'un serrurier, exposée comme les recherches d'un théologien sur un point de dogme ou de discipline. Chaque chose a son coloris ; et ce seroit confondre les genres, que de les réduire à une certaine uniformité. La pureté du style, la clarté et la précision sont les seules qualités qui puissent être communes à tous les articles ; et nous espérons qu'on les y remarquera. S'en permettre davantage, ce seroit s'exposer à la monotonie et au dégoût, qui sont presqu'inséparables des ouvrages étendus, et que l'extrême variété des matières doit écarter de celui-ci.

Nous en avons dit assez, pour informer le public de l'état présent d'une entreprise à laquelle il a paru s'intéresser ; des avantages généraux qui en résulteront, si elle est bien exécutée ; du bon ou du mauvais succès de ceux qui l'ont tentée avant nous ; de l'étendue de son objet ; de l'ordre auquel nous nous sommes assujettis ; de la distribution qu'on a faite de chaque partie ; et de nos fonctions d'éditeurs : nous allons maintenant passer aux principaux détails de l'exécution.

Toute la matière de l'*Encyclopédie* peut se

réduire à trois chefs ; les sciences, les arts libéraux, et les arts mécaniques. Nous commencerons par ce qui concerne les sciences et les arts libéraux ; et nous finirons par les arts mécaniques.

On a beaucoup écrit sur les sciences. Les traités sur les arts libéraux se sont multipliés sans nombre ; la république des lettres en est inondée. Mais combien peu donnent les vrais principes ! Combien d'autres les étouffent dans une affluence de paroles, ou les perdent dans des ténèbres affectées ! Combien dont l'autorité en impose, et chez qui une erreur placée à côté d'une vérité, ou décrédite celle-ci, ou s'accrédite elle-même à la faveur de ce voisinage ? On eût mieux fait sans doute d'écrire moins et d'écrire mieux.

Entre tous les écrivains, on a donné la préférence à ceux qui sont généralement reconnus pour les meilleurs. C'est de là que les principes ont été tirés. A leur exposition claire et précise, on a joint des exemples ou des autorités constamment reçues. La coutume vulgaire est de renvoyer aux sources, ou de citer d'une manière vague, souvent infidelle, et presque toujours confuse ; en sorte que, dans les différentes parties dont un article est composé, on ne sait exactement quel auteur on doit consulter sur tel ou tel point, ou s'il faut les consulter tous, ce qui rend la vérification longue et pénible. On s'est attaché, autant qu'il a été possible, à éviter cet inconvénient, en citant dans le corps même des articles, les auteurs sur le témoignage desquels on s'est appuyé ; rapportant leur propre texte, quand il est nécessaire ; comparant par-tout les opinions ; balançant les raisons ; proposant des moyens de douter ou de sortir de doute ; décidant même quelquefois ; détruisant autant qu'il est en nous les erreurs et les préjugés ; et tâchant sur-tout de ne les pas multiplier et de ne les point perpétuer, en protégeant sans examen des sentimens rejetés, ou en proscrivant sans raison des opinions reçues. Nous n'avons pas craint de nous étendre, quand l'intérêt de la vérité et l'importance de la matière le demandoient, sacrifiant l'agrément toutes les fois qu'il n'a pu s'accorder avec l'instruction.

L'empire des sciences et des arts est un monde éloigné du vulgaire, où l'on fait tous les jours des découvertes, mais dont on a bien des relations fabuleuses. Il étoit important d'assurer les vraies, de prévenir sur les fausses, de fixer des points d'où l'on partît, et de faciliter ainsi la recherche de ce qui reste à trouver. On ne cite des faits, on ne compare des expériences, on n'imagine des méthodes, que pour exciter le génie à s'ouvrir des routes ignorées, et à s'avancer à des découvertes nouvelles, en regardant comme le premier pas, celui où les grands hommes ont terminé leur course. C'est aussi le but que nous nous sommes proposé, en alliant aux principes des sciences et des arts libéraux, l'histoire de leur origine et de leurs progrès successifs ; et si nous l'avons atteint, de bons esprits ne s'occuperont plus à chercher ce qu'on savoit avant eux : il sera facile, dans les productions à venir sur les sciences et sur les arts libéraux, de démêler ce que les inventeurs ont tiré de leur fonds, d'avec ce qu'ils ont emprunté de leurs prédécesseurs : on appréciera les travaux ; et ces hommes avides de réputation et dépourvus de génie, qui publient hardiment de vieux systêmes comme des idées nouvelles, seront bientôt démasqués. Mais pour parvenir à ces avantages, il a fallu donner à chaque matière une étendue convenable ; insister sur l'essentiel ; négliger les minuties ; et éviter un défaut assez commun, celui de s'appesantir sur ce qui ne demande qu'un mot, de prouver ce qu'on ne conteste point, et de commenter ce qui est clair. Nous n'avons ni épargné, ni prodigué les éclaircissemens. On jugera qu'il sétoient nécessaires par-tout où nous en avons mis, et qu'ils auroient été superflus où l'on n'en trouvera pas. Nous nous sommes encore bien gardés d'accumuler les preuves où nous avons cru qu'un seul raisonnement solide suffisoit, ne les multipliant que dans les occasions où leur force dépendoit de leur nombre et de leur concert.

CE sont là toutes les précautions que nous avions à prendre. Voilà les richesses sur lesquelles nous pouvions compter ; mais il nous en est survenu d'autres que notre entreprise doit, pour ainsi dire, à sa bonne fortune. Ce sont des manuscrits, qui nous ont été communiqués par des amateurs, ou fournis par des savans, entre lesquels nous nommerons ici M. Formey, secrétaire perpétuel de l'académie royale des sciences et des belles-lettres de Prusse. Cet habile académicien avoit médité un dictionnaire, tel à-peu-près que le nôtre ; et il nous a généreusement sacrifié la partie considérable qu'il en avoit exécutée, et dont nous ne manquerons pas de lui faire honneur. Ce sont encore des recherches, des observations que chaque artiste ou savant, chargé d'une partie de notre Dictionnaire, renfermoit dans son cabinet, et qu'il a bien voulu publier par cette voie. De ce nombre seront presque tous les articles de grammaire générale et particulière. Nous croyons pouvoir assurer qu'aucun ouvrage connu ne sera ni aussi riche, ni aussi instructif que le nôtre, sur les règles et les usages de la langue française, et même sur la nature, l'origine et le philosophique des langues en général. Nous ferons donc part au public, tant sur les sciences que sur les arts libéraux, de plusieurs fonds littéraires dont il n'auroit peut-être jamais eu connoissance.

Mais ce qui ne contribuera guère moins à la perfection de ces deux branches importantes, ce sont les secours obligeans que nous ayons reçus de tous côtés ; protection de la part des *grands* ; accueil et communication de la part de plusieurs savans ; bibliothèques publiques, cabinets particuliers, recueils, porte-feuilles, etc, tout nous a été ouvert et par ceux qui cultivent les lettres, et par ceux qui les aiment. Un peu d'adresse et beaucoup de dépense ont procuré ce qu'on n'a pu obtenir de la pure bienveillance : et les récompenses ont presque toujours calmé ou les inquiétudes réelles, ou les alarmes simulées de ceux que nous avions à consulter.

Nous sommes principalement sensibles aux obligations que nous avons à M. l'abbé Sallier, garde de la bibliothèque du roi : aussi, n'attendrons-nous pas pour l'en remercier, que nous rendions, soit à nos collègues, soit aux personnes qui ont pris intérêt à notre ouvrage, le tribut de louanges et de reconnoissances qui leur est dû. M. l'abbé Sallier nous a permis, avec cette politesse qui lui est naturelle, et qu'animoit encore le plaisir de favoriser une grande entreprise, de choisir dans le riche fonds dont il est dépositaire, tout ce qui pouvoit répandre de la lumière ou des agrémens sur notre Encyclopédie. On justifie, nous pourrions même dire qu'on honore le choix du prince, quand on sait se prêter ainsi à ses vues. Les sciences et les beaux-arts ne peuvent trop concourir à illustrer, par leurs productions, le règne d'un souverain qui les favorise : pour nous, spectateurs de leurs progrès, et leurs historiens, nous nous occuperons seulement à les transmettre à la postérité. Qu'elle dise, à l'ouverture de notre Dictionnaire : tel étoit alors l'état des sciences et des beaux-arts. Qu'elle ajoute ses découvertes à celles que nous aurons enregistrées ; et que l'histoire de l'esprit humain et de ses productions aille d'âge en âge jusqu'aux siècles les plus reculés. Que l'Encyclopédie devienne un sanctuaire où les connoissances des hommes soient à l'abri des temps et des révolutions. Ne serons-nous pas trop flattés d'en avoir posé les fondemens ? Quel avantage n'auroit-ce pas été pour nos pères, et pour nous, si les travaux des peuples anciens, des Egyptiens, des Chaldéens, des Grecs, des Romains, etc. avoient été transmis dans un ouvrage encyclopédique, qui eût exposé en-même-temps les vrais principes de leurs langues ! Faisons donc pour les siècles à venir, ce que nous regrettons que les siècles passés n'aient pas fait pour le nôtre. Nous osons dire que, si les anciens eussent exécuté une Encyclopédie, comme ils ont exécuté tant de grandes choses ; et que ce manuscrit se fût échappé seul de la fameuse bibliothèque d'Alexandrie, il eût été capable de nous consoler de la perte des autres.

Voilà ce que nous avions à exposer au public, sur les sciences et les beaux-arts. La partie des arts mécaniques ne demandoit ni moins de détails, ni moins de soins. Jamais, peut-être, il ne s'est trouvé tant de difficultés rassemblées, et si peu de secours pour les vaincre. On a trop écrit sur la plupart des arts libéraux. On n'a presque rien écrit sur les sciences : on n'a pas assez bien écrit sur les arts mécaniques ; car, qu'est-ce que le peu qu'on en rencontre dans les auteurs, en comparaison de l'étendue et de la fécondité du sujet ? Entre ceux qui en ont traité, *l'un* n'étoit pas assez instruit de ce qu'il avoit à dire, et a moins rempli son objet que montré la nécessité d'un meilleur ouvrage : *un autre* n'a qu'effleuré la matière, en la traitant plutôt en grammairien et en homme de lettres, qu'en artiste : *un troisième* est à-la-vérité plus riche et plus *ouvrier*; mais il est en-même-temps si court, que les opérations des artistes et de la description de leurs machines, cette matière capable de fournir seule des ouvrages considérables, n'occupe que la très-petite partie du sien. *Chambers* n'a presque rien ajouté à ce qu'il a traduit de nos auteurs. Tout nous déterminoit donc à recourir aux ouvriers.

On s'est adressé aux plus habiles de Paris et du royaume. On s'est donné la peine d'aller dans leurs ateliers, de les interroger, d'écrire sous leur dictée, de développer leurs pensées, d'en tirer les termes propres à leurs professions, d'en dresser des tables, de les définir, de converser avec ceux dont on avoit obtenu des mémoires, et (précaution presque indispensable) de rectifier, dans de longs et fréquens entretiens avec les uns, ce que d'autres avoient imparfaitement, obscurément, et quelquefois infidèlement expliqué. Il est des artistes qui sont en-même-temps gens-de-lettres; et nous en pourrions citer; mais le nombre en seroit fort petit : la plupart de ceux qui exercent les arts mécaniques, ne les ont embrassés que par nécessité, et n'opèrent que par instinct. A-peine, entre mille, en trouve-t-on une douzaine en état de s'exprimer avec quelque clarté sur les instrumens qu'ils emploient et sur les ouvrages qu'ils fabriquent. Nous avons vu des ouvriers qui travailloient depuis quarante années, sans rien connoître à leurs machines. Il nous a fallu exercer avec eux la fonction dont se glorifioit Socrate, la fonction pénible et délicate de faire accoucher les esprits, *obstetrix animorum*.

Mais il est des métiers si singuliers, et des manœuvres si déliées, qu'à-moins de travailler soi-même, de mouvoir une machine de ses propres mains, et de voir l'ouvrage se former sous ses propres yeux, il est difficile d'en parler avec précision. Il a donc fallu plusieurs fois se procurer les machines, les construire, mettre la main à l'œuvre, se rendre, pour ainsi dire, apprentif, et faire soi-même de mauvais ouvrages, pour apprendre aux autres comment on en a fait de bons.

C'est ainsi que nous nous sommes convaincus

de l'ignorance dans laquelle on est sur la plupart des objets de la vie, et de la nécessité de sortir de cette ignorance. C'est ainsi que nous nous sommes mis en état de démontrer que l'homme de lettres qui sait le plus sa langue, ne connoît pas la vingtième partie des mots ; que, quoique chaque art ait la sienne, cette langue est encore bien imparfaite ; que c'est par l'extrême habitude de converser les uns avec les autres, que les ouvriers s'entendent, et beaucoup plus par le retour des conjonctures que par l'usage des termes. Dans un atelier, c'est le moment qui parle, et non l'artiste.

Voici la méthode qu'on a suivie pour chaque art. On a traité, 1.° de la matière, des lieux où elle se trouve, de la manière dont on la prépare, de ses bonnes et mauvaises qualités, de ses différentes espèces, des opérations par lesquelles on la fait passer, soit avant de l'employer, soit en la mettant en œuvre.

2.° Des principaux ouvrages qu'on en fait, et de la manière de les faire.

3.° On a donné le nom, la description, et la figure des outils et des machines, par pièces détachées, et par pièces assemblées, la coupe des moules et d'autres instrumens, dont il est à-propos de connoître l'intérieur, leurs profils, etc.

4.° On a expliqué et représenté la main-d'œuvre et les principales opérations, dans une ou plusieurs planches, où l'on voit tantôt les mains seules de l'artiste, tantôt l'artiste entier en action et travaillant à l'ouvrage le plus important de son art.

5.° On a recueilli et défini le plus exactement qu'il a été possible les termes propres de l'art.

Mais le peu d'habitude qu'on a d'écrire, et de lire les écrits sur l'art, rend les choses difficiles à expliquer d'une manière intelligible. De-là naît le besoin des figures. On pourroit démontrer par mille exemples, qu'un Dictionnaire pur et simple de langue, quelque bien qu'il soit fait, ne peut se passer de figures, sans tomber dans des définitions obscures ou vagues. Combien donc, à plus forte raison, ce secours ne nous étoit-il pas nécessaire ? Un coup-d'œil sur l'objet ou sur sa représentation en dit plus qu'une page de discours.

On a envoyé des dessinateurs dans les ateliers. On a pris l'esquisse des machines et des outils. On n'a rien omis de ce qui pouvoit les montrer distinctement aux yeux. Dans le cas où une machine mérite des détails par l'importance de son usage et par la multitude de ses parties, on a passé du simple au composé. On a commencé par assembler, dans une première figure, autant d'élémens qu'on en pouvoit appercevoir sans confusion. Dans une seconde figure, on voit les mêmes élémens, avec quelques autres. C'est ainsi qu'on a formé successivement la machine la plus compliquée, sans aucun embarras ni pour l'esprit ni pour les yeux. Il faut quelquefois remonter de la connoissance de l'ouvrage, à celle de la machine ; et d'autres fois, descendre de la connoissance de la machine, à celle de l'ouvrage. On trouvera, à l'article ART, des réflexions philosophiques sur les avantages de ces méthodes, et sur les occasions où il est à-propos de préférer l'une à l'autre.

Il y a des notions qui sont communes à presque tous les hommes, et qu'ils ont dans l'esprit avec plus de clarté qu'elles n'en peuvent recevoir du discours. Il y a aussi des objets si familiers, qu'il seroit ridicule d'en faire des figures. Les arts en offrent d'autres si composés, qu'on les représenteroit inutilement : dans les deux premiers cas, nous avons supposé que le lecteur n'étoit pas entièrement dénué de bon sens et d'expérience ; et dans le dernier, nous renvoyons à l'objet même. Il est en tout un juste milieu ; et nous avons tâché de ne le pas manquer ici. Un seul art, dont on voudroit tout dire et tout représenter, fourniroit des volumes de discours et de planches. On ne finiroit jamais, si l'on se proposoit de rendre en figures tous les états par lesquels passe un morceau de fer, avant que d'être transformé en aiguilles. Que le discours suive le procédé de l'artiste dans le dernier détail ; à-la-bonne-heure. Quant aux figures, nous les avons restreintes aux mouvemens importans de l'ouvrier, et aux seuls momens de l'opération, qu'il est très-facile de peindre et très-difficile d'expliquer. Nous nous en sommes tenus aux circonstances essentielles ; à celles dont la représentation, quand elle est bien faite, entraîne nécessairement la connoissance de celles qu'on ne voit pas. Nous n'avons pas voulu ressembler à un homme qui feroit planter des guides à chaque pas dans une route, de crainte que les voyageurs ne s'en écartâssent : il suffit qu'il y en ait par-tout où ils seroient exposés à s'égarer.

Au reste, c'est la main-d'œuvre qui fait l'artiste; et ce n'est point dans les livres qu'on peut apprendre à manœuvrer. L'artiste rencontrera seulement, dans notre ouvrage, des vues qu'il n'eût peut-être jamais eues, et des observations qu'il n'eût faites qu'après plusieurs années de travail. Nous offrirons au lecteur studieux ce qu'il eût appris d'un artiste, en le voyant opérer pour satisfaire sa curiosité ; et à l'artiste, ce qu'il seroit à souhaiter qu'il apprît du philosophe, pour s'avancer à la perfection.

Nous avons distribué, dans les sciences et dans les arts libéraux, les figures et les planches, selon le même esprit, et avec la même économie que dans les arts mécaniques ; cependant nous n'avons pu réduire le nombre des unes et des autres, à moins de six cents. Les deux volumes qu'elles formeront, ne seront pas la partie la moins intéressante de l'ouvrage, par l'attention que nous aurons de placer, au *verso* d'une planche, l'explication de celle qui sera vis-à-vis, avec des renvois aux endroits du Dictionnaire, auxquels chaque figure sera relative. Un lecteur ouvre un volume de planches ; il apperçoit une machine qui pique sa curiosité : c'est, si l'on veut, un moulin à poudre à papier, à soie, à sucre, etc. Il lira vis-à-vis, fig. 50, 51 ou 60, etc. *moulin à poudre, moulin à sucre, moulin à papier, moulin à soie, etc.* ; il trouvera ensuite une explication succincte de ces machines, avec les renvois aux articles *poudre, papier, sucre, soie, etc.*

La gravure répondra à la perfection des dessins ; et nous espérons que les planches de notre Encyclopédie surpasseront celles du Dictionnaire anglois, autant en beauté qu'elles les surpassent en nombre. Chambers a trente planches. L'ancien projet en promettoit cent vingt ; et nous en donnerons six cents au-moins. Il n'est pas étonnant que la carrière se soit étendue sur nos pas. Elle est immense ; et nous ne nous flattons pas de l'avoir parcourue.

Malgré les secours et les travaux, dont nous venons de rendre compte, nous déclarons sans peine, au nom de nos Collègues et au nôtre, qu'on nous trouvera toujours disposés à convenir de notre insuffisance, et à profiter des lumières qui nous seront communiquées. Nous les recevrons avec reconnoissance ; et nous nous y conformerons avec docilité ; tant nous sommes persuadés que la perfection dernière d'une Encyclopédie est l'ouvrage des siècles. Il a fallu des siècles pour commencer ; il en faudra pour finir : mais *A LA POSTÉRITÉ, ET A L'ÊTRE QUI NE MEURT POINT.*

Nous aurons cependant la satisfaction intérieure de n'avoir rien épargné pour réussir : une des preuves que nous en apporterons, c'est qu'il y a des parties dans les sciences et dans les arts, qu'on a refaites jusqu'à trois fois. Nous ne pouvons nous dispenser de dire, à l'honneur des *libraires* associés, qu'ils n'ont jamais refusé de se prêter à ce qui pouvoit contribuer à les perfectionner toutes. Il faut espérer que le concours d'un aussi grand nombre de circonstances, telles que les lumières de ceux qui ont travaillé à l'ouvrage, les secours des personnes qui s'y sont intéressées, et l'émulation des éditeurs et libraires, produira quelque bon effet.

De tout ce qui précède, il s'ensuit que, dans l'ouvrage que nous annonçons, on a traité des sciences et des arts, de manière qu'on n'en suppose aucune connoissance préliminaire ; qu'on y expose ce qu'il importe de savoir sur chaque matière ; que les articles s'expliquent les uns par les autres ; et que, par conséquent, la difficulté de la nomenclature n'embarrasse nulle part. D'où nous inférerons que cet ouvrage pourroit tenir lieu de bibliothèque dans tous les genres, à un homme du monde; et dans tous les genres, excepté le sien, à un savant de profession; qu'il suppléera aux livres élémentaires; qu'il développera les vrais principes des choses; qu'il en marquera les rapports; qu'il contribuera à la certitude et au progrès des connoissances humaines; et qu'en multipliant le nombre des vrais savans, des artistes distingués, et des amateurs éclairés, il répandra dans la société de nouveaux avantages.

SYSTÈME

DES CONNOISSANCES HUMAINES.

Les êtres physiques agissent sur les sens. Les impressions de ces êtres en excitent les perceptions dans l'entendement. L'entendement ne s'occupe de ses perceptions que de trois façons, selon ses trois facultés principales, la mémoire, la raison, l'imagination. Ou l'entendement fait un dénombrement pur et simple de ses perceptions par la mémoire; ou il les examine, les compare et les digère par la raison; ou il se plaît à les imiter et à les contrefaire par l'imagination. D'où résulte une distribution générale de la connoissance humaine, qui paroît assez bien fondée; en *histoire*, qui se rapporte à la *mémoire*; en *philosophie*, qui émane de la *raison*; et en *poésie*, qui naît de l'*imagination*.

MÉMOIRE, d'où HISTOIRE.

L'HISTOIRE est des *faits* ; et les faits sont ou de *Dieu*, ou de l'*homme*, ou de la *nature*. Les faits qui sont de Dieu, appartiennent à l'*Histoire sacrée* ; les faits qui sont de l'homme, appartiennent à l'*Histoire civile* ; et les faits qui sont de la nature, se rapportent à l'*Histoire naturelle*.

HISTOIRE.

I. SACRÉE. II. CIVILE. III. NATURELLE.

I. L'HISTOIRE SACRÉE se distribue en *Histoire sacrée* ou *ecclésiastique proprement dite*, où l'événement a précédé le récit ; et en *Histoire des prophéties*, où le récit a précédé l'événement.

II. L'HISTOIRE CIVILE, cette branche de l'Histoire universelle, *cujus fidei exempla majorum, vicissitudines rerum, fundamenta prudentiæ civilis, hominum denique nomen et fama commissa sunt*, se distribue suivant ses objets en *Histoire civile proprement dite*, et en *Histoire littéraire*.

Les sciences sont l'ouvrage de la réflexion et de la lumière naturelle des hommes. Le chancelier Bacon a donc raison de dire, dans son admirable ouvrage *de dignitate et augmento Scientiarum*, que l'histoire du monde, sans l'histoire des savans, c'est la statue de Poliphème à qui on a arraché l'œil.

L'Histoire civile proprement dite, peut se sous-diviser en *Mémoires*, en *Antiquités*, et en *Histoire complète*. S'il est vrai que l'Histoire soit la peinture des temps passés ; les *Antiquités* en sont des dessins presque toujours endommagés ; et l'*Histoire complète*, un tableau dont les *Mémoires* sont des études.

III. La distribution de L'HISTOIRE NATURELLE est donnée par la différence des *faits* de la nature; et la différence des faits de la nature, par la différence des *états* de la nature. Ou la nature est uniforme et suit un cours réglé, tel qu'on le remarque généralement dans les *corps célestes*, les *animaux*, les *végétaux*, etc. ; ou elle semble forcée et dérangée de son cours ordinaire, comme dans les *monstres*; ou elle est contrainte et pliée à différens usages, comme dans les *arts*. La nature fait tout, ou dans son *cours ordinaire et réglé*, ou dans ses *écarts*, ou dans son *emploi*. *Uniformité de la nature*, première partie d'Histoire naturelle. *Erreurs* ou *Ecarts de la nature*, seconde partie d'Histoire naturelle. *Usages de la nature*, troisième partie d'Histoire naturelle.

Il est inutile de s'étendre sur les avantages de l'*Histoire de la nature uniforme*. Mais, si l'on nous demande à quoi peut servir l'*Histoire de la nature monstrueuse*, nous répondrons, à passer des prodiges de ses *écarts* aux merveilles de l'*art;* à l'égarer encore, ou à la remettre dans son chemin; et sur-tout à corriger la témérité des propositions générales, *ut axiomatum corrigatur iniquitas*.

Quant à l'*Histoire de la nature pliée à différens usages*, on en pourroit faire une branche de l'Histoire civile ; car l'art en général est l'industrie de l'homme appliquée par ses besoins ou par son luxe, aux productions de la nature. Quoi qu'il en soit, cette application ne se fait qu'en deux manières, ou en rapprochant, ou en éloignant les corps naturels. L'homme peut quelque chose ou ne peut rien, selon que le rapprochement ou l'éloignement des corps naturels est ou n'est pas possible.

L'Histoire de la nature uniforme se distribue, suivant ses principaux objets, en *Histoire céleste*, ou des *astres*, de *leurs mouvemens*, *apparences sensibles*, etc., sans en expliquer la cause par des systèmes, des hypothèses, etc.; il ne s'agit ici que de phénomènes purs. En *Histoire des météores*, comme *vents*, *pluies*, *tempêtes*, *tonnerres*, *aurores boréales*, etc. En *Histoire de la terre et de la mer*, ou des *montagnes*, des *fleuves*, des *rivières*, des *courans*, du *flux et reflux*, des *sables*, des *terres*, des *forêts*, des *îles*, des *figures des continens*, etc. En *Histoire des minéraux*, en *Histoire des végétaux*, et en *Histoire des animaux*. D'où résulte une *Histoire des élémens*, de la *nature apparente*, des *effets sensibles*, des *mouvemens*, etc.; du *feu*, de l'*air*, de la *terre*, et de l'*eau*.

L'Histoire de la nature monstrueuse doit suivre la même division. La nature peut opérer des prodiges dans les cieux, dans les régions de l'air, sur la surface de la terre, dans ses entrailles, au fond des mers, *etc.*, en tout et par-tout.

L'Histoire de la nature employée est aussi étendue, que les différens usages que les hommes font de ses productions dans les arts, les métiers et les manufactures. Il n'y a aucun effet de l'industrie de l'homme, qu'on ne puisse rappeler à quelque production de la nature. On rappellera au travail et à l'emploi de l'or et de l'argent, les arts du *monnoyeur*, du *batteur d'or*, du *fileur d'or*, du *tireur d'or*, du *planeur*, etc.; au travail et à l'emploi des pierres précieuses, les arts du *lapidaire*, du *diamantaire*, du *joaillier*, du *graveur en pierres fines*, etc.; au travail et à l'emploi du fer, les *grosses forges*, la *serrurerie*, la *taillanderie*, l'*armurerie*, l'*arquebuserie*, la *coutellerie*, etc.; au travail et à l'emploi du verre, la *verrerie*, les *glaces*, l'art du *miroitier*, du *vitrier*, etc.; au travail et à l'emploi des peaux, les arts de *chamoiseur, taneur, peaussier*, etc.; au travail et à l'emploi de la laine et de la soie, son *tirage*, son *moulinage*, les arts de *drapiers, passementiers, galonniers, boutonniers, ouvriers en velours, satins, damas, étoffes brochées, lustrines*, etc.; au travail et à l'emploi de la terre, la *poterie de terre*, la *fayence*, la *porcelaine*, etc.; au travail et à l'emploi de la pierre, la partie mécanique de l'*architecte*, du *sculpteur*, du *stuccateur*, etc.; au travail et à l'emploi des bois, la *menuiserie*, la *charpenterie*, la *marquetterie*, la *tabletterie*, etc.; et ainsi de toutes les autres matières, et de tous les autres arts, qui sont au nombre de plus de deux cent cinquante. On a vu, dans le corps de ce projet, comment nous nous sommes proposé de traiter de chacun.

Voilà tout l'*Historique* de la connoissance humaine; ce qu'il en faut rapporter à la *mémoire*; et ce qui doit être la matière première du philosophe.

RAISON, d'où PHILOSOPHIE.

La philosophie, ou la portion de la connoissance humaine qu'il faut rapporter à la raison, est très-étendue. Il n'est presqu'aucun objet apperçu par les sens, dont la réflexion n'ait fait une science. Mais, dans la multitude de ces objets, il y en a quelques-uns qui se font remarquer par leur importance, *quibus abscinditur finitum*, et auxquels on peut rapporter toutes les sciences. Ces chefs sont *Dieu*, à la connoissance duquel l'homme s'est élevé par la réflexion sur l'histoire naturelle et sur l'Histoire sacrée ; l'*homme*, qui est sûr de son existence par conscience ou sens interne ; la *nature*, dont l'homme a appris l'histoire par l'usage de ses sens extérieurs. *Dieu*, l'*homme* et la *nature*, nous fourniront donc une distribution générale de la *philosophie* ou de la *science* (car ces mots sont synonymes) ; et la *philosophie* ou *science*, sera *science de Dieu, science de l'homme, et science de la nature*.

PHILOSOPHIE, ou SCIENCE.

I. SCIENCE DE DIEU. II. SCIENCE DE L'HOMME. III. SCIENCE DE LA NATURE.

I. SCIENCE DE DIEU. L'Histoire sacrée et l'Histoire de la nature, ou plutôt la réflexion sur ces Histoires, nous a conduits à la connoissance de Dieu. Mais le progrès naturel de l'esprit humain est de s'élever des individus aux espèces, des espèces aux genres, des genres prochains aux genres éloignés: et de former à chaque pas une science ; ou du-moins d'ajouter une branche nouvelle à quelque science déjà formée : ainsi, la notion d'une intelligence in-créée, infinie, *etc.*, que nous rencontrons dans la nature, et que l'Histoire sacrée nous annonce ; et celle d'une intelligence créée, finie et unie à un corps que nous appercevons dans l'homme, et que nous supposons dans la brute, nous ont conduits à la notion d'une intelligence créée, finie, qui n'auroit point de corps; et de-là, à la notion générale de l'esprit. Nous avons donc eu, dans un ordre renversé, la *science de l'esprit*, ou la *pneumatologie*, ou ce qu'on appelle communément *métaphysique particulière*: et cette science s'est distribuée en *science de Dieu*, ou *théologie naturelle*, qu'il a plû à Dieu de rectifier et de sanctifier par la *révélation*; d'où *religion et théologie proprement dite*; d'où, par abus, *superstition*. En *doctrine des esprits bien et malfaisans*, ou *des anges et des demons*; d'où *divination*, et la chimère de la *magie noire*. En *science de l'ame*, qu'on a sous-divisée en *science de l'ame raisonnable*, et en *science de l'ame sensitive ou des bêtes*.

II. SCIENCE DE L'HOMME. La distribution de la science de l'homme nous est donnée par celle de ses facultés. Les facultés principales de l'homme, sont l'*entendement* et la *volonté*; l'*entendement*, qu'il faut diriger à la *vérité*; la *volonté*, qu'il faut plier à la *vertu*. L'un est le but de la *logique*; l'autre est celui de la *morale*.

LA LOGIQUE peut se distribuer en *art de penser*, en *art de retenir ses pensées*, et en *art de les communiquer*.

L'*art de penser* a autant de branches, que l'entendement a d'opérations principales. Mais on distingue dans l'entendement quatre opérations principales; l'*appréhension*, le *jugement*, le *raisonnement*, et la *méthode*. On peut rapporter à l'*appréhension*, la *doctrine des idées* ou *perceptions*; au *jugement*, celle des *propositions*; au *raisonnement et à la méthode*, celle de l'*induction et de la démons-*

tration. Mais dans la *démonstration*, ou l'on remonte de la chose à démontrer aux premiers principes, ou l'on descend des premiers principes à la chose à démontrer : d'où naissent *l'analyse* et la *synthèse*.

L'art de retenir a deux branches, la *science de la mémoire même*, et la *science des supplémens de la mémoire*. La mémoire que nous avons considérée d'abord comme une faculté purement passive, et que nous considérons ici comme une puissance active que la raison peut perfectionner, est ou *naturelle*, ou *artificielle*. La *mémoire naturelle* est une affection des organes ; l'*artificielle* consiste dans la *prénotion* et dans l'*emblême* : la *prénotion*, sans laquelle rien en particulier n'est présent à l'esprit ; l'*emblême*, par lequel l'imagination est appelée au secours de la mémoire.

Les *représentations artificielles* sont le *supplément de la mémoire*. L'*écriture* est une de ces représentations : mais on se sert, en écrivant, ou des *caractères courans*, ou de *caractères particuliers*. On appelle la collection des premiers, l'*alphabet* ; les autres se nomment *chiffres* : d'où naissent les arts de *lire*, d'*écrire*, de *déchiffrer*, et la science de l'*orthographe*.

L'art de transmettre se distribue en *science de l'instrument du discours*, et en *science des qualités du discours*. La science de l'instrument du discours s'appelle *grammaire*. La science des qualités du discours, *rhétorique*.

La grammaire se distribue en science de *signes*, de la *prononciation*, de la *construction*, et de la *syntaxe*. Les *signes* sont les sons articulés ; la *prononciation* ou *prosodie*, l'art de les articuler ; la *syntaxe*, l'art de les appliquer aux différentes vues de l'esprit ;

et la *construction*, la connoissance de l'ordre qu'ils doivent avoir dans le discours, fondé sur l'usage ou sur la réflexion. Mais il y a d'autres signes de la pensée que les sons articulés : savoir, le *geste* et les *caractères*. Les *caractères* sont ou *idéaux*, ou *hiéroglyphiques*, ou *héraldiques*. *Idéaux*, tels que ceux des Indiens, qui marquent chacun une idée, et qu'il faut par conséquent multiplier autant qu'il y a d'êtres réels. *Hiéroglyphiques*, qui sont l'écriture du monde dans son enfance. *Héraldiques*, qui forment ce que nous appelons la *science du blason*.

C'est aussi à l'*art de transmettre*, qu'il faut rapporter la *critique*, la *pædagogique* et la *philologie*. La *critique*, qui restitue dans les auteurs les endroits corrompus, donne des éditions, *etc.* La *pædagogique*, qui traite du choix des études, et de la manière d'enseigner. La *philologie*, qui s'occupe de la connoissance de la littérature universelle.

C'est à l'*art d'embellir le discours*, qu'il faut rapporter la *versification*, ou *le mécanique de la poésie*. Nous omettrons la distribution de la rhétorique dans ses différentes parties, parce qu'il n'en découle ni science ni art ; si ce n'est peut-être la *pantomime*, du geste ; et du geste et de la voix, la *déclamation*.

LA MORALE, dont nous avons fait la seconde partie de la *science de l'homme*, est ou *générale* ou *particulière*. Celle-ci se distribue en *jurisprudence naturelle*, *économique* et *politique*. La *jurisprudence naturelle* est la science des devoirs de l'homme seul, dont un des principaux est de se conserver ; d'où naît l'*architecture civile*, qui n'étoit dans son origine que l'art de se garantir des injures des élémens (*) : l'*économique*, la science des devoirs de

_____

(*) On ne peut nier que les architectures civile et navale, l'homme en famille : la *politique*, celle des devoirs de l'homme en société. Mais la *morale* seroit incomplète, si ces traités n'étoient précédés de celui de la *réalité du bien et du mal moral ;* de la *nécessité de remplir ses devoirs ;* d'être *bon , juste , vertueux ,* etc.; c'est l'objet de la *morale générale*.

Si l'on considère que les sociétés ne sont pas moins obligées d'être vertueuses que les particuliers, on verra naître les devoirs des sociétés, qu'on pourroit appeler *jurisprudence naturelle* d'une société ; *économique* d'une société, d'où *architecture navale* (1), *commerce intérieur, extérieur, de terre et de mer ;* et *politique* d'une société. L'art de se défendre, de s'étendre, *etc.*, est la branche de la *politique* qui a donné naissance à l'*art militaire* (2), dont la *tactique* ou l'art de camper, de ranger les armées en batailles, etc., l'*architecture militaire* ou les fortifications, et la *pyrotechnie militaire* (3) ou l'*art d'appliquer le feu aux usages de la guerre*, sont des sous-divisions.

III. Science de la nature. Nous distribuerons la science de la nature en *physique, mathématique, et métaphysique générale*. Nous tenons encore cette distribution de la réflexion et de notre penchant à généraliser. Nous avons pris, par les sens, la connoissance des individus réels ; *soleil, lune, sirius,*

---

l'art militaire, etc., ne soient ici placés à leur origine ; mais rien n'empêche le lecteur de renvoyer ces parties à la branche des mathématiques qui traite de leurs principes, s'il le juge à propos.

(1) Voyez la note ci-dessus, pag. 57 et 38.
(2) Ib ibid.
(3) Id. ibid.

etc., astres; *air*, *feu*, *terre*, *eau*, etc., élémens; *pluies*, *neiges*, *grêles*, *tonnerres*, etc., météores; et ainsi du reste de l'Histoire naturelle. Nous avons pris en-même-temps la connoissance des abstraits, *couleur*, *son*, *saveur*, *odeur*, *densité*, *rareté*, *chaleur*, *froid*, *mollesse*, *dureté*, *fluidité*, *solidité*, *roideur*, *élasticité*, *pesanteur*, *légèreté*, etc.; *figure*, *distance*, *mouvement*, *repos*, *durée*, *étendue*, *quantité*, *impénétrabilité*, *existence*, *possibilité*.

Nous avons vu par la réflexion, que, de ces abstraits, les uns convenoient à tous les individus réels, comme *possibilité*, ordre d'*existence*, de *coexistence*, etc.; *impénétrabilité*, *quantité*, etc.; et nous en avons fait les sciences qu'on appelle *métaphysique générale*, ou *ontologie*, ou *science de l'être en général*; et *mathématiques*, assignant pour objet à l'*ontologie*, l'*impénétrabilité*, l'*existence*, l'*étendue*, la *possibilité*, etc., considérées par rapport à leur nature; et la *quantité* seule, aux *mathématiques*. Quant aux autres abstraits qui ne conviennent qu'à une certaine collection d'individus, ils ont constitué la science qu'on appelle *physique*.

Mais ces derniers abstraits, objet de la *physique*, pouvoient être considérés, ou seuls et indépendamment des individus réels qui nous en ont donné l'idée; ou dans ces individus réels; et cette nouvelle vue de la réflexion a distribué la *physique* en *physique générale*, et en *physique particulière*.

Pareillement, la *quantité*, objet des *mathématiques*, pouvoit être considérée, ou seule et indépendamment des individus réels, et des individus abstraits dont on en tenoit la connoissance; ou dans ces individus réels et abstraits, ou dans leurs effets recherchés d'après des causes réelles ou supposées;

et cette seconde vue de la réflexion a distribué les *mathématiques* en *mathématiques pures*, *mathématiques mixtes*, *physico-mathématiques*.

La *quantité abstraite*, objet des mathématiques pures, est ou *nombrable*, ou *étendue*. La *quantité abstraite nombrable* est devenue l'objet de l'*arithmétique*; et la *quantité abstraite étendue*, celui de la *géométrie*.

L'*arithmétique* se distribue en *arithmétique numérique* ou par *chiffres*, et en *algèbre* ou *arithmétique universelle*, *par lettres*, qui n'est autre chose que le calcul des grandeurs en général, et dont les opérations ne sont proprement que des opérations arithmétiques indiquées d'une manière abrégée : car, à parler exactement, il n'y a calcul que de nombres.

L'*algèbre* est *élémentaire* ou *infinitésimale*, selon la nature des quantités auxquelles on l'applique. L'*infinitésimale* est ou *différentielle* ou *intégrale* : *différentielle*, quand il s'agit de descendre de l'expression d'une quantité finie, ou considérée comme telle, à l'expression de son accroissement, ou de sa diminution instantanée ; *intégrale*, quand il s'agit de remonter de cette expression à la quantité finie même.

Is *géométrie*, ou a pour objet les propriétés du cercle et de la ligne droite, ou embrasse dans ses spéculations, toutes sortes de courbes; ce qui la distribue en *élémentaire*, et en *transcendante*.

Les *mathématiques mixtes* ont autant de divisions et de sous-divisions, qu'il y a d'êtres réels dans lesquels la *quantité* peut être considérée. La *quantité* considérée dans les corps en tant que mobiles, et tendans à se mouvoir, est l'objet de la *mécanique*. La *mécanique* a deux branches, la *statique* et la *dynamique*. La *statique* a pour objet la *quantité* considérée dans les corps en équilibre, et tendans seulement à se mouvoir. La *dynamique* a pour objet la *quantité* considérée dans les corps actuellement mus. La *statique* et la *dynamique* ont chacune deux parties. La *statique* se distribue en *statique proprement dite*, qui a pour objet la *quantité* considérée dans les corps solides en équilibre, et tendans seulement à se mouvoir ; et en *hydrostatique*, qui a pour objet la *quantité* considérée dans les corps fluides en équilibre, et tendans seulement à se mouvoir. La *dynamique* se distribue en *dynamique proprement dite*, qui a pour objet la *quantité* considérée dans les corps solides actuellement mus ; et en *hydrodynamique*, qui a pour objet la *quantité* considérée dans les corps fluides actuellement mus. Mais si l'on considère la *quantité* dans les eaux actuellement mues, l'*hydrodynamique* prend alors le nom d'*hydraulique*. On pourroit rapporter la *navigation* à l'hydrodynamique; et la *ballistique* ou le jet des bombes, à la mécanique.

La *quantité* considérée dans les mouvemens des corps célestes donne l'*astronomie géométrique* : d'où la *cosmographie* ou *description de l'univers*, qui se divise en *uranographie* ou *description du ciel*, en *hydrographie* ou *description des eaux*, et en *géographie* : d'où encore la *chronologie*, et la *gnomonique* ou l'art de construire des cadrans.

La *quantité*, considérée dans la lumière, donne l'*optique*; et la *quantité* considérée dans le mouvement de la lumière, les différentes branches d'*optique*. Lumière mue en ligne directe, *optique proprement dite*; lumière réfléchie dans un seul et même lieu, *catoptrique*; lumière rompue en passant d'un milieu dans un autre, *dioptrique*. C'est à l'*optique* qu'il faut rapporter la *perspective*.

La *quantité*, considérée dans le son, dans sa véhémence, son mouvement, ses dégrés, ● réflexions, sa vitesse, *etc.* donne l'*acoustique*.

La *quantité*, considérée dans l'air, sa pesanteur, son mouvement, sa condensation, sa raréfaction, *etc.* donne la *pneumatique*.

La *quantité*, considérée dans la possibilité des événemens, donne l'*art de conjecturer*, d'où naît l'*analyse des jeux de hasard*.

L'objet des sciences mathématiques étant purement intellectuel, il ne faut pas s'étonner de l'exactitude de ses divisions.

La *physique particulière* doit suivre la même distribution que l'Histoire naturelle. De l'Histoire, prise par les sens, des *astres*, de *leurs mouvemens, apparences sensibles*, etc.; la réflexion a passé à la recherche de leur origine, des causes de leurs phénomènes, *etc.*, et a produit la science qu'on appelle *astronomie physique*, à laquelle il faut rapporter la *science de leurs influences*, qu'on nomme *astrologie*; d'où l'*astrologie physique*, et la chimère de l'*astrologie judiciaire*. De l'Histoire, prise par les sens, des *vents*, des *pluies*, *grêles*, *tonnerres*, etc., la réflexion a passé à la recherche de leurs origines, causes, effets, *etc.*, et a produit la science qu'on appelle *météorologie*.

De l'Histoire, prise par les sens, de la *mer*, de la *terre*, des *fleuves*, des *rivières*, des *montagnes*, des *flux* et *reflux*, etc., la réflexion a passé à la recherche de leurs causes, origines, *etc.*, et a donné lieu à la *cosmologie* ou *science de l'univers*, qui se distribue en *uranologie* ou *science du ciel*, en *aérologie* ou *science de l'air*, en *géologie* ou *science des continens*, et en *hydrologie* ou *science des eaux*. De l'Histoire des *mines*, prise par les sens, la réflexion a passé à la recherche de leur formation, travail, *etc.*, et a donné lieu à la science qu'on nomme *mineralogie*. De l'Histoire des *plantes*, prise par les sens, la réflexion a passé à la recherche de leur économie, propagation, culture, végétation, *etc.*, et a engendré la *botanique*, dont l'*agriculture* et le *jardinage* sont deux branches.

De l'Histoire des *animaux*, prise par les sens, la réflexion a passé à la recherche de leur conservation, propagation, usage, organisation, *etc.*, et a produit la science qu'on nomme *zoologie* ; d'où sont émanés la *médecine*, la *vétérinaire*, et le *manège* ; la *chasse*, la *pêche*, et la *fauconnerie* ; l'*anatomie simple et comparée*. La *médecine* (suivant la division de Boerhaave) ou s'occupe de l'économie du corps humain, et *raisonne* son anatomie, d'où nait la *physiologie* ; ou s'occupe de la manière de le garantir des maladies, et s'appelle *hygiène* ; ou considère le corps malade, et traite des causes, des différences et des symptômes des maladies, et s'appelle *pathologie* ; ou a pour objet les signes de la vie, de la santé, et des maladies, leur diagnostic et prognostic, et prend le nom de *séméiotique* ; ou enseigne l'art de guérir, et se sous-divise en *diète*, *pharmacie* et *chirurgie*, les trois branches de la *thérapeutique*.

L'*hygiène* peut se considérer relativement à la *santé* du corps, à sa *beauté*, et à ses *forces* ; et se sous-diviser en *hygiène proprement dite*, en *cosmétique*, et en *athlétique*. La *cosmétique* donnera l'*orthopédie*, ou *l'art de procurer aux membres une belle conformation* ; et l'*athlétique* donnera la *gymnastique* ou *l'art de les exercer*.

De la connoissance expérimentale, ou de l'Histoire, prise par les sens, des *qualités extérieures*, *sensibles*, *apparentes*, etc., *des corps naturels*, la réflexion nous a conduits à la recherche artificielle de leurs propriétés intérieures et occultes ; et cet art s'est appelé *chimie*. La *chimie* est imitatrice et rivale de la nature : son objet est presque aussi étendu que celui de la nature même : je dirois presque que cette partie de la physique est, entre les autres, ce que la poésie est entre les autres genres de littérature : ou *elle décompose* les êtres ; ou elle les *revivifie* ; ou elle les *transforme*, etc. La *chimie* a donné naissance à l'*alchimie*, et à la *magie naturelle*. La *métallurgie* ou *l'art de traiter les métaux en grand*, est une branche importante de la *chimie*. On peut encore rapporter à cet art la *teinture*.

La nature a ses écarts ; et la raison, ses abus. Nous avons rapporté les *monstres* aux écarts de la nature ; et c'est à l'abus de la raison qu'il faut rapporter toutes les sciences et tous les arts qui ne montrent que l'avidité, la méchanceté, la superstition de l'homme, qui le déshonorent.

Voilà tout le *philosophique* de la connoissance humaine, et ce qu'il en faut rapporter à la raison.

IMAGINATION, d'où POÉSIE.

L'HISTOIRE a pour objet les individus circonscrits par le temps et par les lieux ; et la poésie, les individus imaginés à l'imitation des êtres historiques. Il ne seroit donc pas étonnant que la poésie suivît une des distributions de l'histoire. Mais les différens genres de poésie, et la différence de ses sujets, nous en offrent deux distributions très-naturelles. Ou le sujet d'un poëme est *sacré*, ou il est *profane* : ou le poëte raconte des choses passées, ou il les rend présentes, en les mettant en action ; ou il donne du corps à des êtres abstraits et intellectuels. La première de ces poésies sera *narrative :* la seconde, *dramatique :* la troisième, *parabolique*. Le *poëme épique*, le *madrigal*, l'*épigramme*, etc. sont ordinairement de poésie *narrative* ; la *tragédie*, la *comédie*, l'*opéra*, l'*églogue*, etc., de poésie *dramatique* ; et les *allégories*, etc, de poésie *parabolique*.

POÉSIE

I. NARRATIVE. II. DRAMATIQUE. III. PARABOLIQUE.

Nous n'entendons ici, *par poésie*, que ce qui est fiction. Comme il peut y avoir versification sans poésie, et poésie sans versification, nous avons cru devoir regarder la *versification* comme une qualité du style, et la renvoyer à l'art oratoire. En revanche, nous rapporterons la *musique*, la *peinture*, la *sculpture*, la *gravure*, etc., à la poésie; car il n'est pas moins vrai de dire du peintre, qu'il est un poëte, que du poëte, qu'il est un peintre; et du sculpteur ou graveur, qu'il est un peintre en relief ou en creux, que du musicien, qu'il est un peintre par les sons. Le *poëte*, le *musicien*, le *peintre*, le *sculpteur*, le *graveur*, etc., imitent ou contrefont la nature : mais l'un emploie le *discours* ; l'autre, les *couleurs* ; le troisième, le *marbre*, l'*airain*, etc ; et le dernier, l'*instrument* ou la *voix*. La *musique* est *théorique* ou *pratique*, *instrumentale* ou *vocale*.

La poésie a ses monstres, comme la nature ; il faut mettre de ce nombre toutes les productions de l'imagination déréglée ; et il peut y avoir de ces productions en tous genres.

Voilà toute la *partie poétique* de la connoissance humaine ; ce qu'on en peut rapporter à l'*imagination*, et la fin de notre distribution généalogique (ou si l'on veut mappemonde) des sciences et des arts, que nous craindrions peut-être d'avoir trop détaillée, s'il n'étoit de la dernière importance de bien connoître nous-mêmes, et d'exposer clairement aux autres l'objet d'une Encyclopédie.

Mais une considération que nous ne pouvons trop rappeler, c'est que le nombre des systèmes possibles de la connoissance humaine, est aussi grand que le nombre des esprits ; et qu'il n'y a certainement que le système qui existe de l'entendement divin, d'où l'arbitraire soit exclu. Nous avons rapporté les architectures civile, navale et militaire à leur origine : mais on pouvoit également bien les rapporter à la partie des mathématiques, qui traite de leurs principes ; peut-être même à la branche de l'histoire naturelle, qui embrasse tous les usages des productions de la nature ; ou renvoyer la pyrotechnie à la chimie ; ou associer l'architecture à la peinture, à la sculpture, etc. Cette distribution eût été plus ordinaire: mais le chancelier Bacon n'a pas cru que ce fût une raison pour la suivre; et nous l'avons imité dans cette occasion, et dans beaucoup d'autres, toutes les fois, en un mot, que l'histoire ne nous instruisant point de la naissance d'une science ou d'un art, elle nous laissoit la liberté de nous en rapporter à des conjectures philosophiques. Il y a sans-doute un système de la connoissance humaine, qui est le plus clair, le mieux lié, et le plus méthodique : l'avons-nous rencontré? c'est ce que nous n'avons pas la présomption de croire. Aussi, nous demanderons seulement, qu'avant que de rien décider de celui que nous avons préféré, on se donne la peine de l'examiner et de l'entendre. L'objet est ici d'une telle étendue, que nous serions en droit de récuser pour juges ceux qui se croiroient suffisamment instruits par un coup-d'œil jeté rapidement ou sur la *figure* de notre système, ou sur l'*exposition* que nous venons d'en faire. Au reste, nous avons mieux aimé ajouter à notre projet ces deux morceaux qui forment un tableau sur lequel le lecteur est en état de connoître l'ordonnance de l'ouvrage entier, que de lui communiquer des articles qui ne lui auroient donné qu'une idée très-imparfaite de quelques-unes de ses parties. Si l'on nous objecte que l'ordre alphabétique détruira la liaison de notre système de la connoissance humaine, nous répondrons que cette liaison consistant moins dans l'arrangement des matières que dans les rapports qu'elles ont entre elles, rien ne peut l'anéantir ; et que nous aurons soin de la rendre sensible par la disposition des matières dans chaque article, et par l'exactitude et la fréquence des renvois.

SYSTÊME FIGURÉ DES CONNOISSANCES HUMAINES.

ENTENDEMENT.

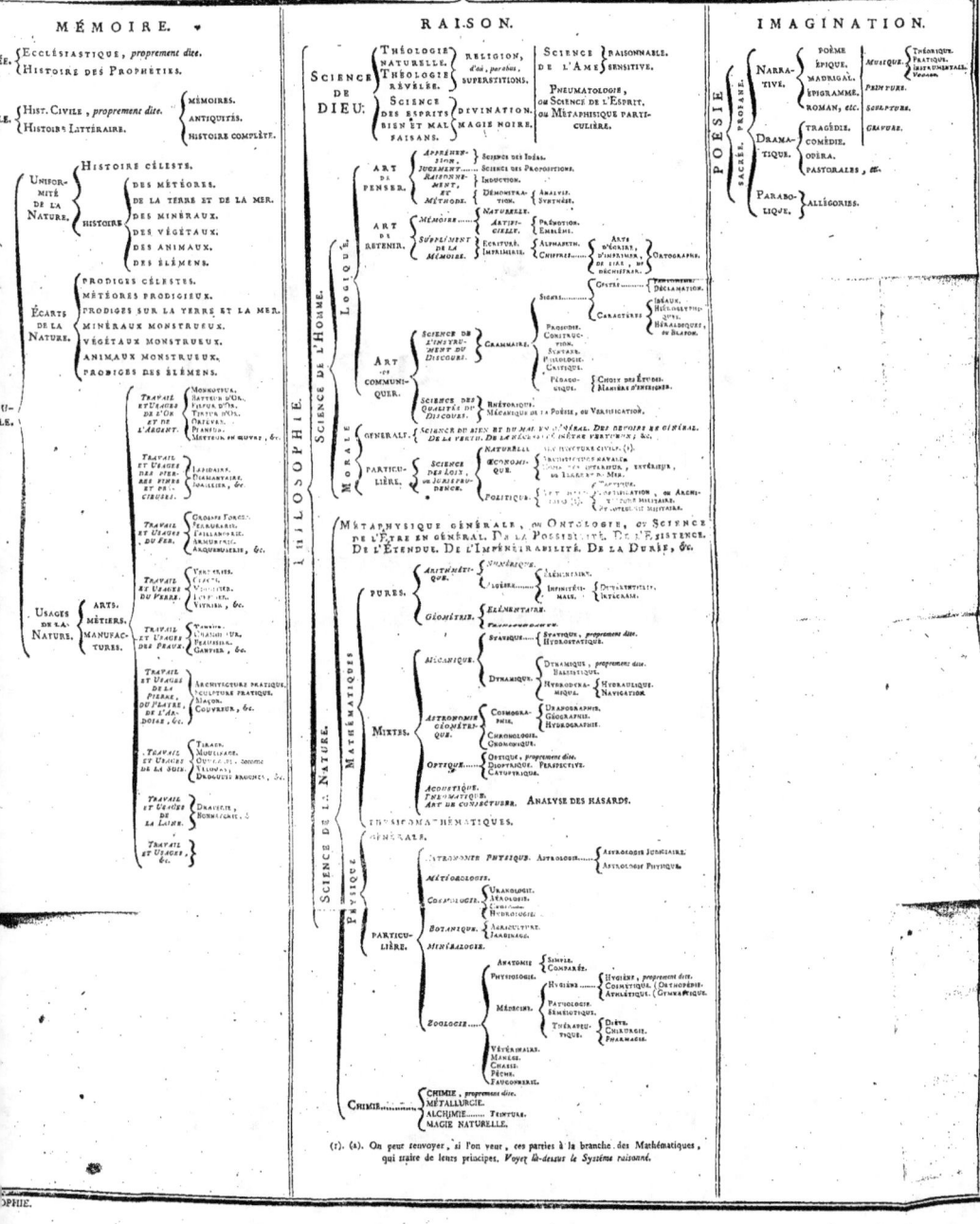

SUR LE PROJET

D'UNE

ENCYCLOPÉDIE,

OU

DICTIONNAIRE universel et raisonné de la connoissance humaine, sur sa possibilité, sa fin, etc.

SUR LE PROJET
D'UNE
ENCYCLOPÉDIE.

Le mot *Encyclopédie* signifie *enchaînement des sciences* (*). En effet, le but d'une *Encyclopédie* est de rassembler les connoissances éparses sur la surface de la terre ; d'en exposer le système général aux hommes avec qui nous vivons ; et de le transmettre aux hommes qui viendront après nous, afin que les travaux des siècles passés n'ayent pas été des travaux inutiles pour les siècles qui succéderont ; que nos neveux, devenant plus instruits, deviennent en-même-temps plus vertueux et plus heureux ; et que nous ne mourions pas, sans avoir bien mérité du genre humain.

Il eût été difficile de se proposer un objet plus étendu que celui de traiter de tout ce qui a rapport à la curiosité de l'homme, à ses devoirs, à ses besoins et à ses plaisirs. Aussi, quelques personnes accoutumées à juger de la possibilité

(*) Voyez la note de la page 1.ère du Prospectus.

d'une entreprise, sur le peu de ressources qu'elles apperçoivent en elles-mêmes, ont prononcé que jamais nous n'achèverions la nôtre. V. *le Dictionnaire de Trévoux, dernière édition, au mot* ENCYCLOPÉDIE. Elles n'entendront de nous, pour toute réponse, que cet endroit du chancelier Bacon, qui semble leur être particulièrement adressé. *De impossibilitate ità statuo ; ea omnia possibilia et præstabilia esse censenda, quæ ab aliquibus perfici possunt, licet non à quibusvis ; et quæ à multis conjunctim, licet non ab uno ; et quæ in successione sæculorum, licet non eodem ævo ; et denique quæ multorum curâ et sumptu, licet non opibus et industriâ singulorum.* Bac. lib. II, de augment. scient. cap. j, pag. 103.

Quand on vient à considérer la matière immense d'une *Encyclopédie ;* la seule chose qu'on apperçoive distinctement, c'est que ce ne peut être l'ouvrage d'un seul homme. Et comment un seul homme, dans le court espace de sa vie, réussiroit-il à connoître et à développer le systême universel de la nature et de l'art ; tandis que la société savante et nombreuse des académiciens *de la Crusca* a employé quarante années à former son vocabulaire; et que nos académiciens Français avoient travaillé soixante ans à leur Dictionnaire, avant que d'en publier la première édition ? Cependant qu'est-ce qu'un Dictionnaire de langue ? Qu'est-ce qu'un vocabulaire, lorsqu'il est exécuté aussi parfaitement qu'il peut l'être ? Un recueil très-exact des titres à remplir par un Dictionnaire Encyclopédique et raisonné.

Un seul homme, dira-t-on, est maître de tout ce qui existe ; il disposera à son gré de toutes les richesses, que les autres hommes ont accumulées. Je ne peux convenir de ce principe ; je ne crois point qu'il soit donné à un seul homme, de connoître tout ce qui peut être connu ; de faire usage de tout ce qui est ; de voir tout ce qui peut être vu ; de comprendre tout ce qui est intelligible. Quand un Dictionnaire raisonné des sciences et des arts ne seroit qu'une combinaison méthodique de leurs élémens, je demanderois encore à qui il appartient de faire de bons élémens ; si l'exposition élémentaire des principes fondamentaux d'une science ou d'un art est le coup d'essai d'un élève, ou le chef-d'œuvre d'un maître.

Mais pour démontrer, avec la dernière évidence, combien il est difficile qu'un seul homme exécute jamais un Dictionnaire raisonné de la science générale ; il suffit d'insister sur les seules difficultés d'un simple vocabulaire.

Un vocabulaire universel est un ouvrage, dans lequel on se propose de fixer la signification des termes d'une langue, en définissant ceux qui peuvent être définis, par une énumération courte, exacte, claire et précise, ou des qualités ou des idées qu'on y attache. Il n'y a de bonnes définitions, que celles qui rassemblent les attributs essentiels de la chose désignée par le mot. Mais a-t-il été accordé à tout le monde de connoître et d'exposer ces attributs ? L'art de bien définir est-il un art si commun ? Ne sommes-nous pas tous, plus ou moins, dans le cas même des enfans, qui appliquent avec une extrême précision une infinité de termes, à la place desquels il leur seroit absolument impossible de subsituer la vraie collection de qualités ou d'idées qu'ils représentent ? De-là, combien de difficultés imprévues, quand il s'agit de fixer le sens des expressions les plus communes ? On éprouve à tout moment que celles qu'on entend le moins sont aussi celles dont on se sert le plus. Quelle est la raison de cet étrange phénomène ? C'est que nous sommes sans cesse dans l'occasion de prononcer qu'une chose est *telle* ; presque jamais dans la nécessité de déterminer ce que c'est qu'*être tel*. Nos jugemens les plus fréquens tombent sur des objets particuliers ; et le grand usage de la langue et du monde suffit pour nous diriger. Nous ne faisons que répéter ce que nous avons entendu toute notre vie. Il n'en est pas ainsi, lorsqu'il s'agit de former des notions générales qui embrassent, sans exception, un certain nombre d'individus. Il n'y a que la méditation la plus profonde et l'étendue de connoissances la plus surprenante, qui puissent nous conduire sûrement. J'éclaircis ces principes par un exemple : nous disons, sans qu'il arrive à aucun de nous de se tromper, d'une infinité d'objets de toute espèce, *qu'ils sont de luxe ;* mais qu'est-ce que ce *luxe* que nous attribuons si infailliblement à tant d'objets ? Voilà la question à laquelle on ne satisfait avec quelqu'exactitude, qu'après une discussion que les personnes, qui montrent le plus de justesse dans l'application du mot *luxe*, n'ont point faite ; et ne sont peut-être pas même en état de faire.

Il faut définir tous les termes, excepté les radicaux, c'est-à-dire, ceux qui désignent des sensations simples ou les idées abstraites les plus générales. En a-t-on omis quelques-uns ? Le vocabulaire est incomplet. Veut-on n'en excepter aucun ? qui est-ce qui définira exactement le mot *conjugué*, si ce n'est un géomètre ? le mot *conjugaison*, si ce n'est un grammairien ? le mot *azimuth*, si ce n'est un astronome ? le mot *épopée*, si ce n'est un littérateur ? le mot *change*, si ce n'est un commerçant ? le mot *vice*, si ce n'est un moraliste ? le mot *hypostase*, si ce n'est un théologien ? le mot *métaphysique*, si ce n'est un philosophe ? le mot *gouge*, si ce n'est un homme versé dans les arts ? D'où je conclus que, si l'académie Française ne réunissoit pas dans ses assemblées toute la variété des connoissances et des talens, il seroit impossible qu'elle ne négligeât beaucoup d'expressions qu'on cherchera dans son Dictionnaire ; ou qu'il ne lui échappât des définitions fausses, incomplètes, absurdes, ou même ridicules.

Je n'ignore point que ce sentiment n'est pas celui de ces hommes qui nous entretiennent de tout et qui ne savent rien ; qui ne sont point de nos académies ; qui n'en seront pas, parce qu'ils ne sont pas dignes d'en être ; qui se mêlent cependant de désigner aux places vacantes ; qui, osant fixer les limites de l'objet de l'académie Française, se sont presqu'indignés de voir entrer dans cette compagnie les Mairan, les Maupertuis et les d'Alembert ; et qui ignorent que la première fois que l'un d'eux y parla, ce fut pour rectifier la définition du terme *midi*. On diroit, à les entendre, qu'ils prétendroient borner la connoissance de la langue et le Dictionnaire de l'académie, à un très-petit nombre de termes qui leur sont familiers. Encore, s'ils y regardoient de plus près, parmi ces termes en trouveroient-ils plusieurs, tels qu'arbre, animal, plante, fleur, vice, vertu, vérité, force, loix, pour la définition rigoureuse desquels ils seroient bien obligés d'appeler à leur secours le philosophe, le jurisconsulte, l'historien, le naturaliste ; en un mot celui qui connoît les qualités réelles ou abstraites qui constituent un être tel, et qui le spécifient ou qui l'individualisent, selon que cet être a des semblables ou qu'il est solitaire.

Concluons donc qu'on n'exécutera jamais un

bon vocabulaire, sans le concours d'un grand nombre de talens, parce que les définitions de noms ne diffèrent point des définitions de choses ; et que les choses ne peuvent être bien définies ou décrites que par ceux qui en ont fait une longue étude. Mais, s'il en est ainsi, que ne faudra-t-il point pour l'exécution d'un ouvrage, où, loin de se borner à la définition du mot, on se proposera d'exposer en détail tout ce qui appartient à la chose.

Un Dictionnaire universel et raisonné des sciences et des arts ne peut donc être l'ouvrage d'un homme seul. Je dis plus ; je ne crois pas que ce puisse être l'ouvrage d'aucune des sociétés littéraires ou savantes qui subsistent, prises séparément ou en corps.

L'académie Française ne fourniroit à une *Encyclopédie*, que ce qui appartient à la langue et à ses usages ; l'académie des inscriptions et belles-lettres, que des connoissances relatives à l'histoire profane, ancienne et moderne, à la chronologie, à la géographie et à la littérature ; la Sorbonne, que de la théologie, de l'histoire sacrée, et des superstitions ; l'académie des sciences, que des mathématiques, de l'histoire naturelle, de la physique, de la chimie, de la médecine, de l'anatomie, etc. ; l'académie de chirurgie, que l'art de ce nom ; celle de peinture, que la peinture, la gravure, la sculpture, le dessin, l'architecture, etc. ;

l'Université, que ce qu'on entend par les humanités, la philosophie de l'école, la jurisprudence, la typographie, etc.

Parcourez les autres sociétés, que je peux avoir omises ; et vous vous appercevrez qu'occupées chacune d'un objet particulier, qui est sans-doute du ressort d'un Dictionnaire universel, elles en négligent une infinité d'autres, qui doivent y entrer ; et vous n'en trouverez aucune qui vous fournisse la généralité de connoissances dont vous aurez besoin. Faites mieux ; imposez-leur à toutes un tribut ; vous verrez combien il vous manquera de choses encore ; et vous serez forcé de vous aider d'un grand nombre d'hommes répandus en différentes classes ; hommes précieux, mais à qui les portes des académies n'en sont pas moins fermées par leur état. C'est trop de tous les membres de ces savantes compagnies pour un seul objet de la science humaine ; ce n'est pas assez de toutes ces sociétés pour la science de l'homme en général.

Sans-doute ce qu'on pourroit obtenir de chaque société savante en particulier seroit très-utile ; et ce qu'elles fourniroient toutes avanceroit rapidement le Dictionnaire universel à sa perfection. Il y a même une tâche, qui ramèneroit leurs travaux au but de cet ouvrage, et qui devroit leur être imposée. Je distingue deux moyens de cultiver les sciences : l'un, d'augmenter la masse des connoissances par des découvertes ; et c'est ainsi qu'on mérite le nom d'*inventeur* : l'autre, de rapprocher les découvertes, et de les ordonner entre elles, afin que plus d'hommes soient éclairés, et que chacun participe, selon sa portée, à la lumière de son siècle; et l'on appelle *auteurs classiques*, ceux qui réussissent dans ce genre, qui n'est pas sans difficulté. J'avoue que, quand les sociétés savantes répandues dans l'Europe s'occuperoient à recueillir les connoissances anciennes et modernes, à les enchaîner, et à *en* publier des traités complets et méthodiques, les choses n'en seroient que mieux ; du-moins jugeons-en par l'effet. Comparons les quatre-vingt volumes *in*-4.° de l'académie des sciences, compilés selon l'esprit dominant de nos plus célèbres académies, à huit ou dix volumes exécutés, comme je le conçois ; et voyons s'il y auroit à choisir. Ces derniers renfermeroient une infinité de matériaux excellens dispersés dans un grand nombre d'ouvrages, où ils restent sans produire aucune sensation utile, comme des charbons épars qui ne formeront jamais un brasier ; et de ces dix volumes, à-peine la collection académique la plus nombreuse en fourniroit-elle quelques-uns. Qu'on jette les yeux sur les mémoires de l'académie des inscriptions, et qu'on calcule combien on en extrairoit de feuilles pour un traité scientifique. Que dirai-je des transactions philosophiques, et des actes des curieux de la nature ? Aussi tous ces recueils énormes commencent à chanceler ; et il n'y a aucun doute que le premier abréviateur qui aura du goût et de l'habileté ne les fasse tomber. Ce devroit être leur dernier sort.

Après y avoir sérieusement réfléchi, je trouve que l'objet particulier d'un académicien pourroit être de perfectionner la branche à laquelle il se seroit attaché, et de s'immortaliser par des ouvrages qui ne seroient point de l'académie, qui ne formeroient point ses recueils qu'il publieroit en son nom ; mais que l'académie devroit avoir pour but, de rassembler tout ce qui s'est publié sur chaque matière, de le digérer, de l'éclaircir, de le serrer, de l'ordonner, et d'en publier des traités où chaque chose n'occupât que l'espace qu'elle mérite d'occuper, et n'eût d'importance que celle qu'on ne lui pourroit enlever. Combien de mémoires, qui grossissent nos recueils, ne fourniroient pas une ligne à de pareils traités !

C'est à l'exécution de ce projet étendu, non-seulement aux différens objets de nos académies, mais à toutes les branches de la connoissance humaine, qu'une *Encyclopédie* doit suppléer ; ouvrage qui ne s'exécutera que par une société de gens de lettres et d'artistes, épars, occupés chacun de sa partie, et liés seulement par l'intérêt général du genre humain, et par un sentiment de bienveillance réciproque.

Je dis *une société de gens de lettres et d'artistes*, afin de rassembler tous les talens. Je les veux épars, parce qu'il n'y a aucune société subsistante, d'où l'on puisse tirer toutes les connoissances dont on a besoin ; et que, si l'on vouloit que l'ouvrage se fît toujours et ne s'achevât jamais, il n'y auroit qu'à former une pareille société. Toute société a ses assemblées ; ces assemblées laissent entre elles des intervalles, elles ne durent que quelques heures ; une partie de ce temps se perd en discussions, et les objets les plus simples consument des mois entiers ; d'où il arrivera, comme le disoit un des Quarante, qui a plus d'esprit dans la conversation que beaucoup d'auteurs n'en mettent dans leurs écrits, que les douze volumes de l'*Encyclopédie* auront paru, que nous en serons encore à la première lettre de notre vocabulaire : au lieu, ajoutoit-il, que si ceux qui travaillent à cet ouvrage, avoient des séances encyclopédiques comme nous avons des séances académiques, nous verrions la fin de notre ouvrage, qu'ils en seroient encore à la première lettre du leur ; et il avoit raison.

J'ajoute, *des hommes liés par l'intérêt général du genre humain et par un sentiment de bienveillance réciproque*, parce que ces motifs étant les plus honnêtes qui puissent animer des ames bien nées, ce sont aussi les plus durables. On s'applaudit intérieurement de ce que l'on fait ; on s'échauffe, on entreprend pour son collègue et pour son ami, ce qu'on ne tenteroit par aucune autre considération ; et j'ose assurer, d'après l'expérience, que le succès des tentatives en est plus certain. L'*Encyclopédie* a rassemblé ses matériaux en assez peu de temps. Ce n'est point un vil intérêt qui en a réuni et hâté les auteurs : ils ont vu leurs efforts secondés par la plupart des gens de lettres, dont ils pouvoient attendre quelques secours ; et ils n'ont été importunés dans leurs travaux que par ceux qui n'avoient pas le talent nécessaire pour y contribuer seulement d'une bonne page.

Si le gouvernement se mêle d'un pareil ouvrage, il ne se fera point. Toute son influence doit se borner à en favoriser l'exécution. Un monarque peut, d'un seul mot, faire sortir un palais d'entre les herbes ; mais il n'en est pas d'une société de gens de lettres, ainsi que d'une troupe de manouvriers. Une *Encyclopédie* ne s'ordonne point. C'est un travail qui veut plutôt être suivi avec opiniâtreté, que commencé avec chaleur. Les entreprises de cette nature se proposent dans les cours accidentellement, et par forme d'entretien ; mais elles n'y intéressent jamais assez, pour n'être point oubliées à travers le tumulte et dans la confusion d'une infinité d'autres affaires plus ou moins importantes. Les projets littéraires conçus par les grands, sont comme les feuilles qui naissent aux printemps, se sèchent tous les automnes, et tombent sans cesse les unes sur les autres au fond des forêts, où la nourriture qu'elles ont fournie à quelques plantes stériles est tout l'effet qu'on en remarque. Entre une infinité d'exemples en tous genres, qui me sont connus, je ne citerai que celui-ci. On avoit projeté des expériences sur la dureté des bois. Il s'agissoit de les écorcer, et de les laisser mourir sur pied. Les bois ont été écorcés, sont morts sur pied, apparemment ont été coupés ; c'est-à-dire que tout s'est fait, excepté les expériences sur la dureté des bois. Et comment étoit-il possible qu'elles se fissent ? Il devoit y avoir six ans entre les premiers ordres donnés et les dernières opérations. Si l'homme sur lequel le Souverain s'en est reposé vient à mourir ou à perdre la faveur, les travaux restent suspendus, et ne se reprennent point, un ministre n'adoptant pas communément les desseins d'un prédécesseur, ce qui lui mériteroit toute-fois une gloire, si-non plus grande, du-moins plus rare que celle de les avoir formés. Les particuliers se hâtent de recueillir le fruit des dépenses qu'ils ont faites ; le gouvernement n'a rien de cet empressement économique. Je ne sais par quel sentiment très-répréhensible, on traite moins honnêtement avec le Prince qu'avec ses sujets. On prend les engagemens les plus légers, et on en exige les récompenses les plus fortes. L'incertitude que le travail soit jamais de quelque utilité, jette parmi les travailleurs une indolence inconcevable ; et pour ajouter aux inconvéniens toute la force possible, les ouvrages ordonnés par les Souverains ne se conçoivent jamais sur la raison de l'utilité, mais toujours sur la dignité de la personne ; c'est-à-dire, qu'on embrasse la plus grande étendue ; que les difficultés se multiplient; qu'il faut des hommes, des talens, du temps à proportion pour les surmonter ; et qu'il survient presque nécessairement une révolution, qui vérifie la fable du maître d'école. Si la vie moyenne de l'homme n'est pas de vingt ans, celle d'un ministre n'est pas de dix ans. Mais ce n'est pas assez que les interruptions soient plus communes ; elles sont plus funestes encore aux projets littéraires, lorsque le gouvernement est à la tête de ces projets, que quand ils sont conduits par des particuliers. Un particulier recueille au-moins les débris de son entreprise ; il renferme soigneusement des matériaux qui peuvent lui servir dans un temps plus heureux ; il court après ses avances. L'esprit monarchique dédaigne cette prudence : les hommes meurent ; et les fruits de leurs veilles disparoissent, sans qu'on puisse découvrir ce qu'ils sont devenus.

Mais ce qui doit donner le plus grand poids aux considérations précédentes, c'est qu'une *Encyclopédie*, ainsi qu'un vocabulaire, doit être commencée, continuée et finie dans un certain intervalle de temps ; et qu'un intérêt sordide s'occupe toujours à prolonger les ouvrages ordonnés par les Rois. Si l'on employoit à un Dictionnaire universel et raisonné les longues années, que l'étendue de son objet semble exiger, il arriveroit, par les révolutions, qui ne sont guère moins rapides dans les sciences, et sur-tout dans les arts, que dans la langue, que ce Dictionnaire seroit celui d'un siècle passé : de même qu'un vocabulaire, qui s'exécuteroit lentement, ne pourroit être que celui d'un règne qui ne seroit plus. Les opinions vieillissent, et disparoissent comme les mots ; l'intérêt que l'on prenoit à certaines inventions, s'affoiblit de jour en jour, et s'éteint ; si le travail tire en longueur, on se sera étendu sur des choses momentanées, dont il ne sera déjà plus question ; on n'aura rien dit sur d'autres, dont la place sera passée ; inconvénient que nous avons nous-mêmes éprouvé, quoiqu'il ne se soit pas écoulé un temps fort considérable entre la date de cet ouvrage et le moment où j'écris. On remarquera l'irrégularité la plus désagréable dans un ouvrage destiné à représenter, selon leur juste proportion, l'état des choses dans toute la durée antérieure ; des objets importans étouffés ; de petits objets boursoufflés : en un mot, l'ouvrage se défigurera sans cesse sous les mains des travailleurs ; se gâtera plus par le seul laps de temps, qu'il ne se perfectionnera par leurs soins ; et deviendra plus défectueux et plus pauvre par ce qui devroit y être ou raccourci, ou supprimé, ou rectifié, ou suppléé, que riche par ce qu'il acquerra successivement.

Quelle diversité ne s'introduit pas tous les jours dans la langue des arts, dans les machines et dans les manœuvres ? Qu'un homme consume une partie de sa vie à la description des arts ; que dégoûté de cet ouvrage fatigant, il se laisse entraîner à des occupations plus amusantes et moins utiles ; et que son premier ouvrage demeure renfermé dans ses porte-feuilles : il ne s'écoulera pas vingt ans, qu'à la place de choses nouvelles et curieuses, piquantes par leur singularité, intéressantes par leurs usages, par le goût dominant, par une importance momentanée, il ne retrouvera que des notions incorrectes, des manœuvres surannées, des machines ou imparfaites, ou abandonnées. Dans les nombreux volumes qu'il aura composés, il n'y aura pas une page qu'il ne faille retoucher ; et dans la multitude des planches qu'il aura fait graver, presque pas une figure qu'il ne faille redessiner. Ce sont des portraits, dont les originaux ne subsistent plus. Le luxe, ce père des arts, est comme le Saturne de la fable, qui se plaisoit à détruire ses enfans.

La révolution peut être moins forte et moins sensible dans les sciences et dans les arts libéraux, que dans les arts mécaniques ; mais il s'y en est fait une. Qu'on ouvre les Dictionnaires du siècle passé, on n'y trouvera à *aberration*, rien de ce que nos astronomes entendent par ce terme ; à-peine y aura-t-il sur l'*électricité*, ce phénomène si fécond, quelques lignes qui ne seront encore que des notions fausses et de vieux préjugés. Combien de termes de minéralogie et d'histoire naturelle, dont on en peut dire autant ? Si notre Dictionnaire eût été un peu plus avancé, nous aurions été exposés à répéter sur la nielle, sur les maladies des grains et sur leur commerce, les erreurs des siècles passés, parce que les découvertes de M. Tillet et le système de M. Herbert sont récens.

Quand on traite des êtres de la nature, que peut-on faire de plus, que de rassembler avec scrupule toutes leurs propriétés connues dans le moment où l'on écrit ? Mais l'observation et la physique expérimentale multipliant sans cesse les phénomènes et les faits, et la philosophie rationnelle les comparant entre eux et les combinant, étendent ou resserrent sans cesse les limites de nos connoissances ; font en conséquence varier les acceptions des mots institués ; rendent les définitions qu'on en a données inexactes, fausses, incomplètes ; et déterminent même à en instituer de nouveaux.

Mais ce qui donnera à l'ouvrage l'air suranné, et le jettera dans le mépris, c'est sur-tout la révolution qui se fera dans l'esprit des hommes et dans le caractère national. Aujourd'hui que la philosophie s'avance à grands pas ; qu'elle soumet à son empire tous les objets de son ressort ; que son ton est le ton dominant ; et qu'on commence à secouer le joug de l'autorité et de l'exemple, pour s'en tenir aux loix de la raison ; il n'y a presque pas un ouvrage élémentaire et dogmatique, dont on soit entièrement satisfait. On trouve ces productions calquées sur celles des hommes, et non sur les vérités de la nature. On ose proposer ses doutes à Aristote et à Platon; et le temps est arrivé où des ouvrages qui jouissent encore de la plus haute réputation, en perdront une partie, ou même tomberont entièrement dans l'oubli; certains genres de littérature qui, faute d'une vie réelle et de mœurs subsistantes qui leur servent de modèles, ne peuvent avoir de poëtique invariable et sensée, seront négligés; et d'autres qui resteront, et que leur valeur intrinsèque soutiendra, prendront une forme toute nouvelle. Tel est l'effet du progrès de la raison; progrès qui renversera tant de statues, et qui en relèvera quelques-unes qui sont renversées. Ce sont celles des hommes rares qui ont devancé leur siècle. Nous avons eu, s'il est permis de s'exprimer ainsi, des contemporains sous le siècle de Louis XIV.

Le temps, qui a émoussé notre goût sur les questions de critique et de controverse, a rendu insipide une partie du dictionnaire de Bayle. Il n'y a point d'auteur qui ait tant perdu dans quelques endroits, et qui ait plus gagné dans d'autres. Mais, si tel a été le sort de Bayle, qu'on juge de ce qui seroit arrivé à l'*Encyclopédie*, de son temps. Si l'on en excepte ce Perrault, et quelques autres, dont le versificateur Boileau n'étoit pas en état d'apprécier le mérite, la Mothe, Terrasson, Boindin, Fontenelle, sous lesquels la raison et l'esprit philosophique ou de doute a fait de si grands progrès, il n'y avoit peut-être pas un homme, qui en eût écrit une page qu'on daignât lire aujourd'hui. Car, qu'on ne s'y trompe pas; il y a bien de la différence entre enfanter à force de génie un ouvrage, qui enlève les suffrages d'une nation qui a son moment, son goût, ses idées et ses préjugés; et tracer la *poëtique du genre*, selon la connoissance réelle et réfléchie du cœur de l'homme, de la nature des choses et de la droite raison, qui sont les mêmes dans tous les temps. Le génie ne connoît point les règles; cependant il ne s'en écarte jamais dans ses succès. La philosophie ne connoît que les règles fondées dans la nature des êtres, qui est immuable et éternelle. C'est au siècle passé, à fournir des exemples; c'est à notre siècle, à prescrire les règles.

Les connoissances les moins communes sous le siècle passé, le deviennent de jour en jour. Il n'y a point de femme à qui l'on ait donné quelqu'éducation, qui n'emploie avec discernement toutes les expressions consacrées à la peinture, à la sculpture, à l'architecture et aux belles-lettres. Combien y a-t-il d'enfans qui ont du dessein, qui savent de la géométrie, qui sont musiciens, à qui la langue domestique n'est pas plus familière que celle de ces arts; et qui disent, un accord, une belle forme, un contour agréable, une parallèle, une hypothénuse, une quinte, un triton, un arpégement, un microscope, un télescope, un foyer, comme ils diroient une lunette d'opéra, une épée, une canne, un carrosse, un plumet? Les esprits sont encore emportés, d'un autre mouvement général, vers l'histoire naturelle, l'anatomie, la chimie, et la physique expérimentale. Les expressions propres à ces sciences sont déjà très-communes, et le deviendront nécessairement davantage. Qu'arrivera-t-il de-là? c'est que la langue, même populaire, changera de face; qu'elle s'étendra à-mesure que nos oreilles s'accoutumeront aux mots, par les applications heureuses qu'on en fera. Car, si l'on y réfléchit, la plupart de ces mots techniques, que nous employons aujourd'hui, ont été originairement du *néologisme ;* c'est l'usage et le temps qui leur ont ôté ce vernis équivoque. Ils étoient clairs, énergiques et nécessaires. Le sens métaphorique n'étoit pas éloigné du sens propre. Ils peignoient. Les rapports, sur lesquels le nouvel emploi en étoit appuyé, n'étoient pas trop recherchés; ils étoient réels. L'acception figurée n'avoit point l'air d'une subtilité; le mot étoit d'ailleurs harmonieux et coulant. L'idée principale en étoit liée avec d'autres que nous ne nous rappelons jamais sans instruction ou sans plaisir. Voilà les fondemens de la fortune que ces expressions ont faite; et les causes contraires sont celles du discrédit, où tomberont et sont tombées tant d'autres expressions.

Notre langue est déjà fort étendúe. Elle a dû, comme toutes les autres, sa formation au besoin; et ses richesses, à l'essor de l'imagination, aux entraves de la poésie, et aux nombres et à l'harmonie de la prose oratoire. Elle va faire des pas immenses sous l'empire de la philosophie; et si rien ne suspendoit la marche de l'esprit, avant qu'il fût un siècle, un Dictionnaire oratoire et poëtique du siècle de Louis XIV, ou même du nôtre, contiendroit à-peine les deux tiers des mots qui seront à l'usage de nos neveux.

Dans un vocabulaire, dans un Dictionnaire universel et raisonné, dans tout ouvrage destiné à l'instruction générale des hommes, il faut donc commencer par envisager son objet sous les faces les plus étendues : connoître l'esprit de sa nation, en pressentir la pente, la gagner de vîtesse, en sorte qu'il ne laisse pas votre travail en arrière; mais qu'au contraire il le rencontre en avant; se résoudre à ne travailler que pour les générations suivantes, parce que le moment où nous existons passe, et qu'à-peine une grande entreprise sera-t-elle achevée, que la génération présente ne sera plus. Mais pour être plus long-temps utile et nouveau, en devançant de plus loin l'esprit national, qui marche sans cesse, il faut abréger la durée du travail, en multipliant le nombre des collègues; moyen qui toute-fois n'est pas sans inconvénient, comme on le verra dans la suite.

Cependant les connoissances ne deviennent et ne peuvent devenir communes, que jusqu'à un certain point. On ignore à-la-vérité quelle est cette limite. On ne sait jusqu'où tel homme peut aller. On sait bien moins encore jusqu'où l'espèce humaine iroit, ce dont elle seroit capable, si elle n'étoit point arrêtée dans ses progrès. Mais les révolutions sont nécessaires; il y en a toujours eu, et il y en aura toujours; le plus grand intervalle d'une révolution à une autre est donné : cette seule cause borne l'étendue de nos travaux. Il y a, dans les sciences, un point au-delà duquel il ne leur est presque pas accordé de passer. Lorsque ce point est atteint, les monumens qui restent de ce progrès sont à jamais l'étonnement de l'espèce entière. Mais si l'espèce est bornée dans ses efforts, combien l'individu ne l'est-il pas dans les siens ? L'individu n'a qu'une certaine énergie dans ses facultés tant animales qu'intellectuelles; il ne dure qu'un temps ; il est forcé à des alternatives de travail et de repos ; il a des besoins et des passions à satisfaire ; et il est exposé à une infinité de distractions. Toutes les fois que ce qu'il y a de négatif dans ces quantités formera la plus petite somme possible, ou que ce qu'il y a de positif formera la somme possible la plus grande, un homme appliqué solitairement à quelque branche de la science humaine, la portera aussi loin qu'elle peut être portée par les efforts d'un individu. Ajoutez au travail de cet individu extraordinaire, celui d'un autre, et ainsi de suite, jusqu'à ce que vous ayez rempli l'intervalle d'une révolution à la révolution la plus éloignée; et vous vous formerez quelque notion de ce que l'espèce entière peut produire de plus parfait ; sur-tout si vous supposez, en faveur de son travail, un certain nombre de circonstances fortuites qui en auroient diminué le succès, si elles avoient été contraires. Mais la masse générale de l'espèce n'est faite ni pour suivre, ni pour connoître cette marche de l'esprit humain. Le point d'instruction le plus élevé qu'elle puisse atteindre, a ses limites : d'où il s'ensuit qu'il y aura des ouvrages, qui resteront toujours au-dessus de la portée commune des hommes ; d'autres, qui descendront peu-à-peu au-dessous ; et d'autres encore, qui éprouveront cette double fortune.

A quelque point de perfection qu'une *Encyclopédie* soit conduite, il est évident, par la nature de cet ouvrage, qu'elle se trouvera nécessairement au nombre de ceux-ci. Il y a des objets qui sont entre les mains du peuple, dont il tire sa subsistance, et à la connoissance pratique desquels il s'occupe sans relâche. Quelque traité qu'on en écrive, il viendra un moment où il en saura plus que le livre. Il y a d'autres objets sur lesquels il demeurera presqu'entièrement ignorant, parce que les accroissemens de sa connoissance sont trop foibles et trop lents, pour former jamais une lumière considérable, quand on les supposeroit continus. Ainsi l'homme du peuple et le savant auront toujours également à désirer et à s'instruire dans une *Encyclopédie*. Le moment le plus glorieux pour un ouvrage de cette nature, ce seroit celui qui succéderoit immédiatement à quelque grande révolution, qui auroit suspendu les progrès des sciences, interrompu les travaux des arts, et replongé dans les ténèbres une portion de notre hémisphère. Quelle reconnoissance la génération, qui viendroit après ces temps de trouble, ne porteroit-elle pas aux hommes qui les auroient redoutés de loin, et qui en auroient prévenu le ravage, en mettant à l'abri, les connoissances des siècles passés ! Ce seroit alors (j'ose le dire sans ostentation, parce que notre *Encyclopédie* n'atteindra peut-être jamais la perfection qui lui mériteroit tant d'honneur); ce seroit alors qu'on nommeroit, avec ce grand ouvrage, le règne du monarque, sous lequel il fut entrepris; le ministre, auquel il fut dédié; les grands, qui en favorisèrent l'exécution; les auteurs, qui s'y consacrèrent; tous les hommes de lettres, qui y concourureut. La même voix qui rappelleroit ces secours, n'oublieroit pas de parler aussi des peines que les auteurs auroient souffertes, et des disgraces qu'ils auroient essuyées ; et le monument qu'on leur éleveroit seroit à plusieurs faces, où l'on verroit alternativement des honneurs accordés à leur mémoire, et des marques d'indignation attachées à la mémoire de leurs ennemis.

Mais la connoissance de la langue est le fondement de toutes ces grandes espérances; elles resteront incertaines, si la langue n'est fixée et transmise à la postérité dans toute sa perfection; et cet objet est le premier de ceux dont il convenoit à des encyclopédistes de s'occuper profondément. Nous nous en sommes apperçu trop tard; et cette inadvertence a jeté de l'imperfection sur tout notre ouvrage. Le côté de la langue est resté foible (je dis de la langue, et non de la grammaire); et par cette raison ce doit être le sujet principal, dans un article où l'on examine impartialement son travail, et où l'on cherche les moyens d'en corriger les défauts. Je vais donc traiter de la langue spécialement, et comme je le dois. J'oserai même inviter nos successeurs à donner quelqu'attention à ce morceau; et j'espérerai des autres hommes, à l'usage desquels il est moins destiné, qu'ils en avoueront l'importance, et qu'ils en excuseront l'étendue.

L'institution des signes vocaux qui représentassent des idées, et des caractères tracés qui représentassent des voix, fut le premier germe des progrès de l'esprit humain. Une science, un art, ne naissent que par l'application de nos réflexions déjà faites, et que par la réunion de nos pensées, de nos observations, et de nos expériences, avec les pensées, les observations, et les expériences de nos semblables. Sans la double convention qui attacha les idées aux voix, et les voix à des caractères, tout restoit au-dedans de l'homme, et s'y éteignoit : sans les grammaires et les dictionnaires, qui sont les interprètes universels des peuples entre eux, tout demeuroit concentré dans une nation, et disparoissoit avec elle. C'est par ces ouvrages, que les facultés des hommes ont été rapprochées et combinées entre elles ; elles restoient isolées sans cet intermède : une invention, quelqu'admirable qu'elle eût été, n'auroit représenté que la force d'un génie solitaire, ou d'une société particulière ; et jamais l'énergie de l'espèce. Un idiome commun seroit l'unique moyen d'établir une correspondance qui s'étendît à toutes les parties du genre humain, et qui les liguât contre la nature, à laquelle nous avons sans cesse à faire violence, soit dans le physique, soit dans le moral. Supposé cet idiome admis et fixé, aussi-tôt les notions deviennent permanentes ; la distance des temps disparoît ; les lieux se touchent ; il se forme des liaisons entre tous les points habités de l'espace et de la durée ; et tous les êtres vivans et pensans s'entretiennent.

La langue d'un peuple donne son vocabulaire ; et le vocabulaire est une table assez fidelle de toutes les connoissances de ce peuple : sur la seule comparaison du vocabulaire d'une nation en différens temps, on se formeroit une idée de ses progrès. Chaque science a son nom ; chaque notion, dans la science, a le sien : tout ce qui est connu dans la nature, est désigné, ainsi que tout ce qu'on a inventé dans les arts, et les phénomènes, et les manœuvres, et les instrumens. Il y a des expressions, et pour les êtres qui sont hors de nous, et pour ceux qui sont en nous : on a nommé les abstraits et les concrets ; et les choses particulières, et les générales ; et les formes, et les états ; et les existences, et les successions, et les permanences. On dit l'*univers*, on dit un *atome* : l'univers est le tout ; l'atome est la partie la plus petite. Depuis la collection générale de toutes les causes, jusqu'à l'être solitaire, tout a son signe ; et ce qui excède toute limite, soit dans la nature, soit dans notre imagination ; et ce qui est possible, et ce qui ne l'est pas ; et ce qui n'est ni dans la nature, ni dans notre entendement ; et l'infini en petitesse, et l'infini en grandeur, en étendue, en durée, en perfection. La comparaison des phénomènes s'appelle *philosophie*. La philosophie est pratique ou spéculative ; toute notion est ou de sensation, ou d'induction ; tout être est dans l'entendement, ou dans la nature : la nature s'emploie ou par l'organe nu, ou par l'organe aidé de l'instrument. La langue est un symbole de cette multitude de choses hétérogènes : elle indique à l'homme pénétrant, jusqu'où l'on étoit allé dans une science, dans les temps mêmes les plus reculés. On apperçoit, au premier coup-d'œil, que les Grecs abondent en termes abstraits, que les Romains n'ont pas ; et qu'au défaut de ces termes, il étoit impossible à ceux-ci de rendre ce que les autres ont écrit de la logique, de la morale, de la grammaire, de la métaphysique, de l'histoire naturelle, etc : et nous avons fait tant de progrès dans toutes ces sciences, qu'il seroit difficile d'en écrire, soit en grec, soit en latin, dans l'état où nous les avons portées, sans inventer une infinité de signes. Cette observation seule démontre la supériorité des Grecs sur les Romains, et notre supériorité sur les uns et les autres.

Il survient chez tous les peuples en général, relativement au progrès de la langue et du goût, une infinité de révolutions légères ; d'événemens peu remarqués, qui ne se transmettent point : on ne peut s'appercevoir de ce qu'ils ont été, que par le ton des auteurs contemporains ; ton ou modifié, ou donné par ces circonstances passagères. Quel est, par exemple, le lecteur attentif, qui, rencontrant dans un auteur ce qui suit : « Cantus autem et or-
» gana pluribus distantiis utuntur, non tantùm
» diapente, sed *sumpto initio* à diapason, concin-
» nunt per diapente et diatessaron ; et unito-
» num, et semitonium, ità ut et quidem putent
» inesse, et *diesin* quæ sensu percipiatur », ne se dise sur-le-champ à lui-même : voilà les routes de notre chant ; voilà l'incertitude où nous sommes

de la possibilité ou de l'impossibilité de l'intonation du quart de ton. On ignoroit donc alors si les anciens avoient eu ou non une gamme enharmonique ? Il ne restoit donc plus aucun auteur de musique, par lequel on pût résoudre cette difficulté ? On agitoit donc, au temps de Denis d'Halicarnasse, à-peu-près les mêmes questions que nous agitons sur la mélodie ? Et s'il vient à rencontrer ailleurs, que les auteurs étoient très-partagés sur l'énumération exacte des sons de la langue grecque ; que cette matière avoit excité des disputes fort vives, « Sed talium rerum considerationem grammatices » et poetices esse ; vel etiam, ut quibusdam pla- » cet, *philosophiæ* », n'en conclura-t-il pas qu'il en avoit été parmi les Romains, ainsi que parmi nous ? c'est-à-dire, qu'après avoir traité la science des signes et des sons avec assez de légéreté, il y eut un temps où de bons esprits reconnurent qu'elle avoit, avec la science des choses, plus de liaison qu'ils n'en avoient d'abord soupçonné ; et qu'on pouvoit regarder cette spéculation comme n'étant point-du-tout indigne de la philosophie ? Voilà précisément où nous en sommes : et c'est en recueillant ainsi des mots échappés par hasard, et étrangers à la matière traitée spécialement dans un auteur où ils ne caractérisent que ses lumières, son exactitude et son indécision, qu'on parviendroit à éclaircir l'histoire des progrès de l'esprit humain dans les siècles passés.

Les auteurs ne s'apperçoivent pas, quelquefois eux-mêmes, de l'impression des choses qui se passent autour d'eux; mais cette impression n'en est pas moins réelle. Les musiciens, les peintres, les architectes, les philosophes, etc., ne peuvent avoir des contestations, sans que l'homme de lettres en soit instruit : et réciproquement, il ne s'agitera, dans la littérature, aucune question, qu'il n'en paroisse des vestiges dans ceux qui écriront, ou de la musique, ou de la peinture, ou de l'architecture, ou de la philosophie. Ce sont comme les reflets d'une lumière générale, qui tombe sur les artistes et les lettrés, et dont ils conservent une lueur. Je sais que l'abus qu'ils font quelquefois d'expressions dont la force leur est inconnue, décèle qu'ils n'étoient pas au courant de la philosophie de leur temps; mais le bon esprit qui recueille ces expressions, qui saisit ici une métaphore ; là, un terme nouveau; ailleurs, un mot relatif à un phénomène, à une observation, à une expérience, à un système, entrevoit l'état des opinions dominantes, le mouvement général que les esprits commençoient à en recevoir, et la teinte qu'elles portoient dans la langue commune. Et c'est là, pour le dire en passant, ce qui rend les anciens auteurs si difficiles à juger en matière de goût. La persuasion générale d'un sentiment, d'un système, un usage reçu, l'institution d'une loi, l'habitude d'un exercice, etc., leur fournissoient des manières de dire, de penser, de rendre, des comparaisons, des expressions, des figures dont toute la beauté n'a pu durer qu'autant que la chose même qui leur servoit de base. La chose a passé ; et l'éclat du discours avec elle. D'où il s'ensuit qu'un écrivain qui veut assurer à ses ouvrages un charme éternel, ne pourra emprunter avec trop de réserve sa manière de dire des idées du jour, des opinions courantes, des systêmes régnans, des arts en vogue ; tous ces modèles sont en vicissitude : il s'attachera de préférence aux êtres permanens, aux phénomènes des eaux, de la terre et de l'air, au spectacle de l'univers et aux passions de l'homme, qui sont toujours les mêmes ; et telle sera la vérité, la force et l'immutabilité de son coloris, que ses ouvrages feront l'étonnement des siècles, malgré le désordre des matières, l'absurdité des notions, et tous les défauts qu'on pourroit leur reprocher. Ses idées particulières, ses comparaisons, ses métaphores, ses expressions, ses images, ramenant sans cesse à la nature qu'on ne se lasse point d'admirer, seront autant de vérités partielles, par lesquelles il se soutiendra. On ne le lira pas, pour apprendre à penser ; mais, jour et nuit on l'aura dans les mains, pour en apprendre à bien dire. Tel sera son sort, tandis que tant d'ouvrages, qui ne seront appuyés que sur un froid bon sens, et sur une pesante raison, seront peut-être fort estimés, mais peu lus, et tomberont enfin dans l'oubli, lorsqu'un homme, doué d'un beau génie, et d'une grande éloquence, les aura dépouillés, et qu'il aura reproduit aux yeux des hommes, des vérités, auparavant d'une austérité sèche et rebutante, sous un vêtement plus noble, plus élégant, plus riche et plus séduisant.

Ces révolutions rapides, qui se font dans les choses d'institution humaine, et qui auront tant d'influence sur la manière dont la postérité jugera des productions qui lui seront transmises, sont un puissant motif pour s'attacher, dans un ouvrage tel que le nôtre où il est souvent à-propos de citer des exemples, à des morceaux dont la beauté soit fondée sur des modèles permanens : sans cette précaution, les modèles passeront, la vérité de l'imitation ne sera plus sentie, et les exemples cités cesseront de paroître beaux.

L'art de transmettre les idées, par la peinture des objets, a dû naturellement se présenter le premier : celui de les transmettre, en fixant les voix par des caractères, est trop délié ; il dut effrayer l'homme de génie qui l'imagina. Ce ne fut qu'après de longs essais, qu'il entrevit que les voix sensiblement différentes, n'étoient pas en aussi grand nombre qu'elles paroissoient, et qu'il osa se promettre de les rendre toutes avec un petit nombre de signes. Cependant le premier moyen n'étoit pas sans quelque avantage, ainsi que le second n'est pas resté sans quelque défaut. La peinture n'atteint point aux opérations de l'esprit ; l'on ne distingueroit point, entre les objets sensibles distribués sur une toile comme ils seroient énoncés dans un discours, les liaisons qui forment le jugement et le syllogisme ; ce qui constitue un de ces êtres, sujet d'une proposition ; ce qui constitue une qualité de ces êtres, attribut ; ce qui entraîne la proposition à une autre, pour en faire un raisonnement ; et ce raisonnement, à un autre, pour en composer un discours ; en un mot, il y a une infinité de choses de cette nature, que la peinture ne peut figurer ; mais elle montre, du-moins, toutes celles qu'elle figure : et si, au contraire, le discours écrit les désigne toutes, il n'en montre aucune. Les peintures des êtres sont toujours très-incomplettes ; mais elles n'ont rien d'équivoque, parce que ce sont les portraits mêmes d'objets que nous avons sous les yeux. Les caractères de l'écriture s'étendent à tout, mais ils sont d'institution ; ils ne signifient rien par eux-mêmes. La clef des tableaux est dans la nature, et s'offre à tout le monde : celle des caractères alphabétiques et de leur combinaison, est un pacte dont il faut que le mystère soit révélé ; et il ne peut jamais l'être complètement, parce qu'il y a dans les expressions des nuances délicates qui restent nécessairement indéterminées. D'un autre côté, la peinture étant permanente, elle n'est que d'un état instantané. Se propose-t-elle d'exprimer le mouvement le plus simple ; elle devient obscure. Que dans un trophée on voit une renommée les ailes déployées, tenant sa trompette d'une main, et de l'autre une couronne élevée au-dessus de la tête d'un héros, on ne sait si elle la donne, ou si elle l'enlève : c'est à l'histoire à lever l'équivoque. Quelle que soit, au contraire, la variété d'une action, il y a toujours une certaine collection de termes qui la représente ; ce qu'on ne peut dire de quelque suite ou grouppe de figures que ce soit. Multipliez tant qu'il vous plaira ces figures, il y aura de l'interruption : l'action est continue, et les figures n'en donneront que des instans séparés, laissant à la sagacité du spectateur à en remplir les vides. Il y a la même incommensurabilité, entre tous les mouvemens physiques et toutes les représentations réelles, qu'entre certaines lignes et des suites de nombres. On a beau augmenter les termes, entre un terme donné et un autre, ces termes restant toujours isolés, ne se touchant point, laissant entre chacun d'eux un intervalle, ils ne peuvent jamais correspondre à certaines quantités continues. Comment mesurer toute quantité continue, par une quantité discrète ? Pareillement, comment représenter une action durable, par des images d'instans séparés ? Mais ces termes qui demeurent, dans une langue, nécessairement inexpliqués, les radicaux, ne correspondent-ils pas assez exactement à ces instans intermédiaires que la peinture ne peut représenter ? et n'est-ce pas à-peu-près le même défaut de part et d'autre ? Nous voilà donc arrêtés dans notre projet de transmettre les connoissances, par l'impossibilité de rendre toute la langue intelligible. Comment recueillir les racines grammaticales ? Quand on les aura recueillies, comment les expliquer ? Est-ce la peine d'écrire pour les siècles à venir, si nous ne sommes pas en état de nous faire entendre ? Résolvons ces difficultés.

Voici, premièrement, ce que je pense sur la manière de discerner les radicaux. Peut-être y a-t-il quelque méthode, quelque système philosophique, à l'aide duquel on en trouveroit un grand nombre : mais ce système me semble difficile à inventer ; et quel qu'il soit, l'application m'en paroît sujette à erreur, par l'habitude bien fondée que j'ai de suspecter toute loi générale en matière de langue. J'aimerois mieux suivre un moyen technique, d'autant plus que ce moyen technique est une suite nécessaire de la formation d'un Dictionnaire encyclopédique.

Il faut d'abord que ceux qui coopéreront à cet ouvrage, s'imposent la loi de tout définir ; tout, sans aucune exception. Cela fait, il ne restera plus à l'éditeur que le soin de séparer les termes où un même mot sera pris pour genre dans une définition, et pour différence dans une autre : il est évident que c'est la nécessité de ce double emploi qui constitue le cercle vicieux, et qu'elle est la limite des définitions. Quand on aura rassemblé tous ces mots, on trouvera, en les examinant, que des deux termes qui sont définis l'un par l'autre, c'est tantôt le plus général, tantôt le moins général qui est genre ou différence; et il est évident que c'est le plus général qu'il faudra regarder comme une des racines grammaticales. D'où il s'ensuit que le nombre des racines grammaticales sera précisément la moitié de ces termes recueillis; parce que, de deux définitions de mots, il faut en admettre une, comme bonne et légitime, pour démontrer que l'autre est un cercle vicieux.

Passons maintenant à la manière de fixer la notion de ces radicaux : il n'y a, ce me semble, qu'un seul moyen; encore n'est-il pas aussi parfait qu'on le désireroit; non qu'il laisse de l'équivoque dans le cas où il est applicable, mais en ce qu'il peut y avoir des cas auxquels il n'est pas possible de l'appliquer, avec quelqu'adresse qu'on le manie. Ce moyen est de rapporter une langue vivante à une langue morte : il n'y a qu'une langue morte qui puisse être une mesure exacte, invariable et commune pour tous les hommes qui sont et qui seront, entre les langues qu'ils parlent et qu'ils parleront. Comme cet idiome n'existe que dans les auteurs, il ne change plus; et l'effet de ce caractère, c'est que l'application en est toujours la même, et toujours également connue.

Si l'on me demandoit de la langue grecque ou latine, quelle est celle qu'il faudroit préférer, je répondrois, ni l'une ni l'autre ; mon sentiment seroit de les employer toutes deux; le grec, partout où le latin ne donneroit rien, ou ne donneroit pas un équivalent, ou en donneroit un moins rigoureux : je voudrois que le grec ne fût jamais qu'un supplément à la disette du latin ; et cela seulement parce que la connoissance du latin est la plus répandue : car j'avoue que s'il falloit se déterminer par la richesse et par l'abondance, il n'y auroit pas à balancer. La langue grecque est infiniment plus étendue et plus expressive que la latine ; elle a une multitude de termes qui ont une empreinte évidente de l'onomatopée ; une infinité de notions, qui ont des signes en cette langue, n'en ont point en latin, parce qu'il ne paroît pas que les Latins se fussent élevés à aucun genre de spéculation. Les Grecs s'étoient enfoncés dans toutes les profondeurs de la métaphysique des sciences, des beaux-arts, de la logique et de la grammaire. On dit, avec leur idiome, tout ce qu'on veut ; ils ont tous les termes abstraits, relatifs aux opérations de l'entendement : consultez là-dessus Aristote, Platon, Sextus Empiricus, Apollonius, et tous ceux qui ont écrit de la grammaire et de la rhétorique. On est souvent embarrassé en latin par le défaut d'expressions; il falloit encore des siècles aux Romains, pour posséder la langue des abstractions, du-moins à en juger par le progrès qu'ils y ont fait pendant qu'ils ont été sous la discipline des

Grecs; car d'ailleurs un seul homme de génie peut mettre en fermentation tout un peuple, abréger les siècles de l'ignorance, et porter les connoissances à un point de perfection, et avec une rapidité qui surprendroient également. Mais cette observation ne détruit point la vérité que j'avance : car, si l'on compte les hommes de génie, et qu'on les répande sur toute la durée des siècles écoulés, il est évident qu'ils seront en petit nombre dans chaque nation, et pour chaque siècle ; et qu'on n'en trouvera presque aucun qui n'ait perfectionné la langue. Les hommes créateurs portent ce caractère particulier. Comme ce n'est pas seulement en feuilletant les productions de leurs contemporains, qu'ils rencontrent les idées qu'ils ont à employer dans leurs écrits ; mais que c'est tantôt en descendant profondément en eux-mêmes, tantôt en s'élançant au-dehors, et portant des regards plus attentifs et plus pénétrans sur les natures qui les environnent ; ils sont obligés, sur-tout à l'origine des langues, d'inventer des signes pour rendre avec exactitude et avec force, ce qu'ils y découvrent les premiers. C'est la chaleur de l'imagination, et la méditation profonde, qui enrichissent une langue d'expressions nouvelles ; c'est la justesse de l'esprit, et la sévérité de la dialectique, qui en perfectionnent la syntaxe ; c'est la commodité des organes de la parole, qui l'adoucit ; c'est la sensibilité de l'oreille, qui la rend harmonieuse.

Si l'on se détermine à faire usage des deux langues, on écrira d'abord le radical français ; et à côté, le radical grec ou latin, avec la citation de l'auteur ancien d'où il a été tiré, et où il est employé, selon l'acception la plus approchée pour le sens, l'énergie et les autres idées accessoires qu'il faut déterminer.

Je dis *radical ancien*, quoiqu'il ne soit pas impossible qu'un terme premier, radical et indéfinissable dans une langue, n'ait aucun de ces caractères dans une autre : alors il me paroît démontré que l'esprit humain a fait plus de progrès chez un des peuples que chez l'autre. On ne sait pas encore, ce me semble, combien la langue est une image rigoureuse et fidelle de l'exercice de la raison. Quelle prodigieuse supériorité une nation acquiert sur une autre, sur-tout dans les sciences abstraites, et les beaux arts, par cette seule différence ! et à quelle distance les Anglois sont encore de nous, par la considération seule que notre langue est faite, et qu'ils ne songent pas encore à former la leur ! C'est de la perfection de l'idiome que dépendent, et l'exactitude dans les sciences rigoureuses, et le goût dans les beaux-arts, et par conséquent l'immortalité des ouvrages en ce genre.

J'ai exigé la citation de l'endroit où le synonyme grec et latin étoit employé, parce qu'un mot a souvent plusieurs acceptions; que le besoin, et

D *

non la philosophie, ayant présidé à la formation des langues, elles ont et auront toutes ce vice commun ; mais qu'un mot n'a qu'un sens dans un passage cité, et que ce sens est certainement le même pour tous les peuples à qui l'auteur est connu μῆνιν ἄειδε, θεά, etc. *Arma virumque cano*, etc., n'a qu'une traduction à Paris et à Pekin : aussi, rien n'est-il plus mal imaginé à un Français qui sait le latin, que d'apprendre l'anglois dans un dictionnaire anglois-français, au-lieu d'avoir recours à un dictionnaire anglois-latin. Quand le dictionnaire anglois-français auroit été ou fait, ou corrigé sur la mesure invariable et commune, ou même sur un grand usage habituel des deux langues, on n'en sauroit rien ; on seroit obligé, à chaque mot, de s'en rapporter à la bonne-foi et aux lumières de son guide ou de son interprète : au-lieu qu'en faisant usage d'un dictionnaire grec ou latin, on est éclairé, satisfait, rassuré par l'application ; on compose soi-même son vocabulaire par la seule voie, s'il en est une, qui puisse suppléer au commerce immédiat avec la nation étrangère dont on étudie l'idiome. Au-reste, je parle d'après ma propre expérience : je me suis bien trouvé de cette méthode ; je la regarde comme un moyen sûr d'acquérir en peu de temps des notions très-approchées de la propriété et de l'énergie. En un mot, il en est d'un dictionnaire anglois-français, et d'un dictionnaire anglois-latin, comme de deux hommes, dont l'un, vous entretenant des dimensions et de la pesanteur d'un corps, vous assureroit que ce corps a tant de poids et de hauteur ; et dont l'autre, au-lieu de vous rien assurer, prendroit une mesure ou des balances, et le peseroit, ou le mesureroit sous vos yeux.

Mais quelle sera la ressource du nomenclateur, dans les cas où la mesure commune l'abandonnera? Je réponds, qu'un radical étant par sa nature le signe ou d'une sensation simple et particulière, ou d'une idée abstraite et générale, les cas où l'on demeurera sans mesure commune ne peuvent être que rares. Mais dans ces cas rares, il faut absolument s'en rapporter à la sagacité de l'esprit humain : il faut espérer qu'à force de voir une expression non définie, employée selon la même acception dans un grand nombre de définitions où ce signe sera le seul inconnu, on ne tardera pas à en apprécier la valeur. Il y a, dans les idées, et par conséquent dans les signes (car l'un est à l'autre comme l'objet est à la glace qui le répète) une liaison si étroite, une telle correspondance ; il part de chacun d'eux une lumière qu'ils se réfléchissent si vivement, que, quand on possède la syntaxe, et que l'interprétation fidelle de tous les autres signes est donnée, ou qu'on a l'intelligence de toutes les idées qui composent une période, à l'exception d'une seule, il est impossible qu'on ne parvienne pas à determiner l'idée exceptée ou le signe inconnu.

Les signes connus sont autant de conditions données pour la solution du problême; et pour peu que le discours soit étendu, et contienne de termes, on ne conçoit pas que le problême reste au nombre de ceux qui ont plusieurs solutions. Qu'on en juge par le très-petit nombre d'endroits que nous n'entendons point dans les auteurs anciens : que l'on examine ces endroits; et l'on sera convaincu que l'obscurité naît ou de l'écrivain même, qui n'avoit pas des idées nettes, ou de la corruption des manuscrits, ou de l'ignorance des usages, des loix, des mœurs, ou de quelqu'autre semblable cause; jamais de l'indétermination du signe, lorsque ce signe aura été employé selon la même acception en plusieurs endroits différens, comme il arrivera nécessairement à une expression radicale.

Le point le plus important dans l'étude d'une langue, est sans-doute la connoissance de l'acception des termes. Cependant il y a encore l'orthographe ou la prononciation, sans laquelle il est impossible de sentir tout le mérite de la prose harmonieuse et de la poésie, et que par conséquent il ne faut pas entièrement négliger; et la partie de l'orthographe qu'on appelle la *ponctuation*. Il est arrivé, par des altérations qui se succèdent rapidement dans la manière de prononcer, et les corrections qui s'introduisent lentement dans la manière d'écrire, que la prononciation et l'écriture ne marchent point ensemble; et que, quoiqu'il y ait chez les peuples les plus policés de l'Europe, des sociétés d'hommes de lettres chargés de les modérer, de les accorder et de les rapprocher de la même ligne, elles se trouvent enfin à une distance inconcevable; en-sorte que, de deux choses dont l'une n'a été imaginée, dans son origine, que pour représenter fidèlement l'autre, celle-ci ne diffère guère moins de celle-là, que le portrait de la même personne peinte dans deux âges très-éloignés. Enfin l'inconvénient s'est accru à un tel excès, qu'on n'ose plus y remédier. On prononce une langue, on en écrit une autre; et l'on s'acoutume tellement pendant le reste de la vie à cette bizarrerie qui a fait verser tant de larmes dans l'enfance, que si l'on renonçoit à sa mauvaise orthographe, pour une plus voisine de la prononciation, on ne reconnoîtroit plus la langue parlée sous cette nouvelle combinaison de caractères.

Mais on ne doit point être arrêté par ces considérations si puissantes sur la multitude et pour le moment. Il faut absolument se faire un alphabet raisonné, où un même signe ne représente point des sons différens; ni des signes différens, un même son; ni plusieurs signes, une voyelle ou un son simple. Il faut ensuite déterminer la valeur de ces signes, par la description la plus rigoureuse des différens mouvemens des organes de la parole dans la production des sons attachés à chaque signe ; distinguer, avec la dernière exactitude, les mouvemens successifs et les mouvemens simultanés ; en un mot, ne pas craindre de tomber dans des détails minutieux. C'est une peine que des auteurs célèbres, qui ont écrit des langues anciennes, n'ont pas dédaigné de prendre pour leur idiome ; pourquoi n'en ferions-nous pas autant pour le nôtre, qui a ses auteurs originaux en tout genre, qui s'étend de jour en jour, et qui est presque devenu la langue universelle de l'Europe ? Lorsque Molière plaisantoit les grammairiens, il abandonnoit le caractère de philosophe ; et il ne savoit pas, comme l'auroit dit Montaigne, qu'il donnoit des soufflets aux auteurs qu'il respectoit le plus, sur la joue du Bourgeois-Gentilhomme.

Nous n'avons qu'un moyen de fixer les choses fugitives et de pure convention : c'est de les rapporter à des êtres constans ; et il n'y a de base constante ici, que les organes qui ne changent point, et qui, semblables à des instrumens de musique, rendront *à-peu-près* en tout temps les mêmes sons, si nous savons disposer artistement de leur tension ou de leur longueur, et diriger convenablement l'air dans leur capacité ; la trachée artère et la bouche composent une espèce de flûte, dont il faut donner la tablature la plus scrupuleuse. J'ai dit *à-peu-près*, parce qu'entre les organes de la parole, il n'y en a pas un qui n'ait mille fois plus de latitude et de variété qu'il n'en faut pour répandre des différences surprenantes et sensibles dans la production d'un son. A parler avec la dernière exactitude, il n'y a peut-être pas, dans toute la France, deux hommes qui aient absolument une même prononciation. Nous avons chacun la nôtre; elles sont cependant toutes assez semblables, pour que nous n'y remarquions souvent aucune diversité choquante; d'où il s'ensuit que, si nous ne parvenons pas à transmettre à la postérité notre prononciation, nous lui en ferons passer une approchée, que l'habitude de parler corrigera sans cesse; car la première fois que l'on produit artificiellement un mot étranger, selon une prononciation dont les mouvemens ont été prescrits, l'homme le plus intelligent, qui a l'oreille la plus délicate, et dont les organes de la parole sont les plus souples, est dans le cas de l'élève de M. Pereire. Forçant tous les mouvemens, et séparant chaque son par des repos, il ressemble à un automate organisé : mais combien la vîtesse et la hardiesse qu'il acquerra peu-à-peu n'affoibliront-elles pas ce défaut ? Bientôt on le croira né dans le pays, quoiqu'au commencement il fût, par rapport à une langue étrangère, dans un état pire que l'enfant par rapport à sa langue maternelle : il n'y avoit que sa nourrice qui l'entendît. L'enchaînement des sons d'une langue n'est pas aussi arbitraire qu'on se l'imagine ; j'en dis autant de leurs combinaisons. S'il y en a qui ne pourroient se succéder sans une grande fatigue pour l'organe, ou ils ne se rencontrent point, ou ils ne durent pas. Ils sont chassés de la langue par l'euphonie, cette loi puissante qui agit continuellement et universellement, sans égard pour l'étymologie et ses défenseurs, et qui tend sans intermission à amener des êtres qui ont les mêmes organes, le même idiome, les mêmes mouvemens prescrits, à-peu-près à la même prononciation. Les causes, dont l'action n'est point interrompue, deviennent toujours les plus fortes avec le temps, quelque foibles qu'elles soient en elles-mêmes.

Je ne dissimulerai point que ce principe ne souffre plusieurs difficultés, entre lesquelles il y en a une très-importante que je vais exposer. Selon vous, me dira-ton, l'euphonie tend sans cesse à approcher les hommes d'une même prononciation, sur-tout lorsque les mouvemens de l'organe ont été déterminés. Cependant les Allemands, les Anglais, les Italiens, les Français, prononcent tous diversement les vers d'Homère et de Virgile; les Grecs écrivent μῆνιν ἄειδε, θεὰ ; et il y a des Anglais qui lisent *mi*, *nine*, *a*, *i*, *dé*, *zi*, *è* ; des Français qui lisent *mè*, *nine*, *a*, *ei*, *ye*, *dé*, *thé*, *a* (*ei*, comme dans la première de *neige*, et *ye*, comme dans la dernière de *paye* : cet *y* est un *yeu* consonne qui manque dans notre alphabet, quoiqu'il soit dans notre prononciation). (*V. les notes de* M. Duclos *sur la grammaire générale raisonnée.*)

Mais ce qu'il y a de singulier, c'est qu'ils sont tous également admirateurs de l'harmonie de ce début : c'est le même enthousiasme, quoiqu'il n'y ait presque pas un son commun. Entre les Français, la prononciation du grec varie tellement, qu'il n'est pas rare de trouver deux savans qui entendent très-bien cette langue, et qui ne s'entendent pas entre eux ; ils ne s'accordent que sur la quantité. Mais la quantité n'étant que la loi du mouvement de la prononciation, la hâtant ou la suspendant seulement, elle ne fait rien ni pour la douceur, ni pour l'aspérité des sons. On pourra toujours demander comment il arrive que des lettres, des syllabes, des mots, ou solitaires ou combinés, soient également agréables à plusieurs personnes qui les prononcent diversement. Est-ce une suite du préjugé favorable à tout ce qui nous vient de loin ; le prestige ordinaire de la distance des temps et des lieux ; l'effet d'une longue tradition ? Comment est-il arrivé que, parmi tant de vers grecs et latins, il n'y ait pas une syllabe tellement contraire à la prononciation des Suédois, des Polonois, que la lecture leur en soit absolument impossible ? Dirons-nous que les langues mortes ont été si travaillées, sont formées d'une combinaison de sons si simples, si faciles, si élémentaires, que ces sons forment, dans toutes les langues vivantes où ils sont employés, la partie la plus agréable et la plus mélodieuse ? que ces langues vivantes, en se perfectionnant toujours, ne font que rectifier sans cesse leur harmonie, et l'approcher de l'harmonie des langues mortes ; en un mot, que l'harmonie de ces dernières, factice et corrompue par la prononciation particulière de chaque nation, est encore supérieure à l'harmonie propre et réelle de leurs langues ?

Je répondrai, premièrement, que cette dernière considération aura d'autant plus de force, qu'on sera mieux instruit des soins extraordinaires que les Grecs ont pris pour rendre leur langue harmonieuse : je n'entrerai point dans ce détail ; j'observerai seulement en général, qu'il n'y a presque pas une seule voyelle, une seule diphthongue, une seule consonne, dont la valeur soit tellement constante, que l'euphonie n'en puisse disposer, soit en altérant le son, soit en le supprimant : secondement, que, quoique les anciens aient pris quelques précautions pour nous transmettre la valeur de leurs caractères, il s'en faut beaucoup qu'ils aient été là-dessus aussi exacts, aussi minutieux qu'ils auroient dû l'être : troisièmement, que le savant qui possédera bien ce qu'ils nous en ont laissé, pourra toute-fois se flatter de réduire à une prononciation fort approchée de la sienne, tout homme raisonnable et conséquent : quatrièmement, qu'on peut démontrer sans replique à l'Anglois, qu'en prononçant *mi, nine, a, i, dé, zi, è,* il fait six fautes de prononciation, sur sept syllabes. Il rend la syllabe μῆ par *mi ;* mais un auteur ancien nous apprend que les brebis rendoient en bêlant le son de l'η. Dira-t-on que les brebis grecques bêloient autrement que les nôtres, et disoient *bi, bi,* et non *bé, bé ?* Nous lisons, d'ailleurs, dans Denis d'Halicarnasse : η *infrà basim linguæ allidit sonum consequentem, non suprà, ore moderatè aperto,* mouvement que n'exécute en aucune manière celui qui rend *η* par *i*. Il rend ει, qui est une diphthongue, par un *i*, voyelle et son simple. Il rend le θ par un *z* ou par une *s* grasseyée, tandis que ce n'est qu'un *t* ordinaire aspiré ; il rend θε par *zi,* c'est-à-dire, qu'au-lieu de déterminer vivement l'air vers le milieu de la langue, pour former l'*é* fermé bref, *allidit spiritum circà dentes, ore parùm adaperto, nec labris sonitum illustrantibus,* ou qu'il prononce le caractère *i*. Il rend à par *è,* c'est-à-dire que, *allidit sonum infrà basim linguæ, ore moderatè aperto ;* tandis qu'il étoit prescrit pour la juste prononciation de ce caractère *α, spiritum extendere, ore aperto, et spiritu ad palatum vel suprà elato.*

Celui, au contraire, qui prononce ces mots grecs μῆνιν, ἄειδε, θεὰ, *me, nine, a, ei, ye, dé, thé, a,* remplit toutes les loix enfreintes par la prononciation angloise. On peut s'en assurer en comparant les caractères grecs avec les sons que j'y attache, et les mouvemens que Denis d'Halicarnásse prescrit pour chacun de ces caractères, dans son ouvrage admirable *de collocatione verborum*. Pour faire sentir l'utilité de ces définitions, je me contenterai de rapporter celles de l'*r* et de l'*s*. L'ρ se forme, dit-il, *linguæ extremo spiritum repercutiente, et ad palatum propè dentes sublato :* et l'σ *linguá adductá suprà ad palatum, spiritu per mediam longitudinem labente, et circà dentes cum tenui quodam et angusto sibilo exeunte.* Je demande s'il est possible de satisfaire à ces mouvemens, et de donner à l'*r* et à l'*s* d'autres valeurs que celles que nous leur attachons. Il n'est pas moins précis sur les autres lettres.

Mais, insistera-t-on, si les peuples subsistans, qui lisent le grec, se conformoient aux règles de Denis d'Halicarnasse, ils prononceroient donc tous cette langue de la même manière, et comme les anciens grecs la prononçoient?

Je réponds à cette question par une supposition qu'on ne peut rejetter, quelqu'extraordinaire qu'elle soit dans ce pays-ci ; c'est qu'un Espagnol ou un Italien, pressé du désir de posséder un portrait de sa maîtresse, qu'il ne pouvoit montrer à aucun peintre, prit le seul parti qui lui restoit, d'en faire par écrit la description la plus étendue et la plus exacte ; il commença par déterminer la juste proportion de la tête entière ; il passa ensuite aux dimentions du front, des yeux, du nez, de la bouche, du menton, du cou ; puis il revint sur chacune de ces parties ; et il n'épargna rien pour que son discours gravât, dans l'esprit du peintre, la véritable image qu'il avoit sous les yeux ; il n'oublia ni les couleurs, ni les formes, ni rien de ce qui appartient au caractère : plus il compara son discours avec le visage de sa maîtresse, plus il le trouva ressemblant ; il crut, sur-tout, que plus il chargeroit sa description de petits détails, moins il laisseroit de liberté au peintre ; il n'oublia rien de ce qu'il pensa devoir captiver le pinceau. Lorsque sa description lui parut achevée, il en fit cent copies, qu'il envoya à cent peintres, leur enjoignant à chacun d'exécuter exactement sur la toile ce qu'ils liroient sur son papier. Les peintres travaillent ; et au bout d'un certain temps, notre amant reçoit cent portraits, qui tous ressemblent rigoureusement à sa description, et dont aucun ne ressemble à un autre, ni à sa maîtresse. L'application de cet apologue au cas dont il s'agit, n'est pas difficile ; on me dispensera de la faire en détail. Je dirai seulement que, quelque scrupuleux qu'un auteur puisse être dans la description des mouvemens de l'organe, lorsqu'il produit différens sons, il y aura toujours une latitude, légère en elle-même, infinie par rapport aux divisions réelles dont elle est susceptible, et aux variétés sensibles, mais inappréciables, qui résulteront de ces divisions. On n'en peut pas toute-fois inférer, ni que ces descriptions soient entièrement inutiles, parce qu'elles ne donneront jamais qu'une prononciation approchée; ni que l'euphonie, cette loi à laquelle une langue ancienne a dû toute son harmonie, n'ait une action constante, dont l'effet ne tende du-moins autant à nous en rapprocher qu'à nous en éloigner. Deux propositions que j'avois à établir.

Je ne dirai qu'un mot de la ponctuation. Il y a peu de différence entre l'art de bien lire, et celui de bien ponctuer. Les repos de la voix dans les discours, et les signes de la ponctuation dans l'écriture, se correspondent toujours, indiquent également la liaison ou la disjonction des idées, et suppléent à une infinité d'expressions. Il ne sera donc pas inutile d'en déterminer le nombre selon les règles de la logique, et d'en fixer la valeur par des exemples.

Il ne reste plus qu'à déterminer l'accent et la quantité. Ce que nous avons d'accent, plus oratoire que syllabique, est inappréciable; et l'on peut réduire notre quantité à des longues, à des brèves, et à des moins brèves; en quoi elle paraît admettre moins de variété que celle des anciens, qui distinguoient jusqu'à quatre sortes de brèves, si-non dans la versification, au-moins dans la prose, qui l'emporte évidemment sur la poésie pour la variété de ses nombres. Ainsi, ils disoient que dans εἶδος, ῥόδος, τρόπος, ςρόφος, les premières qui sont brèves, n'en avoient pas moins une quantité sensiblement inégale. Mais c'est encore ici le cas où l'on peut s'en rapporter à l'organe exercé, du soin de réparer ces négligences.

Voici donc les conditions praticables et nécessaires, pour que la langue, sans laquelle les connoissances ne se transmettent point, se fixe, autant qu'il est possible de la fixer par sa nature ; et qu'il est important de la fixer pour l'objet principal d'un Dictionnaire universel et raisonné. Il faut un alphabet raisonné, accompagné de l'exposition rigoureuse des mouvemens de l'organe et de la modification de l'air dans la production des sons attachés à chaque caractère élémentaire, et à chaque combinaison syllabique de ces caractères : écrire d'abord le mot selon l'alphabet usuel ; l'écrire ensuite selon l'alphabet raisonné, chaque syllabe séparée et chargée de sa quantité ; ajouter le mot grec ou latin qui rend le mot français, quand il est radical seulement, avec la citation de l'endroit où ce mot grec ou latin est employé dans l'auteur ancien ; et s'il a différens sens, et que, parmi ces sens, il devienne quelquefois radical, le fixer autant de fois par le radical correspondant dans la langue morte ; en un mot, le définir quand il n'est pas radical ; car cela est toujours possible ; et le synonime grec ou latin devient alors superflu. On voit combien ce travail est long, difficile, épineux. Quel usage il faut avoir de deux ou trois langues, afin de comparer les idées simples, représentées par des signes différens qui aient entre eux un rapport d'identité; ou, ce qui est plus délicat encore, les collections d'idées représentées par des signes qui doivent avoir le même rapport; et, dans les cas fréquens où l'on ne peut obtenir l'identité de rapport, combien de finesse et de goût pour distinguer, entre les signes, ceux dont les acceptions sont les plus voisines; et entre les idées accessoires, celles qu'il faut conserver ou sacrifier! Mais il ne faut pas se laisser décourager. L'académie de la Crusca a levé une partie de ces difficultés, dans son célèbre vocabulaire. L'académie Française, rassemblant dans son sein l'universalité des connoissances, des poëtes, des orateurs, des mathématiciens, des physiciens, des naturalistes, des gens du monde, des philosophes, des militaires; et étant bien déterminée à n'écouter, dans ses élections, que le besoin qu'elle aura d'un talent plutôt que d'un autre, pour la perfection de son travail; il seroit incroyable qu'elle ne suivît pas ce plan général, et que son ouvrage ne devînt pas d'une unité essentielle à ceux qui s'occuperont à perfectionner la foible esquisse que nous publions.

Elle n'aura pas oublié, sans-doute, de désigner nos gallicismes, ou les différens cas, dans lesquels il arrive à notre langue de s'écarter des loix de la grammaire générale raisonnée; car un idiotisme, ou un écart de cette nature, c'est la même chose.

D'où l'on voit encore qu'en tout il y a une mesure invariable et commune, au défaut de laquelle on ne connoît rien, on ne peut rien apprécier, ni rien définir; que la grammaire générale raisonnée est ici cette mesure; et que, sans cette grammaire, un dictionnaire de langue manque de fondement, puisqu'il n'y a rien de fixe à quoi on puisse rapporter les cas embarrassans qui se présentent; rien qui puisse indiquer en quoi consiste la difficulté; rien qui désigne le parti qu'il faut prendre; rien qui donne la raison de préférence entre plusieurs solutions opposées; rien qui interprête l'usage, qui le combatte ou le justifie, comme cela se peut souvent. Car ce seroit un préjugé, que de croire que, la langue étant la base du commerce parmi les hommes, des défauts importans puissent y subsister long-temps, sans être apperçus et corrigés par ceux qui ont l'esprit juste, et le cœur droit. Il est donc vraisemblable que les exceptions à la loi générale qui resteront, seront plutôt des abréviations, des énergies, des euphonies, et autres agrémens légers, que des vices considérables. On parle sans cesse, on écrit sans cesse; on combine les idées et les signes, en une infinité de manières différentes; on rapporte toutes ces combinaisons au joug de la syntaxe universelle; on les y assujettit tôt ou tard, pour peu qu'il y ait d'inconvénient à les en affranchir; et lorsque cet asservissement n'a pas lieu, c'est qu'on y trouve un avantage qu'il est quelquefois difficile, mais qu'il seroit toujours impossible de développer sans la grammaire raisonnée, l'analogie et l'étymologie, que j'appellerai les ailes de l'art de parler, comme on a dit de la chronologie et de la géographie, que ce sont les yeux de l'histoire.

Nous ne finirons pas nos observations sur la langue, sans avoir parlé des synonymes. On les multiplieroit à l'infini, si on ne commençoit par chercher quelque loi qui en fixât le nombre. Il y a, dans toutes les langues, des expressions qui ne diffèrent que par des nuances très-délicates. Ces nuances n'échappent ni à l'orateur, ni au poëte, qui connoissent leur langue; mais ils les négligent à tout moment; l'un, contraint par la difficulté de son art; l'autre, entraîné par l'harmonie du sien. C'est de cette considération, qu'on peut déduire la loi générale dont on a besoin. Il ne faudra traiter comme synonymes, que les termes que la poésie prend pour tels; afin de remédier à la confusion qui s'introduiroit dans la langue, par l'indulgence que l'on a pour la rigueur des loix de la versification. Il ne faudra traiter comme synonymes, que les termes que l'art oratoire substitue indistinctement les uns aux autres; afin de remédier à la confusion qui s'introduiroit dans la langue, par le charme de l'harmonie oratoire, qui tantôt préfère et tantôt sacrifie le mot propre; abandonnant le jugement du bon sens et de la raison, pour se soumettre à celui de l'oreille ; abandon qui paroît d'abord l'extravagance la plus manifeste, et la plus contraire à l'exactitude et à la vérité, mais qui devient, quand on y réfléchit, le fondement de la finesse, du bon goût, de la mélodie du style, de son unité, et des autres qualités de l'élocution, qui seules assurent l'immortalité aux productions littéraires. Le sacrifice du mot propre ne se faisant jamais que dans les occasions où l'esprit n'en est pas trop écarté par l'expression mélodieuse, alors l'entendement le supplée ; le discours se rectifie ; la période demeure harmonieuse ; je vois la chose comme elle est ; je vois de plus le caractère de l'auteur ; le prix qu'il a attaché lui-même aux objets dont il m'entretient ; la passion qui l'anime : le spectacle se complique, se multiplie ; et en même proportion, l'enchantement s'accroît dans mon esprit ; l'oreille est contente, et la vérité n'est point offensée. Lorsque ces avantages ne pourront se réunir, l'écrivain le plus harmonieux, s'il a de la justesse et du goût, ne se résoudra jamais à abandonner le mot propre pour son synonyme. Il en fortifiera ou affoiblira la mélodie à l'aide d'un correctif ; il variera les temps, ou il donnera le change à l'oreille par quelqu'autre finesse. Indépendamment de l'harmonie, il faut encore laisser le mot propre pour un autre, toutes les fois que le premier réveille des idées petites, basses, obscènes, ou rappelle des sensations désagréables. Mais, dans les autres circonstances, ne seroit-il pas plus à-propos, dira-t-on, de laisser au lecteur le soin de suppléer le mot harmonieux, que celui de suppléer le mot propre? Non; quand il seroit aussi facile à l'oreille, le mot propre étant donné, d'entendre le mot harmonieux, qu'à l'esprit, le mot harmonieux étant donné, de trouver le mot propre. Il faut, pour que l'effet de la musique soit produit, que la musique soit entendue : elle ne se suppose point ; elle n'est rien, si l'oreille n'en est pas réellement affectée.

On recueillera toutes les expressions que nos grands poëtes et nos meilleurs orateurs auront employées et pourront employer indistinctement. C'est sur-tout la postérité qu'il faut avoir en vue. C'est encore une mesure invariable. Il est inutile de nuancer les mots, qu'on ne sera point tenté de confondre, quand la langue sera morte. Au-delà de cette limite, l'art de faire des synonymes devient un travail aussi étendu que puérile. Je voudrois qu'on eût deux autres attentions dans la distinction des mots synonymes. L'une, de ne pas marquer seulement les idées qui différencient, mais celles encore qui sont communes. M. l'abbé Girard ne s'est asservi qu'à la première partie de cette loi ; cependant celle qu'il a négligée n'est ni moins essentielle, ni moins difficile à remplir. L'autre, de choisir ses exemples de manière qu'en expliquant la diversité des acceptions, on exposât en-même-temps les usages de la nation, ses coutumes, son caractère, ses vices, ses vertus, ses principales actions, etc.; et que la mémoire de ses grands hommes, de ses malheurs et de ses prospérités, y fût rappelée. Il n'en coûtera pas plus de rendre un synonyme utile, sensé, instructif et vertueux, que de le faire contraire à l'honnêteté, ou vide de sens.

Ajoutons à ces observations un moyen simple et raisonnable d'abréger la nomenclature, et d'éviter les redites. L'académie Française l'avoit pratiqué dans la première édition de son Dictionnaire; et je ne pense pas qu'elle y eût renoncé en faveur des lecteurs bornés, si elle eût considéré combien il étoit facile de les secourir. Ce moyen d'abréger la nomenclature, c'est de ne pas distribuer en plusieurs articles séparés ce qui doit être renfermé sous un seul. Faut-il qu'un Dictionnaire contienne autant de fois un mot, qu'il y a de différences dans les vues de l'esprit ? L'ouvrage devient infini ; et ce sera nécessairement un chaos de répétitions. Je ne ferois donc de *précipitable*, *précipiter*, *précipitant*, *précipitation*, *précipité*, *précipice*, et de toute autre expression semblable, qu'un article auquel je renverrois dans tous les endroits où l'ordre alphabétique m'offriroit des expressions liées par une même idée générale et commune. Quant aux différences, le substantif désigne ou la chose, ou la personne, ou l'action, ou la sensation, ou la qualité, ou le temps, ou le lieu ; le participe, l'action considérée, ou comme possible, ou comme présente, ou comme passée; l'infinitif, l'action relativement à un agent, à un lieu et à un temps quelconque indéterminé. Multiplier les définitions selon toutes ces faces, ce n'est pas définir les termes; c'est revenir sur les mêmes notions à chaque face nouvelle qu'un terme présente. N'est-il pas évident que ce qui convient à une expression considérée une fois sous ces points de vue différens, convient à toutes celles qui admettront dans la langue la même variété? Je remarquerai que, pour la perfection d'un idiome, il seroit à souhaiter que les termes y eussent toute la variété dont ils sont susceptibles; je dis *dont ils sont susceptibles*, parce qu'il y a des verbes, tels que les neutres, qui excluent certaines nuances; ainsi *aller* ne peut avoir l'adjectif *allable*. Mais combien d'autres dont il n'en est pas ainsi, et dont le produit est limité sans raison, malgré le besoin journalier et les embarras d'une disette qui se fait particulièrement sentir aux écrivains exacts et laconiques? Nous disons *accusateur, accuser, accusation, accusant, accusé*; et nous ne disons pas *accusable*, quoi-qu'*inexcusable* soit d'usage. Combien d'adjectifs qui ne se meuvent point vers le substantif, et de substantifs qui ne se meuvent point vers l'adjectif? Voilà une source féconde où il reste encore à notre langue bien des richesses à puiser. Il seroit bon de remarquer à chaque expression les nuances qui lui manquent, afin qu'on osât les suppléer de notre temps, ou de crainte que, trompé dans la suite par l'analogie, on ne les regardât comme des manières de dire, en usage dans le bon siècle.

Voilà ce que j'avois à exposer sur la langue. Plus cet objet avoit été négligé dans notre ouvrage, plus il étoit important relativement au but d'une *Encyclopédie*; plus il convenoit d'en traiter ici avec étendue, ne fût-ce, comme nous l'avons dit, que pour indiquer les moyens de réparer la faute que nous avons commise. Je n'ai point parlé de la syntaxe ni des autres parties du rudiment français; celui qui s'en est chargé n'a rien laissé à désirer là-dessus, et notre Dictionnaire est complet de ce côté.

Mais après avoir traité de la langue, ou du moyen de transmettre les connoissances, cherchons le meilleur enchaînement qu'on puisse leur donner.

Il y a d'abord un ordre général; celui qui distingue ce Dictionnaire de tout autre ouvrage, où les matières sont pareillement soumises à l'ordre alphabétique; l'ordre qui l'a fait appeler *Encyclopédie*. Nous ne dirons qu'une chose de cet enchaînement considéré par rapport à toute la matière encyclopédique; c'est qu'il n'est pas possible à l'architecte du génie le plus fécond, d'introduire autant de variétés dans la construction d'un grand édifice, dans la décoration de ses façades, dans la combinaison de ses ordres, en un mot, dans toutes les parties de sa distribution, que l'ordre encyclopédique en admet. Il peut être formé, soit en rapportant nos différentes connoissances aux diverses facultés de notre ame (c'est le système que nous avons suivi), soit en les rapportant aux êtres qu'elles ont pour objet; et cet objet est ou de pure curiosité, ou de luxe, ou de nécessité. On peut diviser la science générale, ou en science des choses, et en science des signes; ou en science des concrets, ou en science des abstraits. Les deux causes les plus générales, l'art et la nature, donnent aussi une belle et grande distribution. On en rencontrera d'autres dans la distinction du physique et du moral; de l'existant, et du possible; du matériel, et du spirituel; du réel, et de l'intelligible. Tout ce que nous savons ne découle-t-il pas de l'usage de nos sens et de celui de notre raison? N'est-il pas ou naturel, ou révélé? Ne sont-ce pas ou des mots, ou des choses, ou des faits? Il est donc impossible de bannir l'arbitraire de cette grande distribution première. L'univers ne nous offre que des êtres particuliers, infinis en nombre, et sans presqu'aucune division fixe et déterminée; il n'y en a aucun qu'on puisse appeler ou le premier ou le dernier; tout s'y enchaîne et s'y succède par des nuances insensibles; et à travers cette uniforme immensité d'objets, s'il en paroît quelques-uns qui, comme des pointes de rochers, semblent percer la surface et la dominer, ils ne doivent cette prérogative qu'à des systêmes particuliers, qu'à des conventions vagues, qu'à certains événemens étrangers, et non à l'arrangement physique des êtres et à l'intention de la nature. *Voyez le Prospectus.*

En général, la description d'une machine peut être entamée par quelque partie que ce soit. Plus la machine sera grande et compliquée, plus il y aura de liaisons entre ses parties; moins on connoîtra ses liaisons, plus on aura de différens plans de description. Que sera-ce donc, si la machine est infinie en tous sens; s'il est question de l'univers réel, et de l'univers intelligible, ou d'un ouvrage qui soit comme l'empreinte de tous les deux ? L'univers, soit réel, soit intelligible, a une infinité de points de vue sous lesquels il peut être représenté; et le nombre des systêmes possibles de la connoissance humaine est aussi grand que celui de ses points de vue. Le seul, d'où l'arbitraire soit exclu, c'est, comme nous l'avons dit dans notre *prospectus,* le systême qui existoit de toute éternité dans la volonté de Dieu. Et celui où l'on descendroit de ce premier Être éternel à tous les êtres qui, dans le temps, émanèrent de son sein, ressembleroit à l'hypothèse astronomique dans laquelle le philosophe se transporte en idée au centre du soleil, pour y calculer les phénomènes des corps célestes qui l'environnent; ordonnance qui a de la simplicité et de la grandeur, mais à laquelle on pourroit reprocher un défaut important dans un ouvrage, composé par des philosophes, et adressé à tous les hommes et à tous les temps; le défaut d'être lié trop étroitement à notre théologie, science sublime, utile sans-doute, par les connoissances que le chrétien en reçoit, mais plus utile encore par les sacrifices qu'elle en exige et les récompenses qu'elle lui promet. (*Voyez* le tom. I des Opin. des Philos. page 406, note 1.)

Quant à ce système général d'où l'arbitraire seroit exclu, et que nous n'aurons jamais, peut-être ne nous seroit-il pas fort avantageux de l'avoir; car quelle différence y auroit-il entre la lecture d'un ouvrage où tous les ressorts de l'univers seroient développés, et l'étude même de l'univers? presqu'aucune : nous ne serions toujours capables d'entendre qu'une certaine portion de ce grand livre; et pour peu que l'impatience et la curiosité qui nous dominent et interrompent si communément le cours de nos observations, jetassent du désordre dans nos lectures, nos connoissances deviendroient aussi isolées qu'elles le sont; perdant la chaîne des inductions, et cessant d'appercevoir les liaisons antérieures et subséquentes, nous aurions bientôt les mêmes vides et les mêmes incertitudes. Nous nous occupons maintenant à remplir ces vides, en contemplant la nature; nous nous occuperions à les remplir, en méditant un volume immense qui, n'étant pas plus parfait à nos yeux que l'univers, ne seroit pas moins exposé à la témérité de nos doutes et de nos objections.

Puisque la perfection absolue d'un plan universel ne remédieroit point à la foiblesse de notre entendement, attachons-nous à ce qui convient à notre condition d'homme ; et contentons-nous de remonter à quelque notion très-générale. Plus le point de vue d'où nous considérerons les objets sera élevé, plus il nous découvrira d'étendue ; et plus l'ordre que nous suivrons sera instructif et grand. Il faut par conséquent qu'il soit simple, parce qu'il y a rarement de la grandeur sans simplicité ; qu'il soit clair et facile ; que ce ne soit point un labyrinthe tortueux où l'on s'égare, et où l'on n'apperçoive rien au-delà du point où l'on est, mais une grande et vaste avenue qui s'étende au loin, et sur la longueur de laquelle on en rencontre d'autres également bien distribuées, qui conduisent aux objets solitaires et écartés, par le chemin le plus facile et le plus court.

Une considération sur-tout qu'il ne faut point perdre de vue, c'est que, si l'on bannit l'homme ou l'être pensant et contemplateur de dessus la surface de la terre, ce spectacle, pathétique et sublime de la nature, n'est plus qu'une scène triste et muette ; l'univers se tait, le silence et la nuit s'en emparent. Tout se change en une vaste solitude, où les phénomènes inobservés se passent d'une manière obscure et sourde. C'est la présence de l'homme, qui rend l'existence des êtres intéressante : et que peut-on se proposer de mieux dans l'histoire de ces êtres, que de se soumettre à cette considération ? Pourquoi n'introduirons-nous pas l'homme dans notre ouvrage, comme il est placé dans l'univers ? Pourquoi n'en ferons-nous pas un centre commun ? Est-il, dans l'espace infini, quelque point d'où nous puissions, avec plus d'avantage, faire partir les lignes immenses que nous nous proposons d'étendre à tous les autres points ? Quelle vive et douce réaction n'en résultera-t-il pas des êtres vers l'homme, et de l'homme vers les êtres ?

Voilà ce qui nous a déterminés à chercher, dans les facultés principales de l'homme, la division générale à laquelle nous avons subordonné notre travail. Qu'on suive telle autre voie qu'on aimera mieux, pourvu qu'on ne substitue pas à l'homme un être muet, insensible et froid. L'homme est le terme unique d'où il faut partir, et auquel il faut tout ramener, si l'on veut plaire, intéresser, toucher, jusques dans les considérations les plus arides, et les détails les plus secs. Abstraction faite de mon existence et du bonheur de mes semblables, que m'importe le reste de la nature ?

Un second ordre non moins essentiel que le précédent, est celui qui déterminera l'étendue relative des différentes parties de l'ouvrage. J'avoue qu'il se présente ici de ces difficultés qu'il est impossible de surmonter quand on commence, et qu'il est difficile de surmonter à quelqu'édition qu'on parvienne. Comment établir une juste proportion entre les différentes parties d'un si grand tout ? Quand ce tout seroit l'ouvrage d'un seul homme, la tâche ne seroit pas facile ; qu'est-ce donc que cette tâche, lorsque le tout est l'ouvrage d'une société nombreuse ? En comparant un dictionnaire universel et raisonné de la connoissance humaine, à une statue colossale, on n'en est pas plus avancé, puisqu'on ne sait ni comment déterminer la hauteur absolue du colosse, ni par quelles sciences, ni par quels arts, ses membres différens doivent être représentés. Quelle est la matière qui servira de module ? sera-ce la plus noble, la plus utile, la plus importante, ou la plus étendue ? préférera-t-on la morale, aux mathématiques ; les mathématiques, à la théologie ; la théologie, à la jurisprudence ; la jurisprudence, à l'histoire naturelle, etc. Si l'on s'en tient à certaines expressions génériques, que personne n'entend de la même manière, quoique tout le monde s'en serve sans contradiction, parce que jamais on ne s'explique ; et si l'on demande à chacun, ou des élémens, ou un traité complet et général, on ne tardera pas à s'appercevoir combien cette mesure nominale est vague et indéterminée. Et celui qui aura cru prendre, avec ses différens collègues, les précautions telles, que les matériaux qui lui seront remis quadreront à-peu-près avec son plan, est un homme qui n'a nulle idée de son objet, ni des collègues qu'il s'associe ! Chacun a sa manière de sentir et de voir. Je me souviens qu'un artiste, à qui je croyois avoir exposé assez exactement ce qu'il avoit à faire pour son art, m'apporta d'après mon discours, à ce qu'il prétendoit, sur la manière de tapisser en papier, qui demandoit à-peu-près un feuillet d'écriture, et une demi-planche de dessin, dix à douze planches énormément chargées de figures, et trois cahiers épais, *in-folio*, d'un caractère fort menu; à fournir un à deux volumes *in-*12. Un autre, au contraire, à qui j'avois prescrit exactement les mêmes règles qu'au premier, m'apporta sur une des manufactures les plus étendues, par la diversité des ouvrages qu'on y fabrique, des matières qu'on y emploie, des machines dont on se sert, et des manœuvres qu'on y pratique, un petit catalogue de mots sans définition, sans explication, sans figures, m'assurant bien fermement que son art ne contenoit rien de plus : il supposoit que le reste, ou n'étoit point ignoré, ou ne pouvoit s'écrire. Nous avions espéré d'un de nos amateurs les plus vantés, l'article *composition en peinture*. (M. Watelet ne nous avoit point encore offert ses secours.) Nous reçûmes de l'amateur, deux lignes de définition sans exactitude, sans style, et sans idées, avec l'aveu humiliant qu'il n'en savoit pas davantage ; et je fus obligé de faire l'article *composition en peinture*, moi qui ne suis ni amateur ni peintre ; ces phénomènes ne m'étonnent point. Je vis avec aussi peu de surprise la même diversité entre les travaux des savans et des gens de lettres. La preuve en subsiste en cent endroits de cet ouvrage. Ici nous sommes boursoufflés, et d'un volume exorbitant ; là, maigres, petits, mesquins, secs, et décharnés. Dans un endroit, nous ressemblons à des squelettes ; dans un autre, nous avons un air hydropique ; nous sommes alternativement, nains et géans ; colosses et pygmées ; droits, bien faits et proportionnés, bossus, boiteux et contrefaits. Ajoutez à toutes ces bizarreries celle d'un discours tantôt abstrait, obscur ou recherché, plus souvent négligé, traînant et lâche ; et vous comparerez l'ouvrage entier au monstre de l'art poëtique, ou même à quelque chose de plus hideux. Mais ces défauts sont inséparables d'une première tentative ; et il m'est évidemment démontré qu'il n'appartient qu'au temps et aux siècles à venir de les réparer. Si nos neveux s'occupent de l'*Encyclopédie* sans interruption, ils pourront conduire l'ordonnance de ses matériaux à quelque dégré de perfection. Mais, au défaut d'une mesure commune et constante, il n'y a point de milieu ; il faut d'abord admettre, sans exception, tout ce qu'une science comprend ; abandonner chaque matière à elle-même ; et ne lui prescrire d'autres limites que celles de son objet. Chaque chose étant alors dans l'*Encyclopédie* ce qu'elle est en soi, elle y aura sa vraie proportion, sur-tout lorsque le temps aura pressé les connoissances, et réduit chaque sujet à sa juste étendue. S'il arrivoit, après un grand nombre d'éditions successivement perfectionnées, que quelque matière importante restât dans le même état, comme il pourroit aisément arriver parmi nous à la minéralogie, et à la métallurgie, ce ne sera plus la faute de l'ouvrage, mais celle du genre humain en général, ou de la nation en particulier, dont les vues ne se seront pas encore tournées sur ces objets.

J'ai fait souvent une observation ; c'est que l'émulation qui s'allume nécessairement entre des collègues, produit des dissertations au-lieu d'articles. Tout l'art des renvois ne peut alors remédier à la diffusion ; et au-lieu de lire un article d'*Encyclopédie*, on se trouve embarqué dans un mémoire académique. Ce défaut diminuera à-mesure que les éditions se multiplieront ; les connoissances se rapprocheront nécessairement ; le ton emphatique et oratoire s'affoiblira ; quelques découvertes, devenues plus communes et moins intéressantes, occuperont moins d'espace ; il n'y aura plus que les matières nouvelles, les découvertes du jour, qui seront enflées. C'est une sorte de condescendance qu'on aura dans tous les temps pour l'objet, pour l'auteur, pour le public, etc. Le moment passé, cet article subira la circoncision comme les autres. Mais, en général, les inventions et les idées nouvelles introduisant une disproportion nécessaire ; et la première édition étant celle de toutes qui contient le plus de choses, si-non récemment inventées, du moins aussi peu connues que si elles avoient ce caractère, il est évident, et par cette raison et par celles qui précèdent, que c'est l'édition où il doit régner le plus de désordre ; mais qui, en revanche, montrera, à travers ses irrégularités, un air original qui passera difficilement dans les éditions suivantes.

Pourquoi l'ordre encyclopédique est-il si parfait et si régulier dans l'auteur anglais ? c'est que, se bornant à compiler nos dictionnaires, et à analyser un petit nombre d'ouvrages ; n'inventant rien ; s'en tenant aux choses connues ; tout lui étant également intéressant ou indifférent ; n'ayant ni d'acception pour aucune matière, ni de moment favorable ou défavorable pour travailler, excepté celui de la migraine ou du *spleen* ; c'étoit un laboureur qui traçoit son sillon superficiel, mais égal et droit. Il n'en est pas ainsi de notre ouvrage : on se pique ; on veut avoir des morceaux d'appareil ; c'est même peut-être en ce moment ma vanité. L'exemple de l'un en entraîne un autre. Les éditeurs se plaignent, mais inutilement. On se prévaut de leurs propres fautes contre eux-mêmes ; et tout se porte à l'excès. Les articles de Chambers sont assez régulièrement distribués ; mais ils sont vides : les nôtres sont pleins, mais irréguliers. Si Chambers eût rempli les siens, je ne doute point que son ordonnance n'en eût souffert.

Un troisième ordre est celui qui expose la distribution particulière à chaque partie. Ce sera le premier morceau qu'on exigera d'un collègue. Cet ordre ne me paroît pas entièrement arbitraire ; il n'en est pas d'une science, ainsi que de l'univers. L'univers est l'ouvrage infini d'un Dieu ; une science est un ouvrage fini de l'entendement humain. Il y a des premiers principes, des notions générales, des axiomes donnés. Voilà les racines de l'arbre : il faut que cet arbre se ramifie le plus qu'il sera possible ; qu'il parte de l'objet général, comme d'un tronc ; qu'il s'élève d'abord aux grandes branches ou premières divisions ; qu'il passe de ces maîtresses branches à de moindres rameaux, et ainsi de suite, jusqu'à ce qu'il se soit étendu jusqu'aux termes particuliers, qui seront comme les feuilles et la chevelure de l'arbre. Et pourquoi ce détail seroit-il impossible ? chaque mot n'a-t-il pas sa place ? ou, s'il est permis de s'exprimer ainsi, son pédicule et son insertion ? Tous ces arbres particuliers seront soigneusement recueillis ; et, pour présenter les mêmes idées sous une image plus exacte, l'ordre encyclopédique général sera comme une mappemonde, où l'on ne rencontrera que les grandes régions ; les ordres particuliers, comme des cartes particulières de royaumes, de provinces, de contrées ; le dictionnaire, comme l'histoire géographique et détaillée de tous les lieux, la topographie générale et raisonnée de ce que nous connoissons dans le monde intelligible et dans le monde visible ; et les renvois serviront d'itinéraires dans ces deux mondes, dont le visible peut être regardé comme l'ancien ; et l'intelligible, comme le nouveau.

Il y a un quatrième ordre, moins général qu'aucun des précédens : c'est celui qui distribue convenablement plusieurs articles différens compris sous une même dénomination. Il paroît ici nécessaire de s'assujettir à la génération des idées, à l'analogie des matières, à leur enchaînement naturel ; de passer du simple au figuré, etc. Il y a des termes solitaires qui sont propres à une seule science, et qui ne doivent donner aucune sollicitude. Quant à ceux dont l'acception varie, et qui appartiennent à plusieurs sciences et à plusieurs arts, il faut en former un petit système, dont l'objet principal soit d'adoucir et de pallier, autant qu'on pourra, la bizarerie des disparates. Il faut en composer le tout le moins irrégulier et le moins décousu ; et se laisser conduire tantôt par les rapports, quand il y en a de marqués, tantôt par l'importance des matières ; et au défaut des rapports, par des tours originaux qui se présenteront d'autant plus fréquemment aux éditeurs, qu'ils auront plus de génie, d'imagination et de connoissances. Il y a des matières qui ne se séparent point, telles que l'histoire sacrée et l'histoire profane ; la théologie et la mythologie ; l'histoire naturelle, la physique, la chimie et quelques arts, etc. La science étymologique, la connoissance historique des êtres et des noms, fourniront aussi un grand nombre de vues différentes, qu'on pourra toujours suivre, sans crainte d'être embarrassé, obscur ou ridicule.

Au milieu de ces différens articles de même dénomination à distribuer, l'éditeur se comportera comme s'il en étoit l'auteur ; il suivra l'ordre qu'il eût suivi, s'il eût eu à considérer le mot sous toutes ses acceptions. Il n'y a point ici de loi générale à prescrire ; on en connoîtroit une, que le moindre inconvénient qu'il y auroit à la suivre, ce seroit l'ennui de l'uniformité. L'ordre encyclopédique général jetteroit de temps-en-temps dans des arrangemens bizarres ; l'ordre alphabétique donneroit à tout moment des contrastes burlesques ; un article de théologie se trouveroit relégué tout au travers des arts mécaniques. Ce qu'on observera communément et sans inconvénient, c'est de débuter par l'acception simple et grammaticale ; de tracer, sous l'acception grammaticale, un petit tableau en raccourci de l'article en entier ; d'y présenter en exemples, autant de phrases différentes qu'il y a d'acceptions différentes ; d'ordonner ces phrases entre elles, comme les différentes acceptions du mot doivent être ordonnées dans le reste de l'article ; à chaque phrase ou exemple, de renvoyer à l'acception particulière dont il s'agit. Alors on verra presque toujours la logique succéder à la grammaire ; la métaphysique, à la logique ; la théologie, à la métaphysique ; la morale, à la théologie ; la jurisprudence, à la morale, etc. Malgré la diversité des acceptions, chaque article, traité de cette manière, formera un ensemble ; et, malgré cette unité commune à tous les articles, il n'y aura ni trop d'uniformité, ni monotonie. J'insiste sur la liberté et la variété de cette distribution, parce qu'elle est en-même-temps commode, utile et raisonnable. Il en est de la formation d'une *Encyclopédie*, ainsi que de la fondation d'une grande ville ; il n'en faudroit pas construire toutes les maisons sur un même modèle, quand on auroit trouvé un modèle général, beau en lui-même, et convenable à tout emplacement. L'uniformité des édifices, entraînant l'uniformité des voies publiques, répandroit sur la ville entière un aspect triste et fatigant. Ceux qui marchent, ne résistent point à l'ennui d'un long mur ou même d'une longue forêt qui les a d'abord enchantés.

Un bon esprit (et il faut supposer au-moins cette qualité dans un éditeur) saura mettre chaque chose à sa place : et il n'y a pas à craindre qu'il ait dans les idées, assez peu d'ordre, ou dans l'esprit, assez peu de goût, pour entremêler, sans

nécessité, des acceptions disparates. Mais il y auroit aussi de l'injustice à l'accuser d'une bizarrerie,
qui ne seroit qu'une suite nécessaire de la diversité
des matières, des imperfections de la langue, et
de l'abus des métaphores, qui transporte un même mot de la boutique d'un artisan sur les bancs
de la Sorbonne, et qui rassemble les choses les
plus hétérogènes sous une commune dénomination.

Mais, quel que soit l'objet dont on traite, il faut
exposer le genre auquel il appartient ; sa différence spécifique ou la qualité qui le distingue, s'il
y en a une ; ou plutôt l'assemblage de celles qui
le constituent (car il résulte de cet assemblage,
une différence nécessaire, sans quoi deux ou plusieurs êtres physiques étant absolument les mêmes
au jugement de tous nos sens, nous ne les dis-
tinguerions pas); ses causes, quand on les connoît ; ce qu'on sait de ses effets ; ses qualités ac-
tives et passives ; son objet, sa fin, ses usages,
les singularités qu'on y remarque ; sa génération,
son accroissement, ses vicissitudes, ses dimensions, son dépérissement, etc. D'où il s'ensuit qu'un
même objet, considéré sous tant de faces, doit
souvent appartenir à plusieurs sciences ; et qu'un
mot, pris sous une seule acception, fournira plusieurs articles différens. S'il s'agit, par exemple,
de quelque substance minérale, c'est communément le grammairien ou le naturaliste qui s'en em-

pare le premier : il la transmet au physicien ; celui-ci, au chimiste ; le chimiste, au pharmacien ; le pharmacien, au médecin, au cuisinier, au peintre, au teinturier, etc.

D'où naît un cinquième ordre, qui sera d'autant plus facile à instituer, que les collègues se seront renfermés plus rigoureusement dans les bornes de leurs parties ; et qu'ils auront bien saisi le point de vue, sous lequel ils avoient à considérer la chose individuelle dont il s'agit. Une énumération méthodique et raisonnée des qualités déterminera ce cinquième et dernier ordre, qui sera aussi susceptible d'une grande variété. La suite des procédés par lesquels on fait passer une substance, selon l'usage auquel on la destine, suggérera la place que chaque notion doit occuper. Au reste, je pense qu'il faut laisser les collègues s'expliquer séparément. Le travail des éditeurs seroit infini, s'ils avoient à fondre tous leurs articles en un seul : il convient, d'ailleurs, de réserver à chacun l'honneur de son travail ; et au lecteur, la commodité de ne consulter que l'endroit d'un article dont il a besoin.

J'exige seulement de la méthode, quelle qu'elle soit. Je ne voudrois pas qu'il y eût un seul article capital, sans division et sans sous-division ; c'est l'ordre qui soulage la mémoire. Mais il est difficile qu'un auteur prenne cette attention pour le lecteur, qu'elle ne tourne à son propre avantage. Ce n'est qu'en méditant profondément sa matière, qu'on trouve une distribution générale. C'est presque toujours la dernière idée importante qu'on rencontre ; c'est une pensée unique qui se développe, qui s'étend et qui se ramifie, en se nourrissant de toutes les autres qui s'en rapprochent comme d'elles-mêmes. Celles qui se refusent à cette espèce d'attraction, ou sont trop éloignées de sa sphère, ou elles ont quelqu'autre défaut plus considérable ; et dans l'un et l'autre cas, il est à-propos de les rejeter. D'ailleurs, un Dictionnaire est fait pour être consulté ; et le point essentiel, c'est que le lecteur remporte nettement dans sa mémoire le résultat de sa lecture. Une marche, à laquelle il faudroit s'assujetir quelquefois, parce qu'elle représente assez bien la méthode d'invention, c'est de partir des phénomènes individuels et particuliers, pour s'élever à des connoissances plus étendues et moins spécifiques ; de celles-ci à de plus générales encore, jusqu'à ce qu'on arrivât à la science des axiomes, ou de ces propositions que leur simplicité, leur universalité, leur évidence, rendent indémontrables. Car, en quelque matière que ce soit, on n'a parcouru tout l'espace qu'on avoit à parcourir, que quand on est arrivé à un principe qu'on ne peut ni prouver, ni définir, ni éclaircir, ni obscurcir, ni nier, sans perdre une partie du jour dont on étoit éclairé, et faire un pas vers des ténèbres qui finiroient par devenir très-profondes, si on ne mettoit aucune borne à l'argumentation.

Si je pense qu'il y a un point au-delà duquel il est dangereux de porter l'argumentation, je pense aussi qu'il ne faut s'arrêter que quand on est bien sûr de l'avoir atteint. Toute science, tout art a sa métaphysique : cette partie est toujours abstraite cependant, ce doit être la principale d'un Dictionnaire philosophique ; et l'on peut dire que tant qu'il y reste à défricher, il y a des phénomènes inexplicables, et réciproquement. Alors l'homme de lettres, le savant et l'artiste marchent dans les ténèbres ; s'ils font quelques progrès, ils en sont redevables au hazard ; ils arrivent comme un voyageur égaré qui suit la bonne voie sans le savoir. Il est donc de la dernière importance de bien exposer la métaphysique des choses, ou leurs raisons premières ou générales ; le reste deviendra plus lumineux et plus assuré dans l'esprit. Tous ces prétendus mystères tant reprochés à quelques sciences, et tant allégués par d'autres, pour pallier les leurs, discutés métaphysiquement, s'évanouissent comme les fantômes de la nuit aux approches du jour. L'art, éclairé dès le premier pas, s'avancera sûrement, rapidement, et toujours par la voie la plus courte. Il faut donc s'attacher à donner les raisons des choses, quand il y en a ; à assigner les causes, quand on les connoît ; à indiquer les effets, lorsqu'ils sont certains ; à résoudre les nœuds par une application directe des principes ; à démontrer les vérités ; à dévoiler les erreurs ; à décréditer adroitement les préjugés ; à apprendre aux hommes à douter et à attendre ; à dissiper l'ignorance ; à apprécier la valeur des connoissances humaines ; à distinguer le vrai du faux, le vrai du vraisemblable, le vraisemblable du merveilleux et de l'incroyable, les phénomènes communs de phénomènes extraordinaires, les faits certains des douteux, ceux-ci des faits absurdes et contraires à l'ordre de la nature ; à connoître le cours général des événemens, et à prendre chaque chose pour ce qu'elle est ; et par conséquent à inspirer le goût de la science, l'horreur du mensonge et du vice, et l'amour de la vertu ; car tout ce qui n'a pas le bonheur et la vertu pour fin dernière, n'est rien.

Je ne peux souffrir qu'on s'appuye de l'autorité des auteurs dans les questions de raisonnement. Et qu'importe à la vérité, que nous cherchions le nom d'un homme qui n'est pas infaillible ? Point de vers sur-tout ; ils ont l'air si foibles et si mesquins au-travers d'une discussion philosophique : il faut renvoyer ces ornemens légers aux articles de littérature ; c'est là, que je peux les approuver, pourvu qu'ils y soient placés par le goût ; qu'ils y servent d'exemple ; et qu'ils fassent sortir avec force le défaut qu'on reprend, ou qu'ils donnent de l'éclat à la beauté qu'on recommande.

Dans les traités scientifiques, c'est l'enchaînement des idées ou des phénomènes, qui dirige la marche; à-mesure qu'on avance, la matière se développe, soit en se généralisant, soit en se particularisant, selon la méthode qu'on a préférée. Il en sera de même par rapport à la forme générale d'un article particulier d'*Encyclopédie*, avec cette différence, que le Dictionnaire ou la coordination des articles aura des avantages qu'on ne pourra guère se procurer dans un traité scientifique, qu'aux dépens de quelque qualité ; et de ces avantages, elle en sera redevable aux *renvois*, partie de l'ordre encyclopédique la plus importante.

Je distingue deux sortes de renvois ; les uns de choses, et les autres de mots. Les renvois de choses, éclaircissant l'objet, indiquent ses liaisons prochaines avec ceux qui le touchent immédiatement, et ses liaisons éloignées avec d'autres qu'on en croirait isolés ; rappellent les notions communes, et les principes analogues; fortifient les conséquences; entrelacent la branche au tronc ; et donnent au tout cette unité si favorable à l'établissement de la vérité et à la persuasion. Mais, quand il le faudra, ils produiront aussi un effet tout contraire ; ils opposeront les notions; ils feront contraster les principes; ils attaqueront, ébranleront, renverseront secrètement quelques opinions ridicules qu'on n'oseroit insulter ouvertement. Si l'auteur est impartial, ils auront toujours la double fonction de confirmer et de réfuter, de troubler et de concilier.

Il y auroit un grand art et un avantage infini dans ces derniers renvois. L'ouvrage entier en recevroit une force interne et une utilité secrète, dont les effets sourds seroient nécessairement sensibles avec le temps. Toutes les fois, par exemple, qu'un préjugé national mériteroit du respect, il faudroit, à son article particulier, l'exposer respectueusement et avec tout son cortège de vraisemblance et de séduction; mais renverser l'édifice de fange, dissiper un vain amas de poussière, en renvoyant aux articles où des principes solides servent de base aux vérité sopposées. Cette manière de détromper les hommes opère très-promptement sur les bons esprits; et elle opère infailliblement et sans aucune fâcheuse conséquence, secrètement et sans éclat, sur tous les esprits. C'est l'art de déduire tacitement les conséquences les plus fortes. Si ces renvois de confirmation et de réfutation sont prévus de loin, et préparés avec adresse, ils donneront à une *Encyclopédie* le caractère que doit avoir un bon Dictionnaire; ce caractère est de changer la façon commune de penser. L'ouvrage qui produira ce grand effet général aura des défauts d'exécution, j'y consens; mais le plan et le fond en seront excellens. L'ouvrage qui n'opérera rien de pareil, sera mauvais:

quelque bien qu'on en puisse dire d'ailleurs, l'éloge passera, et l'ouvrage tombera dans l'oubli.

Les renvois de mots sont très-utiles. Chaque science, chaque art a sa langue ; où en seroit-on, si toutes les fois qu'on emploie un terme d'art, il falloit, en faveur de la clarté, en répéter la définition ? Combien de redites ! et peut-on douter que tant de digressions et de parenthèses, tant de longueurs ne rendissent obscur ? Il est aussi commun d'être diffus et obscur, qu'obscur et serré ; et si l'un est quelquefois fatigant, l'autre est toujours ennuyeux. Il faut seulement, lorsqu'on fait usage de ces mots, et qu'on ne les explique pas, avoir l'attention la plus scrupuleuse de renvoyer aux endroits où il en est question, et auxquels on ne seroit conduit que par l'analogie, espèce de fil, qui n'est pas entre les mains de tout le monde. Dans un Dictionnaire universel des sciences et des arts, on peut être contraint, en plusieurs circonstances, à supposer du jugement, de l'esprit, de la pénétration ; mais il n'y en a aucune, où l'on ait dû supposer des connoissances. Qu'un homme peu intelligent se plaigne, s'il le veut, ou de l'ingratitude de la nature, ou de la difficulté de la matière, mais non de l'auteur, s'il ne lui manque rien pour entendre, ni du côté des choses, ni du côté des mots.

Il y a une troisième sorte de renvois, à laquelle il ne faut ni s'abandonner, ni se refuser entièrement ;

ce sont ceux qui, en rapprochant dans les sciences, certains rapports ; dans des substances naturelles, des qualités analogues ; dans les arts, des manœuvres semblables, conduiroient ou à de nouvelles vérités spéculatives, ou à la perfection des arts connus, ou à l'invention de nouveaux arts, ou à la restitution d'anciens arts perdus : ces renvois sont l'ouvrage de l'homme de génie. Heureux celui qui est en état de les appercevoir ; il a cet esprit de combinaison, cet instinct que j'ai défini dans quelques-unes de *mes pensées sur l'interprétation de la nature*. Mais il vaut encore mieux risquer des conjectures chimériques, que d'en laisser perdre d'utiles. C'est ce qui m'enhardit à proposer celles qui suivent.

Ne pourroit-on pas soupçonner, sur l'inclinaison et la déclinaison de l'aiguille aimantée, que son extrémité décrit d'un mouvement composé une petite ellipse semblable à celle que décrit l'extrémité de l'axe de la terre ?

Sur les cas très-rares, où la nature nous offre des phénomènes solitaires qui soient permanens, tels que l'anneau de Saturne, ne pourroit-on pas faire rentrer celui-ci dans la loi générale et commune, en considérant cet anneau, non comme un corps continu, mais comme un certain nombre de satellites mus dans un même plan, avec une vitesse capable de perpétuer sur nos yeux une sensation non interrompue d'ombre ou de lumière ? C'est à mon collègue M. d'Alembert à apprécier ces conjectures.

Ou pour en venir à des objets plus voisins de nous, et d'une utilité plus certaine, pourquoi n'exécuteroit-on pas des figures de plantes, d'oiseaux, d'animaux et d'hommes, en un mot des tableaux, sur le métier des ouvriers en soie, où l'on exécute déjà des fleurs et des feuilles si parfaitement nuancées ?

Quelle impossibilité y auroit-il à remplir, sur les mêmes métiers, les fonds de ces tapisseries en laine qu'on fait à l'aiguille, et à ne laisser que les endroits du dessin à nuancer vides et prêts à être achevés à la main, soit en laine, soit en soie ? ce qui donneroit, pour la célérité de l'exécution de ces sortes d'ouvrages au métier, celle qu'on a dans la machine à bas pour la façon des mailles. J'invite les artistes à méditer là-dessus.

Ne pourroit-on pas étendre le petit art d'imprimer en caractères percés, à l'impression ou à la copie de la musique ? On auroit du papier réglé ; les portées de ce papier seroient aussi tracées sur les petites lames des caractères. A l'aide de ces traits et des jours même des caractères, on les rangeroit facilement sur les portées. Les barres qui séparent les mesures, celles qui lient les notes, et tous les autres signes de la musique, seroient au nombre des caractères. On donneroit aux lames des largeurs qui seroient entre elles, comme les valeurs des notes ; conséquemment les notes occuperoient sur une portée des espaces proportionés à leurs valeurs, et les mesures se correspondroient rigoureusement les unes aux autres sur différentes portées, sans la moindre attention de la part du musicien. Cela fait, on auroit un chassis qui contiendroit chaque portée, qu'on appliqueroit successivement sur autant de papiers différens qu'on voudroit; ce qui donneroit autant de copies d'un même morceau. La seule peine qu'il faudroit prendre, ce seroit de hausser et baisser, avec un petit instrument, les petites lames mobiles les unes entre les autres, dans les endroits où elles ne correspondroient pas aussi exactement qu'il le faut, soit aux lignes, soit aux entre-lignes. J'abandonne le jugement de cette idée à mon ami M. Rousseau.

Enfin, une dernière sorte de renvoi qui peut être ou de mot ou de chose, ce sont ceux que j'appellerois volontiers satyriques ou épigrammatiques; tel est, par exemple, celui qui se trouve dans un de nos articles, où, à la suite d'un éloge pompeux, on lit : *voyez* Capuchon. Le mot burlesque *capuchon*, et ce qu'on trouve à l'article *capuchon*, pourroit faire soupçonner que l'éloge pompeux n'est qu'une ironie, et qu'il faut lire l'article avec précaution, et en peser exactement tous les termes.

Je ne voudrois pas supprimer entièrement ces

renvois, parce qu'ils ont quelquefois leur utilité. On peut les diriger secrètement contre certains ridicules, comme les renvois philosophiques contre certains préjugés. C'est quelquefois un moyen délicat et léger de repousser une injure, sans presque se mettre sur la défensive, et d'arracher le masque à de graves personnages, *qui curios simulant et bacchanalia vivunt*. Mais je n'en aime pas la fréquence ; celui même que j'ai cité ne me plaît pas. De fréquentes allusions de cette nature couvriroient de ténèbres un ouvrage. La postérité, qui ignore de petites circonstances, qui ne méritoient pas de lui être transmises, ne sent plus la finesse de l'à-propos, et regarde ces mots qui nous égaient, comme des puérilités. Au-lieu de composer un Dictionnaire sérieux et philosophique, on tombe dans la pasquinade. Tout bien considéré, j'aimerois mieux qu'on dît la vérité sans détour ; et que, si par malheur ou par hasard, on avoit à faire à des hommes perdus de réputation, sans connoissance, sans mœurs, et dont le nom fût presque devenu un terme déshonnête, on s'abstînt de les nommer, ou par pudeur, ou par charité, ou qu'on tombât sur eux sans ménagement, qu'on leur fît la honte la plus ignominieuse de leurs vices ; qu'on les rappelât à leur état et à leurs devoirs par des traits sanglans, et qu'on les poursuivît avec l'amertume de Perse et le fiel de Juvénal ou de *Buchanan*.

Je sais qu'on dit des ouvrages où les auteurs se sont abandonnés à toute leur indignation : cela est horrible ! on ne traite point les gens avec cette dureté-là ! ce sont des injures grossières qui ne peuvent se lire, et autres semblables discours, qu'on a tenus dans tous les temps, et de tous les ouvrages où le ridicule et la méchanceté ont été peints avec le plus de force, et que nous lisons aujourd'hui avec le plus de plaisir. Expliquons cette contradiction de nos jugemens. Au moment où ces redoutables productions furent publiées, tous les méchans, allarmés, craignirent pour eux : plus un homme étoit vicieux, plus il se plaignoit hautement. Il objectoit au satyrique, l'âge, le rang, la dignité de la personne, et une infinité de ces petites considérations passagères, qui s'affoiblissent de jour en jour, et qui disparoissent avant la fin du siècle. Croit-on qu'au temps où Juvénal abandonnoit Messaline aux porte-faix de Rome, et où Perse prenoit un bas valet, et le transformoit en un grave personnage, en un magistrat respectable, les gens de robe d'un côté, et toutes les femmes galantes de l'autre, ne se récrièrent pas, ne dirent pas, de ces traits, qu'ils étoient d'une indécence horrible et punissable ? Si l'on n'en croit rien, on se trompe. Mais les circonstances momentanées s'oublient ; la postérité ne voit plus que la folie, le ridicule, le vice et la méchanceté couverts d'ignominie ; et elle s'en réjouit comme d'un acte de justice. Celui qui blâme le vice légèrement, ne me paroît pas assez ami de la vertu. On est d'autant plus indigné de l'injustice, qu'on est plus éloigné de la commettre ; et c'est une foiblesse répréhensible, que celle qui nous empêche de montrer pour la méchanceté, la bassesse, l'envie, la duplicité, cette haine vigoureuse et profonde, que tout honnête homme doit ressentir.

Quelle que soit la nature des renvois, on ne pourra trop les multiplier. Il vaudroit mieux qu'il y en eût de superflus que d'omis. Un des effets les plus immédiats, et des avantages les plus importans de la multiplicité des renvois, ce sera premièrement de perfectionner la nomenclature. Un article essentiel a rapport à tant d'articles différens, qu'il seroit comme impossible que quelqu'un des travailleurs n'y eût pas renvoyé. D'où il s'ensuit qu'il ne peut être oublié ; car tel mot qui n'est qu'accessoire dans une matière, est le mot important dans une autre. Mais il en sera des choses, ainsi que des mots. L'un fait mention d'un phénomène, et renvoie à l'article particulier de ce phénomène ; l'autre, d'une qualité, et renvoie à l'article de la substance ; celui-ci d'un système, celui-là d'un procédé ; et chacun fait son renvoi à l'endroit convenable, non sur ce qu'il contient, car il ne lui a point été communiqué, mais sur ce qu'il présume y devoir être contenu, pour éclaircir et compléter l'article qu'il travaille. Ainsi, à tout moment, la gram] maire renverra à la dialectique ; la dialectique, à la métaphysique ; la métaphysique, à la théologie ; la théologie, à la jurisprudence ; la jurisprudence, à l'histoire ; l'histoire, à la géographie et à la chronologie ; la chronologie, à l'astronomie ; l'astronomie, à la géométrie ; la géométrie, à l'algèbre ; l'algèbre, à l'arithmétique, etc. Une précaution de la dernière conséquence, c'est de n'avoir pas assez bonne opinion de son collègue, pour croire qu'il n'aura rien omis. Il y a tant d'autres raisons que la mauvaise foi, soit pour passer un article, soit pour n'y pas traiter tout ce qui est de son objet, qu'on ne peut être trop scrupuleux à y renvoyer.

Ce sera secondement d'éviter les répétitions. Toutes les sciences empiètent les unes sur les autres : ce sont des rameaux continus et partant d'un même tronc. Celui qui compose un ouvrage n'entre pas dans son sujet d'une manière abrupte, ne s'y renferme pas en rigueur, n'en sort pas brusquement : il est contraint d'anticiper sur un terrain voisin du sien d'un côté ; ses conséquences le portent souvent dans un autre terrain contigu du côté opposé ; et combien d'autres excursions nécessaires dans le corps de l'ouvrage ? Quelle est la fin des avant-propos, des introductions, des préfaces, des exordes, des épisodes, des digressions, des conclusions ? Si l'on séparoit scrupuleusement d'un livre ce qui est hors du sujet qu'on y traite, on le réduiroit presque toujours au quart de son volume. Que fait l'enchaînement encyclopédique, cette circonscription sévère ? Il marque si exactement les limites d'une matière, qu'il ne reste, dans un article, que ce qui lui est essentiel. Une seule idée neuve engendre des volumes sous la plume d'un écrivain; ces volumes se réduisent à quelques lignes, sous la plume d'un encyclopédiste. On y est asservi, sans s'en appercevoir, à ce que la méthode des géomètres a de plus serré et de plus précis. On marche toujours rapidement; une page présente toujours autre chose que celle qui la devance ou la suit. Le besoin d'une proposition, d'un fait, d'un aphorisme, d'un phénomène, d'un système, n'exige qu'une citation en *Encyclopédie*, non plus qu'en géométrie. Le géomètre renvoie d'un théorême ou d'un problême à un autre; et l'encyclopédiste, d'un article à un autre. Et c'est ainsi que deux genres d'ouvrages, qui paroissent d'une nature très-différente, parviennent, par un même moyen, à former un ensemble très-serré, très-lié et très-continu. Ce que je dis est d'une telle exactitude, que la méthode, selon laquelle les mathématiques sont traitées dans notre Dictionnaire, est la même qu'on a suivie pour les autres matières. Il n'y a, sous ce point de vue, aucune différence entre un article d'algèbre et un article de théologie.

Par le moyen de l'ordre encyclopédique, de l'universalité des connoissances et de la fréquence des renvois, les rapports augmentent; les liaisons se portent en tout sens ; la force de la démonstration s'accroît ; la nomenclature se complète ; les connoissances se rapprochent et se fortifient ; on apperçoit, ou la continuité, ou les vides de notre système ; ses côtés foibles, ses endroits forts ; et d'un coup-d'œil, quels sont les objets auxquels il importe de travailler pour sa propre gloire, et pour la plus grande utilité du genre humain. Si notre Dictionnaire est bon, combien il produira d'ouvrages meilleurs !

Mais comment un éditeur vérifiera-t-il jamais ces renvois, s'il n'a pas tout son manuscrit sous les yeux ? Cette condition me paroît d'une telle importance, que je prononcerai de celui qui fait imprimer la première feuille d'une *Encyclopédie*, sans avoir prélu vingt fois sa copie, qu'il ne sent pas l'étendue de sa fonction ; qu'il est indigne de diriger une si haute entreprise ; ou qu'enchaîné, comme nous l'avons été, par des événemens qu'on ne peut prévoir, il s'est trouvé inopinément engagé dans ce labyrinthe, et contraint par honneur d'en sortir le moins mal qu'il pourroit.

Un éditeur ne donnera jamais au tout un certain dégré de perfection, s'il n'en possède les parties que successivement. Il seroit plus difficile de juger ainsi de l'ensemble d'un Dictionnaire universel, que de l'ordonnance d'un morceau d'architecture, dont on ne verroit les différens ordres que séparés, et les uns après les autres. Comment n'omettra-t-il pas des renvois ? comment ne lui en échappera-t-il pas d'inutiles, de faux, de ridicules ? Un auteur renvoie en preuve, du-moins c'est son dessein; et il se trouve qu'il a renvoyé en objection. L'article qu'un autre aura cité, ou n'existera point du tout, ou ne renfermera rien d'analogue à la matière dont il s'agit. Un autre inconvénient, c'est qu'il ne manque quelque portion du manuscrit, que parce que l'auteur la compose à-mesure que l'ouvrage s'imprime ; d'où il arrivera, qu'abusant des renvois pour consulter son loisir, ou pour écouter sa paresse, la matière sera mal distribuée, les premiers volumes en seront vides ; les derniers, surchargés; et l'ordre naturel, entièrement perverti. Mais il y a pis à craindre ; c'est que ce travailleur, à la fin, accablé sous une multitude prodigieuse d'articles renvoyés d'une lettre à une autre, ne les estropie, ou même ne les fasse point-du-tout, et ne les remette à une autre édition. Il balancera d'autant moins à prendre ce dernier parti, qu'alors la fortune de l'ouvrage ne sera faite ou ne se fera point. Mais dans quel étrange embarras ne tombera-t-on pas, s'il arrive que le collègue, qui ne marche dans son travail qu'avec l'impression, meure ou soit surpris d'une longue maladie ! L'expérience nous a malheureusement appris à redouter ces événemens, quoique le public ne s'en soit pas encore apperçu.

Si l'éditeur a tout son manuscrit sous ses mains, il prendra une partie, il la suivra dans toutes ses ramifications. Ou elle contiendra tout ce qui est de son objet, ou elle sera incomplète ; si elle est incomplète, il est bien difficile qu'il ne soit pas instruit des omissions, par les renvois qui se feront des autres parties à celle qu'il examine, comme les renvois de celle-ci à d'autres lui indiqueront ce qui sera dans ces dernières, ou ce qu'il y faudra suppléer. Si un mot étoit tellement isolé, qu'il n'en fût mention dans aucune partie, soit en discours, soit en renvoi, j'ose assurer qu'il pourroit être omis presque sans conséquence. Mais pense-t-on qu'il y en ait beaucoup de cette nature, même parmi les choses individuelles et particulières ? Il faudroit que celle dont il s'agit n'eût aucune place remarquable dans les sciences, aucune espèce utile, aucun usage dans les arts. Le maronnier d'Inde, cet arbre si fécond en fruits inutiles, n'est pas même dans ce cas. Il n'y a rien d'existant dans la nature ou dans l'entendement, rien de pratiqué ou d'employé dans les ateliers, qui ne tienne par un grand nombre de fils au système général de la connoissance humaine. Si, au contraire, la chose omise étoit importante, pour que l'omission n'en fût ni apperçue ni réparée, il faudroit supposer au-moins une seconde omission, qui entraîneroit au-moins une troisième, et ainsi de suite, jusqu'à un être solitaire, isolé, et placé sur les dernières limites du système. Il y auroit un ordre entier d'êtres ou de notions supprimé, ce qui est métaphysiquement impossible. S'il reste sur la ligne un de ces êtres ou une de ces notions, on sera conduit de là, tant en descendant qu'en montant, à la restitution d'une autre; et ainsi de suite, jusqu'à ce que tout l'intervalle vide soit rempli, la chaîne complète, et l'ordre encyclopédique continu.

En détaillant ainsi comment une véritable *Encyclopédie* doit être faite, nous établissons des règles bien sévères, pour examiner et juger celle que nous publions. Quelqu'usage qu'on fasse de ces règles, ou pour ou contre nous, elles prouveront du-moins que personne n'étoit plus en état, que les auteurs, de critiquer leur ouvrage. Reste à savoir si nos ennemis, après avoir donné jusqu'à présent d'assez fortes preuves d'ignorance, ne se résoudront pas à en donner de lâcheté, en nous attaquant avec des armes que nous n'aurons pas craint de leur mettre à la main.

La prélecture réitérée du manuscrit complet obvieroit à trois sortes de supplémens; de choses, de mots, et de renvois. Combien de termes, tantôt définis, tantôt seulement énoncés dans le courant d'un article, et qui rentreroient dans l'ordre alphabétique? Combien de connoissances annoncées dans un endroit, où on ne les chercheroit pas inutilement? combien de principes qui restent isolés, et qu'on auroit rapprochés par un mot de réclame? Les renvois sont dans un article, comme ces pierres d'attente qu'on voit inégalement séparées les unes

Philosophie.

des autres, et saillantes sur les extrémités verticales d'un long mur, ou sur la convexité d'une voûte; et dont les intervalles annoncent ailleurs de pareils intervalles et de pareilles pierres d'attente.

J'insiste d'autant plus fortement sur la nécessité de posséder toute la copie, que les omissions sont, à mon avis, les plus grands défauts d'un Dictionnaire. Il vaut encore mieux qu'un article soit mal fait, que de n'être point fait. Rien ne chagrine tant un lecteur, que de ne pas trouver le mot qu'il cherche. En voici un exemple frappant, que je rapporte d'autant plus librement, que je dois en partager le reproche. Un honnête homme achète un ouvrage auquel j'ai travaillé : il étoit tourmenté par des crampes; et il n'eut rien de plus pressé que de lire l'article *crampe* : il trouve ce mot, mais avec un renvoi à *convulsion*; il recourt à *convulsion*, d'où il est renvoyé à *muscle*, d'où il est renvoyé à *spasme*, où il ne trouve rien sur la crampe. Voilà, je l'avoue, une faute bien ridicule; et je ne doute point que nous ne l'ayons commise vingt fois dans l'*Encyclopédie*. Mais nous sommes en droit d'exiger un peu d'indulgence. L'ouvrage, auquel nous travaillons, n'est point de notre choix; nous n'avons point ordonné les premiers matériaux qu'on nous a remis; et on nous les a, pour ainsi dire, jetés dans une confusion bien capable de rebuter quiconque auroit eu ou moins d'honnêteté ou moins de courage. Nos collègues nous sont témoins des peines que nous avons prises et que nous prenons encore : personne ne sait comme eux ce qu'il nous en a coûté et ce qu'il nous en coûte, pour répandre sur l'ouvrage toute la perfection d'une première tentative : et nous nous sommes proposé, si-non d'obvier, du-moins de satisfaire aux reproches que nous aurons encourus, en relisant notre Dictionnaire, quand nous l'aurons achevé, dans le dessein de compléter la nomenclature, la matière et les renvois.

Il n'y a rien de minutieux dans l'exécution d'un grand ouvrage : la négligence la plus légère a des suites importantes ; le manuscrit m'en fournit un exemple : rempli de noms personnels, de termes d'arts, de caractères, de chiffres, de lettres, de citations, de renvois, etc., l'édition fourmillera de fautes, s'il n'est pas de la dernière exactitude. Je voudrois donc qu'on invitât les encyclopédistes à écrire en lettres majuscules les mots, sur lesquels il seroit facile de se méprendre. On éviteroit, par ce moyen, presque toutes les fautes d'impression ; les articles seroient corrects ; les auteurs n'auroient point à se plaindre ; et le lecteur ne seroit jamais perplexe. Quoique nous n'ayons pas eu l'avantage de posséder un manuscrit tel que nous l'aurions pu désirer ; cependant il y a peu d'ouvrages imprimés avec plus d'exactitude et d'élégance que le nôtre. Les soins et l'habileté du typographe l'ont emporté sur le désordre et les imperfections de la copie ;

et nous n'offenserons aucun de nos collègues, en assurant que dans le grand nombre de ceux qui ont eu quelque part à l'*Encyclopédie*, il n'y a personne qui ait mieux satisfait à ses engagemens que l'imprimeur. Sous cet aspect, qui a frappé et qui frappera dans tous les temps les gens de goût, et les bibliomanes, les éditions subséquentes égaleront difficilement la première.

Nous croyons sentir tous les avantages d'une entreprise, telle que celle dont nous nous occupons. Nous croyons n'avoir eu que trop d'occasions de connoître combien il étoit difficile de sortir avec quelque succès d'une première tentative; et combien les talens d'un seul homme, quel qu'il fût, étoient au-dessous de ce projet. Nous avions là-dessus, long-temps avant que d'avoir commencé, une partie des lumières, et toute la défiance qu'une longue méditation pouvoit inspirer. L'expérience n'a point affoibli ces dispositions; nous avons vu, à-mesure que nous travaillions, la matière s'étendre; la nomenclature s'obscurcir; des substances, ramenées sous une multitude de noms différens; les instrumens, les machines et les manœuvres, se multiplier sans mesure; et les détours nombreux d'un labyrinthe inextricable se compliquer de plus en plus. Nous avons vu combien il en coûtoit pour s'assurer que les mêmes choses étoient les mêmes; et combien, pour s'assurer que d'autres qui paroissoient très-différentes, n'étoient pas différentes.

Nous avons vu que cette forme alphabétique, qui nous ménageoit à chaque instant des repos, qui répandoit tant de variété dans le travail, et qui, sous ces points de vue, paroissoit si avantageuse à suivre dans un long ouvrage, avoit ses difficultés qu'il falloit surmonter à chaque instant. Nous avons vu qu'elle exposoit à donner aux articles capitaux, une étendue immense, si l'on y faisoit entrer tout ce qu'on pouvoit assez naturellement espérer d'y trouver ; ou à les rendre secs et appauvris, si, à l'aide des renvois, on les élaguoit ; et si on en excluoit beaucoup d'objets qu'il n'étoit pas impossible d'en séparer. Nous avons vu combien il étoit important et difficile de garder un juste milieu. Nous avons vu combien il échappoit de choses inexactes et fausses; combien on en omettoit de vraies. Nous avons vu qu'il n'y avoit qu'un travail de plusieurs siècles, qui pût introduire entre tant de matériaux rassemblés, la forme véritable qui leur convenoit ; donner à chaque partie, son étendue; réduire chaque article, à une juste longueur; supprimer ce qu'il y a de mauvais ; suppléer ce qui manque de bon; et finir un ouvrage, qui remplît le dessein qu'on avoit formé quand on l'entreprit. Mais nous avons vu que, de toutes les difficultés, une des plus considérables, c'étoit de le produire une fois, quelqu'informe qu'il fût ; et qu'on ne nous raviroit pas l'honneur d'avoir surmonté cet obstacle. Nous avons vu que l'*Encyclopédie* ne pouvoit être que la tentative d'un siècle philosophe ; que ce siècle étoit arrivé ; que la renommée, en portant à l'immortalité les noms de ceux qui l'achèveroient, peut-être ne dédaigneroit pas de se charger des nôtres ; et nous nous sommes sentis ranimés par cette idée si consolante et si douce, qu'on s'entretiendroit aussi de nous, lorsque nous ne serions plus ; par ce murmure si voluptueux, qui nous faisoit entendre, dans la bouche de quelques-uns de nos contemporains, ce que diroient de nous des hommes à l'instruction et au bonheur desquels nous nous immolions, que nous estimions et que nous aimions, quoiqu'ils ne fussent pas encore. Nous avons senti se développer en nous ce germe d'émulation, qui envie au trépas la meilleure partie de nous-mêmes, et ravit au néant les seuls momens de notre existence dont nous soyons réellement flattés. En effet, l'homme se montre à ses contemporains, et se voit tel qu'il est, composé bizarre de qualités sublimes et de foiblesses honteuses. Mais les foiblesses suivent la dépouille mortelle dans le tombeau, et disparoissent avec elle ; la même terre les couvre ; il ne reste que les qualités éternisées dans les monumens qu'il s'est élevés à lui-même, ou qu'il doit à la vénération et à la reconnoissance publiques ; honneurs, dont la conscience de son propre mérite lui donne une jouissance anticipée ; jouissance aussi pure, aussi forte, aussi réelle qu'aucune autre jouissance, et dans laquelle il ne peut y avoir d'imaginaire, que les titres sur lesquels on fonde ses prétentions. Les nôtres sont déposés dans cet ouvrage; la postérité les jugera.

J'ai dit qu'il n'appartenoit qu'à un siècle philosophe de tenter une *Encyclopédie*; et je l'ai dit, parce que cet ouvrage demande par-tout plus de hardiesse dans l'esprit, qu'on n'en a communément dans les siècles pusillanimes du goût. Il faut tout examiner, tout remuer sans exception et sans ménagement; oser voir, ainsi que nous commençons à nous en convaincre, qu'il en est presque des genres de littérature, ainsi que de la compilation générale des loix, et de la première formation des villes; que c'est à un hasard singulier, à une circonstance bizarre, quelquefois à un essor du génie, qu'ils ont dû leur naissance; que ceux, qui sont venus après les premiers inventeurs, n'ont été, pour la plupart, que leurs esclaves; que des productions qu'on devoit regarder comme le premier dégré, prises aveuglément pour le dernier terme, au-lieu d'avancer un art à sa perfection, n'ont servi qu'à le retarder, en réduisant les autres hommes à la condition servile d'imitateurs; qu'aussi-tôt qu'un nom fut donné à une composition d'un caractère particulier, il fallut modeler rigoureusement sur cette esquisse toutes celles qui se firent; que, s'il parut de temps-en-temps un homme d'un génie hardi et original, qui, fatigué du joug reçu, osa le secouer, s'éloigner de la route commune, et enfanter quelqu'ouvrage auquel le nom donné et les loix prescrites ne furent point exactement applicables, il tomba dans l'oubli, et y resta très-long-temps. Il faut fouler aux pieds toutes ces vieilles puérilités, renverser les barrières que la raison n'aura point posées, rendre aux sciences et aux arts une liberté qui leur est si précieuse, et dire aux administrateurs de l'antiquité : appelez *le marchand de Londres:* comme il vous plaira, pourvu que vous conveniez que cette pièce étincelle de beautés sublimes. Il falloit un temps raisonneur, où l'on ne cherchât plus les règles dans les auteurs, mais dans la nature ; et où l'on sentît le faux et le vrai de tant de poétiques arbitraires ; je prends le terme de *poétique* dans son acception la plus générale, pour un système de règles données, selon lesquelles, en quelque genre que ce soit, on prétend qu'il faut travailler pour réussir.

Mais ce siècle s'est fait attendre si long-temps, que j'ai pensé quelquefois qu'il seroit heureux pour un peuple, qu'il ne se rencontrât point chez lui un homme extraordinaire, sous lequel un art naissant fît ses premiers progrès trop grands et trop rapides, et qui en interrompît le mouvement insensible et naturel. Les ouvrages de cet homme seront nécessairement des composés monstrueux, parce que le génie et le bon goût sont deux qualités très-différentes. La nature donne l'un en un moment ; l'autre est le produit des siècles. Ces monstres deviendront des modèles nationaux ; ils décideront le goût d'un peuple. Les bons esprits qui succéderont trouveront en leur faveur une prévention qu'ils n'oseront heurter ; et la notion du beau s'obscurcira, comme il arriveroit à celle du bien de s'obscurcir chez des barbares, qui auroient pris une vénération excessive pour quelque chef d'un caractère équivoque, qui se seroit rendu recommandable par des services importans et des vices heureux. Dans le moral, il n'y a que Dieu qui doive servir de modèle à l'homme ; dans les arts, que la nature. Si les sciences et les arts s'avancent par des dégrés insensibles, un homme ne différera pas assez d'un autre pour lui en imposer, fonder un genre adopté, et donner un goût à la nation ; conséquemment la nature et la raison conserveront leurs droits. Elles les avoient perdus ; elles sont sur-le-point de les recouvrer ; et l'on va voir combien il nous importoit de connoître et de saisir ce moment.

Tandis que les siècles s'écoulent, la masse des ouvrages s'accroît sans cesse ; et l'on prévoit un moment où il seroit presqu'aussi difficile de s'instruire dans une bibliothèque, que dans l'univers ; et presque aussi court de chercher une vérité subsistante dans la nature, qu'égaré dans une multitude immense de volumes ; il faudroit alors se livrer par nécessité à un travail qu'on auroit négligé d'entreprendre, parce qu'on n'en auroit pas senti le besoin.

Si l'on se représente la face de la littérature dans les temps où l'impression n'étoit pas encore, on verra un petit nombre d'hommes de génie occupés à composer; et un peuple innombrable de manouvriers occupés à transcrire. Si l'on anticipe sur les siècles à venir, et qu'on se représente la face de la littérature, lorsque l'impression, qui ne se repose point, aura rempli de volumes d'immenses bâtimens, on la trouvera partagée de rechef en deux classes d'hommes ; les uns liront peu, et s'abandonneront à des recherches qui seront nouvelles ou qu'ils prendront pour telles ; (car si nous ignorons déjà une partie de ce qui est contenu dans tant de volumes publiés en toutes sortes de langues, nous saurons bien moins encore ce que renfermeront ces volumes augmentés d'un nombre d'autres cent fois, mille fois plus grand;) les autres, manouvriers incapables de rien produire, s'occuperont à feuilleter jour et nuit ces volumes, et à en séparer ce qu'ils jugeront digne d'être recueilli et conservé. Cette prédiction ne commence-t-elle pas à s'accomplir ? et plusieurs de nos littérateurs ne sont-ils pas déjà employés à réduire tous nos grands livres à de petits, où l'on trouve encore beaucoup de superflu ? Supposons, maintenant, leurs analyses bien faites, et distribuées sous la forme alphabétique, en un nombre de volumes ordonnés par des hommes intelligens; et l'on aura les matériaux d'une *Encyclopédie*.

Nous avons donc entrepris aujourd'hui, pour le bien des lettres, et par intérêt pour le genre humain, un ouvrage auquel nos neveux auroient été forcés de se livrer, mais dans des circonstances beaucoup moins favorables, lorsque la surabondance des livres leur en auroit rendu l'exécution très-pénible.

Qu'il me soit permis, avant que d'entrer plus avant dans l'examen de la matière encyclopédique, de jeter un coup-d'œil sur ces auteurs qui occupent déjà tant de rayons dans nos bibliothèques, qui gagnent du terrain tous les jours, et qui, dans un siècle ou deux, rempliront seuls des édifices. C'est, ce me semble, une idée bien mortifiante pour ces volumineux écrivains, que de tant de papiers qu'ils ont couverts d'écriture, il n'y aura pas une ligne à extraire pour le Dictionnaire universel de la connoissance humaine. S'ils ne se soutiennent par l'excellence du coloris, qualité particulière aux hommes de génie, je demande ce qu'ils deviendront.

Mais il est naturel que ces réflexions, qui nous échappent sur le sort de tant d'autres, nous fassent rentrer en nous-mêmes, et considérer le sort qui nous attend. J'examine notre travail, sans partialité; je vois qu'il n'y a peut-être aucune sorte de faute que nous n'ayons commise ; et je suis forcé d'avouer que d'une *Encyclopédie* telle que la nôtre, il en entreroit à-peine les deux tiers dans une véritable *Encyclopédie*. C'est beaucoup, sur-tout si l'on convient qu'en jettant les premiers fondemens d'un pareil ouvrage, l'on a été forcé de prendre pour base, un mauvais auteur, quel qu'il fût, Chambers, Alstedius, ou un autre. Il n'y a presqu'aucun de nos collègues qu'on eût déterminé à travailler, si on lui eût proposé de composer à neuf toute sa partie; tous auroient été effrayés ; et l'*Encyclopédie* ne se seroit point faite. Mais en présentant à chacun un rouleau de papier, qu'il ne s'agissoit que de revoir, corriger, augmenter; le travail de création, qui est toujours celui qu'on redoute, disparoissoit ; et l'on se laissoit engager par la considération la plus chimérique. Car ces lambeaux décousus se sont trouvés si incomplets, si mal composés, si mal traduits, si pleins d'omissions, d'erreurs, et d'inexactitudes, si contraires aux idées de nos collègues, que la plupart les ont rejetés. Que n'ont-ils eu tous le même courage ? Le seul avantage qu'en aient retiré les premiers, c'est de connoître, d'un coup-d'œil, la nomenclature de leur partie, qu'ils auroient pu trouver du-moins aussi complète dans des tables de différens ouvrages, ou dans quelque Dictionnaire de langue.

Ce frivole avantage a coûté bien cher. Que de

temps perdu à traduire de mauvaises choses ! que de dépenses, pour se procurer un plagiat continuel ! combien de fautes et de reproches, qu'on se seroit épargnés avec une simple nomenclature ! Mais eût-elle suffi, pour déterminer nos collègues ? D'ailleurs, cette partie même ne pouvoit guère se perfectionner que par l'exécution. A-mesure qu'on exécute un morceau, la nomenclature se développe ; les termes à définir se présentent en foule ; il vient une infinité d'idées à renvoyer sous différens chefs ; ce qu'on ne sait pas est du-moins indiqué par un renvoi, comme étant du partage d'un autre : en un mot, ce que chacun fournit et se demande réciproquement, voilà la source d'où découlent les mots.

D'où l'on voit, 1.° qu'on ne pouvoit, à une première édition, employer un trop grand nombre de collègues ; mais que, si notre travail n'est pas tout-à-fait inutile, un petit nombre d'hommes bien choisis suffiroit à l'exécution d'une seconde. Il faudroit les préposer à différens travailleurs subalternes, auxquels ils feroient honneur des secours qu'ils en auroient reçus, mais dont ils seroient obligés d'adopter l'ouvrage, afin qu'ils ne pussent se dispenser d'y mettre la dernière main ; que leur propre réputation se trouvât engagée, et qu'on pût les accuser directement ou de négligence ou d'incapacité. Un travailleur, qui ose demander que son nom ne soit point mis à la fin d'un de ses articles, avoue qu'il le trouve mal fait, ou du-moins indigne de lui. Je crois que, selon ce nouvel arrangement, il ne seroit pas impossible qu'un seul homme se chargeât de l'anatomie, de la médecine, de la chirurgie, de la matière médicale, et d'une portion de la pharmacie ; un autre, de la chimie, de la partie restante de la pharmacie, et de ce qu'il y a de chimique dans des arts, tels que la métallurgie, la teinture, une partie de l'orfévrerie, une partie de la chaudronnerie, de la plomberie, de la préparation des couleurs de toute espèce, métalliques ou autres, etc. Un seul homme, bien instruit de quelque art en fer, embrasseroit les métiers de cloutiers, de coutelier, de serrurier, de taillandier, etc. Un autre, versé dans la bijouterie, se chargeroit des arts du bijoutier, du diamantaire, du lapidaire, du metteur en œuvre. Je donnerois toujours la préférence à un homme, qui auroit écrit avec succès sur la matière dont il se chargeroit. Quant à celui qui prépareroit actuellement un ouvrage sur cette matière, je ne l'accepterois pour collègue, que s'il étoit déjà mon ami ; que l'honnêteté de son caractère me fût bien connue ; et que je ne pusse, sans lui faire l'injure la plus grande, le soupçonner d'un dessein secret de sacrifier notre ouvrage au sien.

2.º Que la première édition d'une *Encyclopédie* ne peut être qu'une compilation très-informe et très-incomplète.

Mais, dira-t-on, comment, avec tous ces défauts, vous est-il arrivé d'obtenir un succès qu'aucune production aussi considérable n'a jamais eu ? A cela je réponds, que notre *Encyclopédie* a presque sur tout autre ouvrage, je ne dis pas de la même étendue, mais quel qu'il soit, composé par une société ou par un seul homme, l'avantage de contenir une infinité de choses nouvelles, et qu'on chercheroit inutilement ailleurs. C'est la suite naturelle de l'heureux choix de ceux qui s'y sont consacrés.

Il ne s'est point encore fait, et il ne se fera de long-temps une collection aussi considérable et aussi belle de machines. Nous avons environ mille planches. On est bien déterminé à ne rien épargner sur la gravure. Malgré le nombre prodigieux de figures qui les remplissent, nous avons eu l'attention de n'en admettre presqu'aucune qui ne représentât une machine subsistante et travaillant dans la société. Qu'on compare nos volumes avec le recueil si vanté de Ramelli, le théâtre des machines de Lupold, ou même les volumes des machines, approuvées par l'académie des sciences ; et l'on jugera si, de tous ces volumes fondus ensemble, il étoit impossible d'en tirer vingt planches dignes d'entrer dans une collection, telle que nous avons eu le courage de la concevoir et le bonheur de l'exécuter. Il n'y a rien ici ni de superflu, ni de suranné, ni d'idéal : tout y est en action, et vivant. Mais, indépendamment de ce mérite, et quelque différence qu'il puisse et qu'il doive nécessairement y avoir entre cette première édition et les suivantes, n'est-ce rien, que d'avoir débuté ? Entre une infinité de difficultés qui se présenteront d'elles-mêmes à l'esprit, qu'on pèse seulement celle d'avoir rassemblé un assez grand nombre de collègues, qui, sans se connoître, semblent tous concourir d'amitié à la production d'un ouvrage commun. Des gens de lettres ont fait, pour leurs semblables et leurs égaux, ce qu'on n'eût point obtenu d'eux par aucune autre considération. C'est là le motif auquel nous devons nos premiers collègues; et c'est à la même cause, que nous devons ceux que nous nous associons tous les jours. Il règne entre eux tous une émulation, des égards, une concorde qu'on auroit peine à imaginer. On ne s'en tient pas à fournir les secours qu'on a promis, on se fait encore des sacrifices mutuels, chose bien plus difficile ! De-là tant d'articles qui partent de mains étrangères, sans qu'aucun de ceux qui s'étoient chargés des sciences auxquelles ils appartenoient en aient jamais été offensés. C'est qu'il ne s'agit point ici d'un intérêt particulier ; c'est qu'il ne règne entre nous aucune petite jalousie personnelle ; et que la perfection de l'ouvrage, et l'utilité du genre humain, ont fait naître le sentiment général dont on est animé.

Nous avons joui d'un avantage rare et précieux, qu'il ne faudroit pas négliger dans le projet d'une seconde édition. Les hommes de lettres de la plus grande réputation, les artistes de la première force, n'ont pas dédaigné de nous envoyer quelques morceaux dans leur genre. Nous devons *éloquence, élégance, esprit, etc.*, à M. de Voltaire. M. de Montesquieu nous a laissé en mourant des fragmens sur l'article *goût*; M. de la Tour nous a promis ses idées sur *la peinture*; M. Cochin fils ne nous refuseroit pas l'article *gravure*, si ses occupations lui laissoient le temps d'écrire.

Il ne seroit pas inutile d'établir des correspondances dans les lieux principaux du monde lettré; et je ne doute point qu'on n'y réussît. On s'instruira des usages, des coutumes, des productions, des travaux, des machines, etc.; si on ne néglige personne, et si l'on a pour tous, ce degré de considération que l'on doit à l'homme désintéressé qui veut se rendre utile.

Ce seroit un oubli inexcusable, que de ne se pas procurer la grande *Encyclopédie allemande*; le recueil des réglemens sur les arts et métiers de Londres et des autres pays; les ouvrages appelés en anglais *the mysteries*; le fameux réglement des Piémontais sur leurs manufactures; des registres des douanes; plusieurs inventaires de maisons de grands seigneurs et de bourgeois; tous les traités sur les arts en général et en particulier ; les réglemens du commerce ; les statuts des communautés ; tous les recueils des académies, sur-tout la collection académique, dont le discours préliminaire et les premiers volumes viennent de paroître. Cet ouvrage ne peut manquer d'être excellent, à en juger par les sources où l'on se propose de puiser, et par l'étendue des connoissances, la fécondité des idées, et la fermeté de jugement et du goût de l'homme qui dirige cette grande entreprise. Le plus grand bonheur qui pût arriver à ceux qui nous succéderont un jour dans l'*Encyclopédie*, et qui se chargeront des éditions suivantes, c'est que le Dictionnaire de l'Académie Française, tel que je le conçois, et qu'il est conçu par les meilleurs esprits de cette illustre compagnie, ait été publié ; que l'histoire naturelle ait paru toute entière ; et que la collection académique soit achevée. Combien de travaux épargnés !

Entre les livres, dont il est encore essentiel de se pourvoir, il faut compter les catalogues des grandes bibliothèques ; c'est là qu'on apprend à connoître les sources où l'on doit puiser : il seroit même à souhaiter que l'éditeur fût en correspondance avec les bibliothécaires. S'il est nécessaire de consulter les bons ouvrages, il n'est pas inutile de parcourir les mauvais. Un bon livre fournit un ou plusieurs articles excellens ; un mauvais livre aide à faire mieux. Votre tâche est remplie dans celui-ci ;

l'autre l'abrège. D'ailleurs, faute d'une grande connoissance de la bibliographie, on est exposé sans cesse à composer médiocrement, avec beaucoup de peine, de temps, et de dépense, ce que d'autres ont supérieurement exécuté. On se tourmente pour découvrir des choses connues. Observons, qu'excepté la matière des arts, il n'y a proprement du ressort d'un Dictionnaire, que ce qui est déjà publié ; et que par conséquent il est d'autant plus à souhaiter que chacun connoisse les grand livres composés dans sa partie, et que l'éditeur soit muni des catalogues les plus complets et les plus étendus.

La citation exacte des sources seroit d'une grande utilité : il faudroit s'en imposer la loi. Ce seroit rendre un service important à ceux qui se destinent à l'étude particulière d'une science ou d'un art, que de leur donner la connoissance des bons auteurs, des meilleures éditions, et de l'ordre qu'ils doivent suivre dans leurs lectures. L'*Encyclopédie* s'en est quelquefois acquitté ; elle auroit dû n'y manquer jamais.

Il faut analyser scrupuleusement et fidèlement tout ouvrage auquel le temps a assuré une réputation constante. Je dis le *temps*, parce qu'il y a bien de la différence entre une *Encyclopédie*, et une collection de journaux. Une *Encyclopédie* est une exposition rapide et désintéressée des découvertes des hommes dans tous les lieux, dans tous les genres, et dans tous les siècles, sans aucun jugement des personnes ; au-lieu que les journaux ne sont qu'une histoire momentanée des ouvrages et des auteurs. On y rend compte indistinctement des efforts heureux et malheureux, c'est-à-dire que pour un feuillet qui mérite de l'attention, on traite au long d'une infinité de volumes qui tombent dans l'oubli avant que le dernier journal de l'année ait paru. Combien ces ouvrages périodiques seroient abrégés, si on laissoit seulement un an d'intervalle entre la publication d'un livre, et le compte qu'on en rendroit ou qu'on n'en rendroit pas ! tel ouvrage dont on a parlé fort au long dans le journal, n'y seroit pas même nommé. Mais que devient l'extrait, quand le livre est oublié ? Un Dictionnaire universel et raisonné est destiné à l'instruction générale et permanente de l'espèce humaine ; les écrits périodiques, à la satisfaction momentanée de la curiosité de quelques oisifs. Ils sont peu lus des gens de lettres.

Il faut particulièrement extraire des auteurs, les systêmes, les idées singulières, les observations, les expériences, les vues, les maximes et les faits.

Mais il y a des ouvrages si importans, si bien médités, si précis, en petit nombre, à-la-vérité, qu'une *Encyclopédie* doit les engloutir en entier. Ce sont ceux où l'objet général est traité d'une manière méthodique et profonde, tels que l'*Essai sur l'entendement humain*, quoique trop diffus ; les

Considérations sur les mœurs, quoique trop serrées ; *les Institutions astronomiques*, bien qu'elles ne soient pas assez élémentaires, etc.

Il faut distribuer les observations, les faits, les expériences, etc., aux endroits qui leur sont propres.

Il faut savoir dépecer artistement un ouvrage, en ménager les distributions, en présenter le plan, en faire une analyse qui forme le corps d'un article dont les renvois indiqueront le reste de l'objet. Il ne s'agit pas de briser les jointures, mais de les relâcher ; de rompre les parties, mais de les désassembler, et d'en conserver scrupuleusement ce que les artistes appellent les *repères*.

Il importe quelquefois de faire mention des choses absurdes ; mais il faut que ce soit légèrement et en passant, seulement pour l'histoire de l'esprit humain, qui se dévoile mieux dans certains travers singuliers, que dans l'action la plus raisonnable. Ces travers sont pour le moraliste, ce qu'est la dissection d'un monstre pour l'historien de la nature : elle lui sert plus que l'étude de cent individus qui se ressemblent. Il y a des mots qui peignent plus fortement et plus complètement que tout un discours. Un homme à qui on ne pouvoit reprocher aucune mauvaise action, disoit un mal infini de la nature humaine. Quelqu'un lui demanda : Mais où avez-vous vu l'homme si hideux ? *en moi*, répondit-il. Voilà un méchant qui n'avoit jamais fait de mal ; puisse-t-il mourir bientôt ! Un autre disoit d'un ancien ami : Un tel est un très-honnête homme ; il est pauvre, mais cela ne m'empêche pas d'en faire un cas singulier ; il y a quarante ans que je suis son ami, et il ne m'a jamais demandé un sou. Ah ! Molière, où étiez-vous ? ce trait ne vous eût pas échappé ; et votre Avare n'en offriroit aucun ni plus vrai, ni plus énergique.

Comme il est au-moins aussi important de rendre les hommes meilleurs que de les rendre moins ignorans, je ne serois pas fâché qu'on recueillît tous les traits frappans des vertus morales. Il faudroit qu'ils fussent bien constatés : on les distribueroit chacun à leurs articles, qu'ils vivifieroient. Pourquoi seroit-on si attentif à conserver l'histoire des pensées des hommes, et négligeroit-on l'histoire de leurs actions ? celle-ci n'est-elle pas utile ? n'est-ce pas celle qui fait le plus d'honneur au genre humain ? Je ne veux pas qu'on rappelle les mauvaises actions ; il seroit à souhaiter qu'elles n'eussent jamais été. L'homme n'a pas besoin de mauvais exemples ; ni la nature humaine, d'être plus décriée. Il ne faudroit faire mention des actions déshonnêtes, que quand elles auroient été suivies, non de la perte de la vie et des biens, qui ne sont que trop souvent les suites funestes de la pratique de la vertu, mais que quand elles auroient rendu le méchant malheureux, et méprisé au milieu des récompenses les plus éclatantes de ses forfaits. Les traits qu'il faudroit surtout recueillir, ce seroit ceux où le caractère de l'honnêteté est joint à celui d'une grande pénétration, ou d'une fermeté héroïque. Le trait de M. Pelisson ne seroit sûrement pas oublié. Il se porte accusateur de son maître et de son bienfaiteur : on le conduit à la bastille : on le confronte avec son accusé, qu'il charge de quelque malversation chimérique. L'accusé lui en demande la preuve. La preuve, lui répond Pelisson ? eh ! monsieur, elle ne se peut tirer que de vos papiers ; et vous savez bien qu'ils sont tous brûlés : en effet, ils l'étoient. Pelisson les avoit brûlés lui-même ; mais il falloit en instruire le prisonnier ; et il ne balança pas de recourir à un expédient, sûr à-la-vérité, puisque tout le monde y fut trompé ; mais qui exposoit sa liberté, peut-être sa vie, et qui, s'il eût été ignoré, comme il pouvoit l'être, attachoit à son nom une infamie éternelle, dont la honte pouvoit rejaillir sur la république des lettres, où Pelisson occupoit un rang distingué. M. Gobinot de Reims, supporte pendant quarante ans l'indignation publique, qu'il encouroit par une excessive parcimonie, dont il tiroit les sommes immenses qu'il destinoit à des monumens de la plus grande utilité. Associons-lui un prélat respectable par ses qualités apostoliques, ses dignités, sa naissance, la noble simplicité de ses mœurs, et la solidité de ses vertus. Dans une grande calamité, ce prélat, après avoir soulagé par d'abondantes distributions gratuites en argent et en grains, la partie de son troupeau qui laissoit voir toute son indigence, songe à secourir celle qui cachoit sa misère, en qui la honte étouffoit la plainte, et qui n'en n'étoit que plus malheureuse, contre l'oppression de ces hommes de sang, dont l'ame nage dans la joie au milieu du gémissement général; et il fait porter sur la place, des grains qu'on y distribua à un prix fort au-dessous de celui qu'ils avoient coûté. L'esprit de parti, qui abhorre tout acte vertueux qui n'est pas de quelqu'un des siens, traite sa charité de monopole; et un scélérat obscur, inscrit cette atroce calomnie parmi celles dont il remplit depuis si long-temps ses feuilles hebdomadaires. Cependant il survient de nouvelles calamités; le zèle inaltérable de ce rare pasteur continue de s'exercer, et il se trouve enfin un honnête-homme qui élève la voix, qui dit la vérité, qui rend hommage à la vertu, et qui s'écrie, transporté d'admiration, Quel courage! quelle patience héroïque! qu'il est consolant, pour le genre humain, que la méchanceté ne soit pas capable de ces efforts! Voilà les traits qu'il faut recueillir; et qui est-ce qui les liroit sans sentir son cœur s'échauffer? Si l'on publioit un recueil qui contînt beaucoup de ces grandes et belles actions, qui est-ce qui se résoudroit à mourir sans y avoir fourni la matière d'une ligne? Croit-on qu'il y eût quelque ouvrage d'un plus grand pathétique? Il me semble, quant à moi, qu'il y auroit peu de pages dans celui-ci, qu'un homme né avec une ame honnête et sensible n'arrosât de ses larmes.

Il faudroit singulièrement se garantir de l'adulation. Quant aux éloges mérités, il y auroit bien de l'injustice à ne les accorder qu'à la cendre insensible et froide de ceux qui ne peuvent plus les entendre : l'équité qui doit les dispenser, le cédera-t-elle à la modestie qui les refuse? L'éloge est un encouragement à la vertu; c'est un pacte public que vous faites contracter à l'homme vertueux. Si ses belles actions étoient gravées sur une colonne, perdroit-il un moment de vue ce monument imposant? ne seroit-il pas un des appuis les plus forts qu'on pût prêter à la foiblesse humaine? il faudroit que l'homme se déterminât à briser lui-même sa statue. L'éloge d'un honnête homme est la plus digne et la plus douce récompense d'un autre honnête homme : après l'éloge de sa conscience, le plus flatteur est celui d'un homme de bien. O Rousseau! mon cher et digne ami, je n'ai jamais eu la force de me refuser à ta louange : j'en ai senti croître mon goût pour la vérité, et mon amour pour la vertu. Pourquoi tant d'oraisons funèbres, et si peu de panégyriques des vivans? Croit-on que Trajan n'eût pas craint de démentir son panégyriste? Si on le croit, on ne connoît pas toute l'autorité de la considération générale. Après les bonnes actions qu'on a faites, l'aiguillon le plus

Philosophie. H

vif, pour en multiplier le nombre, c'est la notoriété des premières ; c'est cette notoriété qui donne à l'homme un caractère public, auquel il lui est difficile de renoncer. Ce secret innocent n'est-il pas même un des plus importans de l'éducation vertueuse ? Mettez votre fils dans l'occasion de pratiquer la vertu ; faites-lui de ses bonnes actions un caractère domestique ; attachez à son nom quelque épithète qui les lui rappelle ; accordez-lui de la considération : s'il franchit jamais cette barrière, j'ose assurer que le fond de son ame est mauvais, que votre enfant est mal né, et que vous n'en ferez jamais qu'un méchant ; avec cette différence qu'il se fût précipité dans le vice tête baissée, et qu'arrêté par le contraste qu'il remarquera entre les dénominations honorables qu'on lui a accordées et celles qu'il va encourir, il se laissera glisser vers le mal, mais par une pente qui ne sera pas assez insensible, pour que des parens attentifs ne s'apperçoivent point de la dégradation successive de son caractère.

Je hais cent fois plus les satyres dans un ouvrage, que les éloges ne m'y plaisent : les personnalités sont odieuses en tout genre d'écrire ; on est sûr d'amuser le commun des hommes, quand on s'étudie à repaître sa méchanceté. Le ton de la satyre est le plus mauvais de tous pour un Dictionnaire ; et l'ouvrage le plus impertinent et le plus ennuyeux qu'on pût concevoir, ce seroit un Dictionnaire satyrique : c'est le seul qui nous manque. Il faut absolument bannir, d'un grand livre, ces à-propos légers, ces allusions fines, ces embellissemens délicats qui feroient la fortune d'une historiette : les traits qu'il faut expliquer deviennent fades, ou ne tardent pas à devenir inintelligibles. Ce seroit une chose bien ridicule, que le besoin d'un commentaire dans un ouvrage, dont les différentes parties seroient destinées à s'interpréter réciproquement. Toute cette légèreté n'est qu'une mousse, qui tombe peu-à-peu ; bientôt la partie volatile s'en est évaporée, et il ne reste plus qu'une vase insipide. Tel est aussi le sort de la plupart de ces étincelles qui partent du choc de la conversation : la sensation agréable, mais passagère, qu'elles excitent, naît des rapports qu'elles ont au moment, aux circonstances, aux lieux, aux personnes, à l'événement du jour ; rapports qui passent promptement. Les traits qui ne se remarquent point, parce que l'éclat n'en est pas le mérite principal, pleins de substance, et portant en eux le caractère de la simplicité jointe à un grand sens, sont les seuls qui se soutiendroient au grand jour : pour sentir la frivolité des autres, il n'y a qu'à les écrire. Si l'on me montroit un auteur qui eût composé ses mélanges, d'après des conversations ; je serois presque sûr qu'il auroit recueilli tout ce qu'il falloit négliger, et négligé tout ce qu'il importoit de recueillir. Gardons-nous bien de commettre avec ceux que nous consulterons, la même faute que cet écrivain commettroit avec les personnes qu'il fréquenteroit. Il en est des grands ouvrages, ainsi que des grands édifices ; ils ne comportent que des ornemens rares et grands. Ces ornemens doivent être répandus avec économie et discernement ; ou ils nuiront à la simplicité, en multipliant les rapports ; à la grandeur, en divisant les parties, et en obscurcissant l'ensemble ; et à l'intérêt, en partageant l'attention, qui, sans ce défaut qui la distrait et la disperse, se rassembleroit toute entière sur les masses principales.

Si je proscris les satyres, il n'en est pas ainsi ni des portraits, ni des réflexions. Les vertus s'enchaînent les unes aux autres ; et les vices se tiennent, pour ainsi dire, par la main. Il n'y a pas une vertu, pas un vice, qui n'ait son cortège : c'est une sorte d'association nécessaire. Imaginer un caractère, c'est trouver, d'après une passion dominante donnée, bonne ou mauvaise, les passions subordonnées qui l'accompagnent, les sentimens, les discours et les actions qu'elle suggère, et la sorte de teinte ou d'énergie, que tout le système intellectuel et moral en reçoit : d'où l'on voit que les peintures idéales, conçues d'après les relations et l'influence réciproque des vertus et des vices, ne peuvent jamais devenir chimériques ; que ce sont elles qui donnent la vraisemblance aux représentations dramatiques, et à tous les ouvrages de mœurs ; et qu'il se rencontrera éternellement, dans la société, des individus qui auront le bonheur et le malheur de leur ressembler. C'est ainsi qu'il arrive à un siècle très-éloigné d'élever des statues hideuses ou respectables, au bas desquelles la postérité écrit successivement différens noms : elle écrit Montesquieu, où l'on avoit gravé Platon ; Desfontaines, où on lisoit auparavant Érostrate ou Zoïle : avec cette différence affligeante, qu'on ne manquera jamais de noms de plus en plus déshonorés pour remplacer celui d'Érostrate ou de Zoïle ; au-lieu qu'on n'ose espérer de la succession des siècles, qu'elle nous en offre quelques-uns de plus en plus illustres pour succéder à Montesquieu, et pour être le troisième ou le quatrième depuis Platon. Nous ne pouvons élever un trop grand nombre de ces statues dans notre ouvrage : elles devroient être en bronze dans nos places publiques et dans nos jardins, et nous inviter à la vertu sur ces piédestaux, où l'on a exposé à nos yeux, et aux regards de nos enfans, les débauches des dieux du paganisme.

Après avoir traité de la matière *Encyclopédique*, en général, on désireroit, sans doute, que nous entrassions dans l'examen de chacune de ses parties en particulier : mais c'est au public, et non pas à nous, qu'il appartient de juger du travail de nos collègues, et du nôtre.

Nous répondrons seulement à ceux qui auroient voulu qu'on supprimât la théologie : que c'est une science ; que cette science est très-étendue et très-curieuse ; et qu'on auroit pu la rendre plus intéressante que la mythologie, qu'ils auroient regrettée, si nous l'eussions omise.

A ceux qui excluent de notre Dictionnaire la géographie : que les noms, la longitude et la latitude des étoiles qu'ils y admettent, n'ont pas plus de droit d'y rester que les noms, la longitude, et la latitude des villes qu'ils en rejettent.

A ceux qui l'auroient désirée moins sèche : qu'il étoit nécessaire de s'en tenir à la seule connoissance géographique des villes, qui fût scientifique ; à la seule qui nous suffiroit pour construire de bonnes cartes des temps anciens, si nous l'avions, et qui suffira à la postérité pour construire de bonnes cartes de nos temps, si nous la lui transmettons ; et que le reste étant entièrement historique, est hors de notre objet.

A ceux qui y ont regardé avec dégoût certains traits historiques, la cuisine, les modes, etc. : qu'ils ont oublié combien ces matières ont engendré d'ouvrages d'érudition ; que le plus succinct de nos articles en ce genre épargnera peut-être à nos descendans des années de recherches et des volumes de dissertations ; qu'en supposant les savans à venir infiniment plus réservés que ceux du siècle passé, il est encore à présumer qu'ils ne dédaigneront pas d'écrire quelques pages pour expliquer ce que c'est qu'un *falbala ou qu'un pompon* ; qu'un écrit sur nos modes, qu'on traiteroit aujourd'hui d'ouvrage frivole, seroit regardé dans deux mille ans, comme un ouvrage savant et profond, sur les habits français ; ouvrage très-instructif pour les littérateurs, les peintres et les sculpteurs ; quant à notre cuisine, qu'on ne peut lui disputer d'être une branche importante de la chimie.

A ceux qui se sont plaints que notre botanique n'étoit ni assez complète, ni assez intéressante : que ces reproches sont sans aucun fondement ; qu'il étoit impossible de s'étendre au-delà des genres, sans compiler des *in-folio* ; qu'on n'a omis aucune des plantes usuelles ; qu'on les a décrites ; qu'on en a donné l'analyse chimique, les propriétés, soit comme remèdes, soit comme alimens ; que la seule chose qu'on auroit pu ajouter, qui fût scientifique et qui n'auroit pas occupé un espace bien considérable, c'eût été d'indiquer à l'article du genre, combien on comptoit d'espèces, et combien de variétés ; et quant à la partie des arbres, qui est si importante, qu'elle a dans l'*Encyclopédie*, à commencer au troisième volume, toute l'étendue qu'on lui peut désirer.

A ceux qui sont mécontens de la partie des arts, et à ceux qui en sont satisfaits : qu'ils ont raison les uns et les autres, parce qu'il y a des choses dans cette matière immense qui sont, on ne peut pas plus mal faites, et d'autres qu'il seroit peut-être difficile de mieux faire.

Mais comme les arts ont été l'objet principal de mon travail, je vais m'expliquer librement, et sur les défauts dans lesquels je suis tombé, et sur les précautions qu'il y auroit à prendre pour les corriger.

Celui qui se chargera de la matière des arts, ne s'acquittera point de son travail d'une manière satisfaisante pour les autres et pour lui-même, s'il n'a profondément étudié l'histoire naturelle, et sur-tout la minéralogie; s'il n'est excellent mécanicien; s'il n'est très-versé dans la physique rationelle et expérimentale; et s'il n'a fait plusieurs cours de chimie.

Naturaliste, il connoîtra, d'un coup-d'œil, les substances que les artistes emploient, et dont ils font communément tant de mystère.

Chimiste, il possédera les propriétés de ces substances; les raisons d'une infinité d'opérations lui seront connues; il éventera les secrets; les artistes ne lui en imposeront point; il discernera sur-le-champ l'absurdité de leurs mensonges; il saisira l'esprit d'une manœuvre: les tours de mains ne lui échapperont point; il distinguera sans peine un mouvement indifférent, d'une précaution essentielle; tout ce qu'il écrira de la matière des arts sera clair, certain, lumineux, et les conjectures, sur les moyens de perfectionner ceux qu'on a, de retrouver des arts perdus, et d'en inventer de nouveaux, se présenteront en foule à son esprit.

La physique lui rendra raison d'une infinité de phénomènes, dont les ouvriers demeurent étonnés toute leur vie.

Avec de la mécanique et de la géométrie, il parviendra sans peine au calcul vrai et réel des forces : il ne lui restera que l'expérience à acquérir, pour tempérer la rigueur des suppositions mathématiques ; qualité qui distingue, sur-tout dans la construction des machines délicates, le grand artiste de l'ouvrier commun, à qui on ne donnera jamais une juste idée de ce tempérament, s'il ne l'a point acquise ; et en qui on ne la rectifiera jamais, s'il s'en est fait de fausses notions.

Muni de ces connoissances, il commencera par introduire quelque ordre dans son travail, en rapportant les arts aux substances naturelles : ce qui est toujours possible ; car l'histoire des arts n'est que l'*histoire de la nature employée*. Voyez *l'arbre Encyclopédique*.

Il tracera ensuite, pour chaque artiste, un canevas à remplir ; il leur imposera de traiter de la matière dont ils se servent, des lieux d'où ils la tirent, du prix qu'elle leur coûte, etc. ; des instrumens, des différens ouvrages, et de toutes les manœuvres.

Il comparera les mémoires des artistes avec son canevas ; il conférera avec eux ; il leur fera suppléer de vive voix, ce qu'ils auront omis ; et éclaircir, ce qu'ils auront mal expliqué.

Quelque mauvais que ces mémoires puissent être, quand ils auront été faits de bonne-foi, ils contiendront toujours une infinité de choses que l'homme le plus intelligent n'appercevra pas, ne soupçonnera point, et ne pourra demander. Il y en désirera d'autres, à-la-verité ; mais ce seront celles que les artistes ne cèlent à personne : car j'ai éprouvé que ceux qui s'occupent sans cesse d'un objet, avoient un penchant égal à croire que tout le monde savoit ce dont ils ne faisoient point un secret, et que ce dont ils faisoient un secret n'étoit connu de personne : en sorte qu'ils étoient toujours tentés de prendre celui qui les questionnoit, ou pour un génie transcendant, ou pour un imbécille.

Tandis que les artistes seront à l'ouvrage, il s'occupera à rectifier les articles que nous lui aurons transmis, et qu'il trouvera dans notre Dictionnaire. Il ne tardera pas à s'appercevoir que, malgré tous les soins que nous nous sommes donnés, il s'y est glissé des bévues grossières (*voyez l'article* Brique), et qu'il y a des articles entiers qui n'ont pas l'ombre du sens commun (*voyez l'article* Blanchisserie de toiles) ; mais il apprendra, par son expérience, à nous savoir gré des choses qui seront bien, et à nous pardonner celles qui seront mal. C'est sur-tout quand il aura parcouru pendant quelque temps les ateliers, l'argent à la main ; et qu'on lui aura fait payer bien chèrement les faussetés les plus ridicules, qu'il connoîtra quelle espèce de gens ce sont que les artistes ; sur-tout à Paris, où la crainte des impôts les tient perpétuellement en méfiance, et où ils regardent tout homme qui les interroge avec quelque curiosité, comme un émissaire des fermiers-généraux, ou comme un ouvrier qui veut ouvrir boutique. Il m'a semblé qu'on éviteroit ces inconvéniens, en cherchant dans la province, toutes les connoissances sur les arts qu'on y pourroit recueillir : on y est connu ; on s'adresse à des gens qui n'ont point de soupçon ; l'argent y est plus rare, et le temps moins cher. D'où il me paroît évident qu'on s'instruiroit plus facilement et à moins de frais, et qu'on auroit des instructions plus sûres.

Il faudroit indiquer l'origine d'un art, et en suivre pied à pied les progrès, quand ils ne seroient pas ignorés ; ou substituer la conjecture et l'histoire hypothétique à l'histoire réelle. On peut assurer qu'ici le roman seroit souvent plus instructif que la vérité.

Mais il n'en est pas de l'origine et des progrès d'un art, ainsi que de l'origine et des progrès d'une science. Les savans s'entretiennent ; ils écrivent ; ils font valoir leurs découvertes ; ils contredisent ; ils sont contredits. Ces contestations manifestent les faits et constatent les dates. Les artistes, au contraire, vivent ignorés, obscurs, isolés ; ils font tout pour leur intérêt ; ils ne font presque rien pour leur gloire. Il y a des inventions qui restent, des siècles entiers, renfermées dans une famille ; elles passent des pères aux enfans ; se perfectionnent ou dégénèrent, sans qu'on sache précisément ni à qui, ni à quel temps il faut en rapporter la découverte. Les pas insensibles, par lesquels un art s'avance à la perfection, confondent aussi les dates. L'un recueille le chanvre ; un autre le fait baigner ; un troisième le tille : c'est d'abord une corde grossière ; puis un fil ; ensuite une toile : mais il s'écoule un siècle entre chacun de ces progrès. Celui qui porteroit une production depuis son état naturel jusqu'à son emploi le plus parfait, seroit difficilement ignoré. Comment seroit-il possible qu'un peuple se trouvât tout-à-coup vêtu d'une étoffe nouvelle, et ne demandât pas à qui il en est redevable ? Mais ces cas n'arrivent point, ou n'arrivent que rarement.

Communément, le hasard suggère les premières tentatives ; elles sont infructueuses et restent ignorées : un autre les reprend ; il a un commencement de succès, mais dont on ne parle point : un troisième marche sur les pas du second ; un quatrième, sur les pas du troisième ; et ainsi de suite, jusqu'à ce que le dernier produit des expériences soit excellent ; et ce produit est le seul qui fasse sensation. Il arrive encore, qu'à-peine une idée est-elle éclose dans un atelier, qu'elle en sort et se répand. On travaille en plusieurs endroits à-la-fois : chacun manœuvre de son côté ; et la même invention, revendiquée en-même-temps par plusieurs, n'appartient proprement à personne, ou n'est attribuée qu'à celui qu'elle enrichit. Si l'on tient l'invention de l'étranger, la jalousie nationale taît le nom de l'inventeur ; et ce nom reste inconnu.

Il seroit à souhaiter que le gouvernement autorisât à entrer dans les manufactures ; à voir travailler ; à interroger les ouvriers ; et à dessiner les instrumens, les machines, et même le local.

Il y a des circonstances où les artistes sont tellement impénétrables, que le moyen le plus court, ce seroit d'entrer soi-même en apprentissage, ou d'y mettre quelqu'un de confiance.

Il y a peu de secrets qu'on ne parvînt à connoître par cette voie : il faudroit divulguer tous ces secrets, sans aucune exception.

Je sais que ce sentiment n'est pas celui de tout le monde : il y a des têtes étroites, des ames mal nées, indifférentes sur le sort du genre humain, et tellement concentrées dans leur petite société, qu'elles ne voient rien au-delà de son intérêt. Ces hommes veulent qu'on les appelle bons citoyens ; et j'y consens, pourvu qu'ils me permettent de les appeler *méchans hommes*. On diroit, à les entendre, qu'une *Encyclopédie* bien faite, qu'une histoire générale des arts, ne devroit être qu'un grand manuscrit soigneusement renfermé dans la bibliothèque du monarque, et inaccessible à d'autres yeux que les siens; un livre de l'état, et non du peuple. A quoi bon divulguer les connoissances de la nation, ses transactions secrètes, ses inventions, son industrie, ses ressources, ses mystères, sa lumière, ses arts et toute sa sagesse? ne sont-ce pas là les choses, auxquelles elle doit une partie de sa supériorité sur les nations rivales et circonvoisines? Voilà ce qu'ils disent; et voici ce qu'ils pourroient encore ajouter. Ne seroit-il pas à souhaiter qu'au lieu d'éclairer l'étranger, nous pussions répandre sur lui des ténèbres, et plonger dans la barbarie le reste de la terre, afin de dominer plus sûrement? Ils ne font pas attention qu'ils n'occupent qu'un point sur ce globe, et qu'ils n'y dureront qu'un moment; que c'est à ce point et à cet instant qu'ils sacrifient le bonheur des siècles à venir et de l'espèce entière. Ils savent mieux que personne que la durée moyenne d'un empire n'est pas de deux mille ans; et que dans moins de temps peut-être, le nom *Français*, ce nom qui durera éternellement dans l'histoire, seroit inutilement cherché sur la surface de la terre. Ces considérations n'étendent point leurs vues; il semble que le mot *humanité* soit pour eux un mot vide de sens. Encore s'ils étoient conséquens! mais dans un autre moment ils se déchaîneront contre l'impénétrabilité des sanctuaires de l'Egypte; ils déploreront la perte des connoissances anciennes ; ils accuseront la négligence ou le silence des auteurs qui se sont tus, ou qui ont parlé si mal d'une infinité d'objets importans ; et ils ne s'appercevront pas qu'ils exigent des hommes d'autrefois, ce dont ils font un crime à ceux d'aujourd'hui ; et qu'ils blâment les autres d'avoir été ce qu'ils se font honneur d'être.

Ces *bons citoyens* sont les plus dangereux ennemis que nous ayons eus. En général, il faut profiter des critiques, sans y répondre, quand elles sont bonnes ; les négliger, quand elles sont mauvaises. N'est-ce pas une perspective bien agréable pour ceux qui s'opiniâtrent à noircir du papier contre nous, que, si l'*Encyclopédie* conserve dans dix ans la réputation dont elle jouit, il ne sera plus question de leurs écrits ; et qu'il en sera bien moins question encore, si elle est ignorée.

J'ai entendu dire à M. de Fontenelle, que son appartement ne contiendroit pas tous les ouvrages qu'on avoit publiés contre lui. Qui est-ce qui en connoît un seul ? L'*Esprit des loix et l'histoire naturelle* ne font que de paroître ; et les critiques qu'on en a faites sont entièrement ignorées. Nous avons déjà remarqué que, parmi ceux qui se sont érigés en censeurs de l'*Encyclopédie*, il n'y en a presque pas un qui eût les talens nécessaires pour l'enrichir d'un bon article. Je ne croirois pas exagérer, quand j'ajouterois que c'est un livre dont la très-grande partie seroit à étudier pour eux. L'esprit philosophique est celui dans lequel on l'a composé ; et il s'en faut beaucoup que la plupart de ceux qui nous jugent soient à cet égard seulement au niveau de leur siècle. J'en appelle à leurs ouvrages. C'est par cette raison qu'ils ne dureront pas ; et que nous osons présumer que notre Dictionnaire sera plus lu et plus estimé dans quelques années, qu'il ne l'est encore aujourd'hui. Il ne nous seroit pas difficile de citer d'autres auteurs qui ont eu, et qui auront le même sort. Les uns (comme nous l'avons déjà dit plus haut), élevés aux cieux, parce qu'ils avoient composé pour la multitude, qu'ils s'étoient assujettis aux idées courantes, et qu'ils s'étoient mis à la portée du commun des lecteurs, ont perdu de leur réputation, à-mesure que l'esprit humain a fait des progrès, et ont fini par être oubliés. D'autres, au contraire, trop forts pour le temps où ils ont paru, ont été peu lus, peu entendus, point goûtés, et sont demeurés obscurs, long-temps, jusqu'au moment où le siècle qu'ils avoient devancé fût écoulé ; et qu'un autre siècle dont ils étoient avant qu'il fût arrivé, les atteignît, et rendît enfin justice à leur mérite.

Je crois avoir appris à mes concitoyens à estimer et à lire le chancelier Bacon ; on a plus feuilleté ce profond auteur depuis cinq ou six ans, qu'il ne l'avoit jamais été. Nous sommes cependant encore bien loin de sentir l'importance de ses ouvrages ; les esprits ne sont pas assez avancés. Il y a trop peu de personnes en état de s'élever à la hauteur de ses méditations ; et peut-être le nombre n'en deviendra-t-il jamais guère plus grand. Qui sait si le *novum organum*, les *cogitata et visa*, le livre *de augmento scientiarum*, ne sont pas trop au-dessus de la portée moyenne de l'esprit humain, pour devenir, dans aucun siècle, une lecture facile et commune ? C'est au temps à éclaircir ce doute.

Mais ces considérations sur l'esprit et la matière d'un Dictionnaire encyclopédique, nous conduisent naturellement à parler du style qui est propre à ce genre d'ouvrage.

Le laconisme n'est pas le ton d'un Dictionnaire; il donne plus à deviner qu'il ne le faut pour le commun des lecteurs. Je voudrois qu'on ne laissât penser que ce qui pourroit être perdu, sans qu'on en fût moins instruit sur le fond. L'effet de la diversité, outre qu'il est inévitable, ne me paroît point ici déplaisant. Chaque travailleur, chaque science, chaque art, chaque article, chaque sujet a sa langue et son style. Quel inconvénient y a-t-il à le lui conserver ? S'il falloit que l'éditeur fît reconnoître sa main par-tout, l'ouvrage en seroit beaucoup retardé, et n'en seroit pas meilleur. Quelqu'instruit qu'un éditeur pût être, il s'exposeroit souvent à commettre une erreur de choses, dans l'intention de rectifier une faute de langue.

Je renfermerois le caractère général du style d'une *Encyclopédie*, en deux mots, *communia*, *proprié ; propria , communiter.* En se conformant à cette règle, les choses communes seroient toujours élégantes ; et les choses propres et particulières, toujours claires.

Il faut considérer un Dictionnaire universel des sciences et des arts, comme une campagne immense couverte de montagnes, de plaines, de rochers, d'eaux, de forêts, d'animaux, et de tous les objets qui font la variété d'un grand paysage. La lumière du ciel les éclaire tous ; mais ils en sont tous frappés diversement. Les uns s'avancent par leur nature et leur exposition, jusque sur le devant de la scène ; d'autres sont distribués sur une infinité de plans intermédiaires ; il y en a qui se perdent dans le lointain ; tous se font valoir réciproquement.

Si la trace la plus légère d'affectation est insupportable dans un petit ouvrage ; que seroit-ce, au jugement des gens de lettres, qu'un grand ouvrage où ce défaut domineroit ? Je suis sûr que l'excellence de la matière ne contrebalanceroit pas ce vice du style, et qu'il seroit peu lu. Les ouvrages de deux des plus grands hommes que la nature ait produits, l'un philosophe, et l'autre poëte, seroient infiniment plus parfaits et plus estimés, si ces hommes rares n'avoient été doués, dans un degré très-extraordinaire, de deux talens qui me semblent contradictoires, le génie et le bel esprit. Les traits les plus brillans et les comparaisons les plus ingénieuses y déparent à tout moment les idées les plus sublimes. La nature les auroit traités beaucoup plus favorablement, si, leur ayant accordé le génie, elle leur eût refusé le bel esprit. Le goût solide et vrai ; le sublime en quelque genre que ce soit ; le pathétique ; les grands effets de la crainte, de la commisération et de la terreur ; les sentimens nobles et relevés ; les grandes idées rejettent le tour épigrammatique et le contraste des expressions.

Si toutefois il y a quelque ouvrage qui comporte de la variété dans le style, c'est une *Encyclopédie* : mais comme j'ai désiré que les objets les plus indifférens y fussent toujours secretement rapportés à l'homme ; y prissent un tour moral ; respirassent la décence, la dignité, la sensibilité, l'élévation de l'ame ; en un mot, qu'on y discernât par-tout le souffle de l'honnêteté ; je voudrois aussi que le ton répondît à ces vues, et qu'il en reçût quelqu'austérité, même dans les endroits où les couleurs les plus brillantes et les plus gaies n'auroient pas été déplacées. C'est manquer son but, que d'amuser et de plaire, quand on peut instruire et toucher.

Quant à la pureté de la diction, on a droit de l'exiger dans tout ouvrage. Je ne sais d'où vient l'indulgence injurieuse qu'on a pour les grands livres, et sur-tout pour les Dictionnaires. Il semble qu'on ait permis à l'*in-folio*, d'être écrit pesamment, négligemment, sans génie, sans goût et sans finesse. Croit-on qu'il soit impossible d'introduire ces qualités dans un ouvrage de longue haleine ? ou seroit-ce que la plupart des ouvrages de longue haleine qui ont paru jusqu'à-présent, ayant communément ces défauts, on les a regardés comme un apanage du format ?

Cependant on s'appercevra, en y regardant de près, que s'il y a quelqu'ouvrage où il soit facile de mettre du style, c'est un Dictionnaire. Tout y est coupé par articles; et les morceaux les plus étendus, le sont moins qu'un discours oratoire.

Mais voici ce que c'est. Il est rare que ceux qui écrivent supérieurement, veuillent et puissent continuer long-temps une tâche si pénible; d'ailleurs, dans les ouvrages de société, où la gloire du succès est partagée, et où le travail d'un homme est confondu avec le travail de plusieurs, ou se désigne à soi-même un associé pour émule; on compare son travail avec le sien; on rougiroit d'être au-dessous, on se soucie peu d'être au-dessus; on n'emploie qu'une partie de ses forces; l'on espère que ce qu'on aura négligé disparoîtra dans l'immensité des volumes.

C'est ainsi que l'intérêt s'affoiblit dans chacun, à mesure que le nombre des associés augmente; et que l'ouvrage d'un seul se distinguant d'autant moins qu'il a plus de collègues, le livre se trouve, en général, d'une médiocrité d'autant plus grande, qu'on y a employé plus de mains.

Cependant le temps lève le voile; chacun est

jugé selon son mérite. On distingue le travailleur négligent, du travailleur honnête, ou qui a rempli son devoir. Ce que quelques-uns ont fait, montre ce qu'on étoit en droit d'exiger de tous; et le public nomme ceux dont il est mécontent, et regrette qu'ils aient si mal répondu à l'importance de l'entreprise, et au choix dont on les avoit honorés.

Je m'explique là-dessus, avec d'autant plus de liberté, que personne ne sera plus exposé que moi à cette espèce de censure; et que, quelque critique qu'on fasse de notre travail, soit en général, soit en particulier, il n'en restera pas moins pour constant, qu'il seroit très-difficile de former une seconde société de gens de lettres et d'artistes, aussi nombreuse, et mieux composée que celle qui concourt à la composition de ce Dictionnaire. S'il étoit facile de trouver mieux que moi, pour auteur et pour éditeur, il faudra que l'on convienne qu'il étoit, sous ces deux aspects, infiniment plus facile encore de rencontrer moins bien que M. d'Alembert. Combien je gagnerois à cette espèce d'énumération, où les hommes se compenseroient les uns par les autres! Ajoutons à cela, qu'il y a des parties pour lesquelles on ne choisit point; et que cet inconvénient sera de toutes les éditions. Quelqu'honoraire qu'on proposât à un homme, il n'acquitteroit jamais le temps qu'on lui demanderoit. Il faut qu'un artiste veille dans son atelier. Il faut qu'un homme public soit à ses fonctions. Celui-ci est malheureusement trop occupé ; et l'homme de cabinet n'est malheureusement pas assez instruit. On se tire de là comme on peut.

Mais s'il est facile à un Dictionnaire d'être bien écrit, il n'est guère d'ouvrages auxquels il soit plus essentiel de l'être. Plus une route doit être longue, plus il seroit à souhaiter qu'elle fût agréable. Au reste, nous avons quelque raison de croire que nous ne sommes pas restés de ce côté sans succès. Il y a des personnes qui ont lu l'*Encyclopédie*, d'un bout à l'autre ; et si l'on en excepte le Dictionnaire de Bayle, qui perd tous les jours un peu de cette prérogative, il n'y a guère que le nôtre qui en ait joui, et qui en jouisse. Nous souhaitons qu'il la conserve peu, parce que nous aimons plus les progrès de l'esprit humain que la durée de nos productions ; et que nous aurions réussi bien au-delà de nos espérances, si nous avions rendu les connoissances si populaires, qu'il fallût au commun des hommes un ouvrage plus fort que l'*Encyclopédie*, pour les attacher et les instruire.

Il seroit à souhaiter, quand il s'agit de style, qu'on pût imiter Pétrone, qui a donné, en même-temps, l'exemple et le précepte, lorsqu'ayant à peindre les qualités d'un beau discours, il a dit : « Grandis, et ut ita dicam, pudica oratio neque

» maculosa est neque turgida, sed naturali pul-
» chritudine exsurgit ». La description est la
chose même.

Il faut se garantir singulièrement de l'obscurité,
et se ressouvenir, à chaque ligne, qu'un Dictionnaire est fait pour tout le monde, et que la répéti-
tion des mots qui offenseroient dans un ouvrage
léger, devient un caractère de simplicité, qui ne
déplaira jamais dans un grand ouvrage.

Qu'il n'y ait jamais rien de vague dans l'expression. Il seroit mal, dans un livre philosophique,
d'employer les termes les plus usités, lorsqu'ils
n'emportent avec eux aucune idée fixe, distincte
et déterminée; et il y a de ces termes, et en très-
grand nombre. Si l'on pouvoit en donner des définitions, selon la nature qui ne change point, et
non selon les conventions et les préjugés des hommes, qui changent continuellement, ces définitions deviendroient des germes de découvertes.
Observons encore ici le besoin continuel, que nous
avons d'un modèle invariable et constant, auquel
nos définitions et nos descriptions se rapportent,
tel que la nature de l'homme, des animaux, ou des
autres êtres subsistans. Le reste n'est rien; et celui
qui ne sait pas écarter certaines notions particulières, locales et passagères, est gêné dans son
travail, et sans cesse exposé à dire, contre le
témoignage de sa conscience et la pente de son
esprit, des choses inexactes pour le moment, et

fausses, ou du-moins obscures et hasardées pour l'avenir.

Les ouvrages des génies les plus intrépides et les plus élevés, des plus grands philosophes de l'antiquité, sont un peu défigurés par ce défaut. Il s'en manque beaucoup que ceux de nos jours en soient exempts. L'intolérance, le manque de la double doctrine, le défaut d'une langue hiéroglyphique et sacrée, perpétueront à jamais ces contradictions, et continueront de tacher nos plus belles productions. On ne sait souvent ce qu'un homme a pensé sur les matières les plus importantes. Il s'enveloppe dans des ténèbres affectées ; ses contemporains même ignorent ses sentimens ; et l'on ne doit pas s'attendre que l'*Encyclopédie* soit exempte de ce défaut.

Plus les matières seront abstraites, plus il faudra s'efforcer de les mettre à la portée de tous les lecteurs.

Un éditeur, qui aura de l'expérience et qui sera maître de lui-même, se placera dans la classe moyenne des esprits. Si la nature l'avoit élevé au rang des premiers génies, et qu'il n'en descendît jamais, conversant sans cesse avec les hommes de la plus grande pénétration, il lui arriveroit de considérer les objets d'un point-de-vue où la multitude ne peut atteindre : trop au-dessus d'elle, l'ouvrage deviendroit obscur pour trop de monde. Mais s'il se trouvoit malheureusement, ou s'il avoit la complaisance de s'abaisser fort au-dessous, les matières traitées comme pour des imbécilles deviendroient longues et fastidieuses. Il considérera donc le monde, comme son école ; et le genre humain, comme son pupille ; et il dictera des leçons qui ne fassent pas perdre aux bons esprits un temps précieux, et qui ne rebutent point la foule des esprits ordinaires. Il y a deux classes d'hommes, à-peu-près également étroites, qu'il faut également négliger : ce sont les génies transcendans, et les imbécilles, qui n'ont besoin de maîtres ni les uns ni les autres.

Mais s'il n'est pas facile de saisir la portée commune des esprits ; il l'est beaucoup moins encore à l'homme de génie de s'y fixer. Le génie tend naturellement à s'élever ; il cherche la région des nues ; s'il s'oublie un moment, il est emporté d'un vol rapide ; et bientôt les yeux ordinaires cessent de l'appercevoir et de le suivre.

Si chaque encyclopédiste s'étoit bien acquité de son travail, l'attention principale d'un éditeur se réduiroit à circonscrire rigoureusement les différens objets ; à renfermer les parties en elles-mêmes, et à supprimer des redites, ce qui est toujours plus facile que de remplir des omissions : les redites s'apperçoivent et se corrigent d'un trait de plume ; les omissions se dérobent, et ne se suppléent pas sans travail. Le grand inconvénient, c'est que quand elles se montrent, c'est si brus-

Philosophie. I

quement, que l'éditeur se trouvant pressé entre une matière qui demande du temps, et la vîtesse de l'impression qui n'en accorde point, il faut que l'ouvrage soit estropié, ou l'ordre perverti; l'ouvrage estropié, si l'on remplit sa tâche selon le temps; l'ordre perverti, si on la renvoie à quelqu'endroit écarté du Dictionnaire.

Où est l'homme assez versé dans toutes les matières, pour en écrire sur-le-champ, comme s'il s'en étoit long-temps occupé? Où est l'éditeur qui aura les principes d'un auteur assez présens, ou des notions assez conformes aux siennes, pour ne tomber dans aucune contradiction?

N'est-ce pas même un travail presqu'au-dessus de ses forces, que d'avoir à remarquer les contradictions, qui se trouveroient nécessairement entre les principes et les idées de ses associés? S'il n'est pas de sa fonction de les lever, quand elles sont réelles; il le doit au-moins, quand elles ne sont qu'apparentes : et dans le premier cas, peut-il être dispensé de les indiquer, de les faire sortir, d'en marquer la source, de montrer la route commune que deux auteurs ont suivie, et le point de division où ils ont commencé à se séparer; de balancer leurs raisons; de proposer des observations et des expériences pour ou contre; de désigner le côté de la vérité, ou celui de la vraisemblance? Il ne mettra l'ouvrage à couvert du reproche, qu'en observant expressément que ce n'est pas le Dictionnaire qui se contredit ; mais les sciences et les arts, qui ne sont pas d'accord. S'il alloit plus loin ; s'il résolvoit les difficultés, il seroit homme de génie : mais peut-on exiger d'un éditeur, qu'il soit homme de génie ? Et ne seroit-ce pas une folie, que de demander qu'il fût un génie universel ?

Une attention que je recommanderai à l'éditeur qui nous succédera, et pour le bien de l'ouvrage, et pour la sûreté de sa personne ; c'est d'envoyer aux censeurs les feuilles imprimées, et non le manuscrit. Avec cette précaution, les articles ne seront ni perdus, ni dérangés, ni supprimés ; et le paraphe du censeur, mis au bas de la feuille imprimée, sera le garant le plus sûr qu'on n'a ni ajouté, ni altéré, ni retranché ; et que l'ouvrage est resté dans l'état où il a jugé à-propos qu'il s'imprimât.

Mais le nom et la fonction de censeur me rappellent une question importante. On a demandé s'il ne vaudroit pas mieux qu'une *Encyclopédie* fût permise tacitement, qu'expressément approuvée : ceux qui soutenoient l'affirmative, disoient :
« Alors les auteurs jouiroient de toute la liberté
» nécessaire pour en faire un excellent ouvrage.
» Combien on y traiteroit de sujets importans ! Les
» beaux articles, que le droit public fourniroit !
» Combien d'autres, qu'on pourroit imprimer à
» deux colonnes, dont l'une établiroit le pour, et
» l'autre le contre ! L'historique seroit exposé
» sans partialité ; le bien, loué hautement ; le mal,

» blamé sans réserve ; les vérités, assurées ; les
» doutes, proposés ; les préjugés, détruits ; et
» l'usage des renvois politiques, fort restreint ».

Leurs antagonistes répondoient simplement
« qu'il valoit mieux sacrifier un peu de liberté,
» que de s'exposer à tomber dans la licence ; et
» d'ailleurs, ajoutoient-ils, telle est la constitution
» des choses qui nous environnent, que, si un
» homme extraordinaire s'étoit proposé un ou-
» vrage aussi étendu que le nôtre, et qu'il lui eût
» été donné par l'Être suprême de connoître en
» tout la vérité, il faudroit encore, pour sa sécu-
» rité, qu'il lui fût assigné un point inaccessible
» dans les airs, d'où ses feuilles tombassent sur
» la terre ».

Puisqu'il est donc si à-propos de subir la censure littéraire, on ne peut avoir un censeur trop
intelligent : il faudra qu'il sache se prêter au caractère général de l'ouvrage ; voir sans intérêt ni pusillanimité ; n'avoir de respect que pour ce qui est
vraiment respectable ; distinguer le ton qui convient à chaque personne et à chaque sujet ; ne s'ef-
faroucher ni des propos cyniques de Diogène, ni
des termes techniques de Winslow, et des syllio-
gismes d'Anaxagoras ; ne pas exiger qu'on réfute,
qu'on affoiblisse ou qu'on supprime, ce qu'on ne
raconte qu'historiquement ; sentir la différence d'un
ouvrage immense et d'un *in-douze* ; et aimer assez
la vérité, la vertu, le progrès des connoissances

humaines et l'honneur de la nation, pour n'avoir en vue que ces grands objets.

Voilà le censeur que je voudrois. Quant à l'homme que je désirerois pour auteur, il seroit ferme, instruit, honnête, véridique, d'aucun pays, d'aucune secte, d'aucun état ; racontant les choses, du moment où il vit, comme s'il en étoit à mille ans ; et celles de l'endroit qu'il habite, comme s'il en étoit à deux mille lieues. Mais, à un si digne collègue, qui faudroit-il pour éditeur ? Un homme doué d'un grand sens, célèbre par l'étendue de ses connoissances, l'élévation de ses sentimens et de ses idées, et son amour pour le travail ; un homme aimé et respecté par son caractère domestique et public ; jamais enthousiaste, à-moins que ce ne fût de la vérité, de la vertu, et de l'humanité.

Il ne faut pas imaginer que le concours de tant d'heureuses circonstances ne laissât aucune imperfection dans l'*Encyclopédie* : il y aura toujours des défauts dans un ouvrage de cette étendue. On les réparera d'abord par des supplémens, à-mesure qu'ils se découvriront : mais il viendra nécessairement un temps, où le public demandera lui-même une refonte générale ; et comme on ne peut savoir à quelles mains ce travail important sera confié, il reste incertain si la nouvelle édition sera inférieure ou préférable à la précédente. Il n'est pas rare de voir des ouvrages considérables, revus, corrigés, augmentés par des mal-adroits, dégénérer à chaque réimpression, et tomber enfin dans le mépris. Nous en pourrions citer un exemple récent, si nous ne craignions de nous abandonner au ressentiment, en croyant céder à l'intérêt de la vérité.

L'Encyclopédie peut aisément s'améliorer ; elle peut aussi aisément se détériorer. Mais le danger auquel il faudra principalement obvier, et que nous aurons prévu, c'est que le soin des éditions subséquentes ne soit pas abandonné au despotisme d'une société, d'une compagnie, quelle qu'elle puisse être. Nous avons annoncé, et nous en attestons nos contemporains et la postérité, que le moindre inconvénient qui pût en arriver, ce seroit qu'on supprimât des choses essentielles ; qu'on multipliât à l'infini le nombre et le volume de celles qu'il faudroit supprimer ; que l'esprit de corps, qui est ordinairement petit, jaloux, concentré, infectât la masse de l'ouvrage ; que les arts fussent négligés ; qu'une matière d'un intérêt passager étouffât les autres ; et que l'*Encyclopédie* subît le sort de tant d'ouvrages de controverse. Lorsque les catholiques et les protestans, las de disputes, et rassasiés d'injures, prirent le parti du silence et du repos, on vit, en un instant, une foule de livres vantés, disparoître et tomber dans l'oubli, comme on voit tomber au fond d'un vaisseau, le sédiment d'une fermentation qui s'appaise.

Voilà les premières idées qui se sont offertes à mon esprit sur le projet d'un Dictionnaire universel et raisonné de la connoissance humaine ; sur sa possibilité, sa fin, ses matériaux; l'ordonnance générale et particulière de ces matériaux ; le style, la méthode, les renvois, la nomenclature, le manuscrit, les auteurs, les censeurs, les éditeurs, et le typographe.

Si l'on pèse l'importance de ces objets, on s'appercevra facilement qu'il n'y en a aucun qui ne fournît la matière d'un discours fort étendu ; que j'ai laissé plus de choses à dire que je n'en ai dites ; et que peut-être la prolixité et l'adulation ne seront pas au nombre des défauts qu'on pourra me reprocher.

LETTRES
AU R. P. BERTHIER,
JÉSUITE.

LETTRE
AU R. P. BERTHIER,
JÉSUITE.

Pæte, non dolet.

On vient de m'envoyer, mon R. P., l'extrait que vous avez donné du prospectus de l'Encyclopédie, dans le II.ᵉ volume de votre Journal de Janvier. Quelqu'occupé que je sois, je ne puis me dispenser de vous en faire mes remercimens; mais je tâcherai de n'y point mettre de fadeur.

Je ne puis qu'être très-reconnoissant du ton dont vous parlez du prospectus et de l'ouvrage, même avant qu'il existe, dans un journal où tout est loué depuis que vous y présidez, excepté l'*Histoire de Julien*, les *Ouvrages de mylord Bolingbroke*, et l'*Esprit des loix*. Vous y prodiguez l'encens, mon R. P., aux écrivains les moins connus, sans que le public vous en sache mauvais gré. Cette foule d'auteurs modestes ne peut et ne doit aller à l'immortalité qu'avec vous. Vous voulez bien être, pour me servir de vos propres termes, *la voiture qui les y conduit*; je vous souhaite à tous un bon voyage.

Vous vous étendez avec complaisance sur la ressemblance qu'il y a entre l'arbre encyclopédique du prospectus, et celui du chancelier Bacon : j'avois expressément averti de cette ressemblance ; vous auriez bien dû, mon R. P., le répéter d'après moi : il est vrai que vous l'aviez dit dans vos nouvelles littéraires du mois précédent ; mais ce n'est pas la première fois, comme vous savez, que vous insérez dans vos nouvelles littéraires, ce que vous ne vous souciez pas qu'on lise (*). C'est sans-doute cette raison qui vous a fait dire, dans les mêmes nouvelles, que le prospectus étoit *trouvé très-bien écrit, par les gens de lettres :* vous n'avez osé apparemment prendre sur vous un jugement aussi hardi ; soit que, par modestie, vous ne vous mettiez pas au rang des gens de lettres ; soit que vous pensiez autrement qu'eux ; car vous êtes bien digne d'avoir un avis qui soit à vous. Quoi qu'il en soit, vous n'avez pas cru devoir répéter dans votre extrait cette décision favorable : l'approbation publique, qui m'encourage, et à laquelle la vôtre ne fait point de tort, vous en a sans-doute dispensé.

Au reste, je ne sais, mon R. P., si vous avez fait l'extrait du prospectus, sans vous être donné la peine de le lire en entier ; car, avec d'aussi bonnes

―――――――――――――――――――

(*) *Voyez* les nouvelles littéraires de septembre 1750.

intentions que vous en avez, vous n'auriez pas omis toutes les divisions de la branche philosophique, qui est la plus étendue, la plus importante de notre système, et dont il ne se trouve presque rien de Bacon.

Je n'ai pas eu, comme vous l'observez fort bien, *des idées assez vastes*, pour placer *les journaux* dans l'arbre encyclopédique : je vous avouerai pourtant que j'y avois pensé ; mais cela étoit embarrassant : une énumération exacte n'admet point de préférence ; et le petit nombre des excellens journalistes m'auroit su mauvais gré du voisinage que je leur aurois donné. Si je suis descendu jusqu'à la *pédagogie*, ce n'a pas été faute de prévoir que vous prendriez cette peine. J'aurois bien voulu aussi mériter les remercîmens que vous faites à Bacon, pour avoir loué la société des Jésuites ; car je n'ai pas attendu, pour l'estimer, que vous y fissiez parler de vous ; mais j'ai cru que ces éloges, quoique justes, auroient été déplacés dans un arbre encyclopédique. Cette omission sera réparée dans le corps même de l'ouvrage. Nous y rendrons le témoignage le plus authentique aux services importans, et très-réels, que votre compagnie a rendus à la république des lettres. Nous y parlerons aussi de vous, mon R. P., oui, de vous en particulier ; vous méritez bien d'être traité avec distinction, et de n'être pas loué comme un autre. Vos secours nous seront nécessaires, d'ailleurs, sur certains articles importans; par exemple, à l'article CONTINUATION, nous espérons que vous voudrez bien nous donner des lumières sur les continuateurs ignorés des ouvrages célèbres, de l'Arioste, de Dom Quichotte, du Roman comique; et en particulier, d'un certain ouvrage que vous connoissez, qui se continue très-*incognito*, et sur la continuation duquel vous êtes le seul qui puissiez nous fournir des mémoires. On tâchera, sur-tout, que vous ne soyez pas mécontent de l'article JOURNAL; nous y célébrerons avec justice vos illustres prédécesseurs, dont nous regrettons la perte encore plus que vous. Nous dirons que le P. Bougeant mettoit dans vos mémoires de la logique; le P. Brumoy, des connoissances; le P. de la Tour, de l'usage du monde; votre ami le P. Castel : du feu et de l'esprit : nous ajouterons qu'on y distingue aujourd'hui les extraits du P. de Preville, votre collègue, à une métaphysique fine et déliée, à un style noble et simple, et sur-tout à une grande impartialité. En votre particulier, vous ne serez point oublié; et nous tâcherons, car j'aime à me servir de vos expressions, de *faire passer à la postérité l'idée de votre mérite.* Enfin, j'espère, mon R. P., que vous trouverez, dans ce grand ouvrage, plus de philosophie que de mémoire : je serois fâché que ce plan ne fût pas de votre goût; mais, comme vous l'avez fort bien remarqué d'après Bacon (car vous ne dites rien de vous-même), l'Encyclopédie doit mettre en évidence les *richesses* d'une partie de la littérature, et l'*indigence* des autres.

J'aurois bien d'autres observations à faire sur votre extrait; mais le public, comme vous savez, n'aime pas les discussions sérieuses; et je suis bien aise qu'il me lise; car vous y avez beaucoup d'amis. D'ailleurs, vous m'avez averti que vous n'aimiez pas *les précisions métaphysiques;* et cette réponse n'est faite que pour vous amuser. Si j'apprends, par ceux qui lisent vos mémoires, que mes lettres méritent quelqu'attention de votre part, je ne vous en laisserai pas manquer: graces à Dieu et à votre journal, les matériaux en sont tout prêts. On m'a dit que, non content des bontés dont vous m'aviez comblé, vous vouliez encore vous écrire à vous-même, dans le premier journal sur l'Encyclopédie. Je cherche, comme vous voyez, à vous en épargner la peine. Au reste, dans le petit commerce épistolaire que je projette; et qui pourra, cette année, former un volume de plus à vos mémoires, je ferai de mon mieux, mon R. P., pour ne vous ennuyer que le moins qu'il me sera possible; j'en écarterai donc, autant que je pourrai, la sécheresse; vos extraits en seront le principal objet; et pour vous parler de l'Encyclopédie, j'attendrai qu'elle soit publique; les difficultés que vous pouvez avoir sur cet ouvrage, et même celles que vous n'avez pas, seront pleinement résolues dans la préface, à laquelle M. d'Alembert travaille: il me charge de vous demander quelques bontés pour lui. Vous trouverez aussi, dans la même préface, le nom des savans qui ont bien voulu concourir à l'exécution de cette grande entreprise : vous les connoissez tous, mon R. P., ou le public les connoît pour vous. Au reste, nous sommes disposés à convenir que, pour former une Encyclopédie, cinquante savans n'auroient pas été de trop, quand même vous auriez été du nombre.

J'ai l'honneur d'être, avec les sentimens qui vous sont dûs, mon R. P., votre très-humble, etc.

P. S. Je joins à cette lettre un article du Dictionnaire. J'ai choisi, pour cette fois, l'article Art; il est de moi; j'aurai soin d'en joindre un autre à toutes les lettres que je vous écrirai; les gens de lettres vous en diront leur avis.

ORDRE ENCYCLOPÉDIQUE.

(*Entendement. Mémoire. Histoire de la nature. Histoire de la nature employée. Art*).

Art. *Sa définition générale.* S. M. terme abstrait et métaphysique. On a commencé par faire des observations sur la nature, le service, l'emploi, les qualités des êtres et de leurs symboles; puis on a donné le nom de science ou d'art, au centre ou point de réunion, auquel on a rapporté les observations qu'on avoit faites, pour en former un système, ou de règles, ou d'instrumens et de règles tendant à un même but. Car voilà ce que c'est que l'art en général. *Exemple :* on a réfléchi sur l'usage et l'emploi des mots ; et l'on a inventé ensuite le mot *grammaire*. Grammaire est le nom d'un système d'instrumens et de règles relatifs à un objet déterminé; et cet objet est le son articulé; il en est de même des autres sciences ou arts. *Voyez* Abstraction.

Origine des sciences et des arts. C'est l'industrie de l'homme appliquée aux productions de la nature, ou par ses besoins, ou par son luxe, ou par son amusement, ou par sa curiosité, etc., qui a donné naissance aux sciences et aux arts ; et ces points de réunion de nos différentes réflexions ont reçu les démonstrations de *science* et d'*art*, selon la nature de leurs objets *formels*, comme disent les logiciens. *Voyez* Objet. Si l'objet s'exécute, la collection et la disposition technique des règles, selon lesquelles il s'exécute, s'appellent *art*. Si l'objet est contemplé seulement sous différentes faces, la collection et la disposition technique des observations relatives à cet objet, s'appellent *science*. Ainsi la métaphysique est une science, et la morale est un art. Il en est de même de la théologie et de la pyrotechnie.

Spéculation et pratique d'un art. Il est évident, par ce qui précède, que tout art a sa spéculation et sa pratique : sa spéculation, qui n'est autre chose que la connoissance inopérative des règles de l'art ; sa pratique, qui n'est que l'usage habituel et non réfléchi des mêmes règles. Il est difficile, pour ne pas dire impossible, de pousser loin la pratique sans la spéculation ; et réciproquement, de bien posséder la spéculation sans la pratique. Il y a, dans tout art, un grand nombre de circonstances relatives à la matière, aux instrumens, et à la manœuvre, que l'usage seul apprend. C'est à la pratique à présenter les difficultés, et à donner les phénomènes ; et c'est à la spéculation à expliquer les phénomènes et à lever les difficultés. D'où il s'ensuit qu'il n'y a guère qu'un artiste sachant raisonner, qui puisse bien parler de son art.

Distribution des arts, en libéraux et en mécaniques. En examinant les productions des arts, on s'est apperçu que les unes étoient plus l'ouvrage de l'esprit que de la main ; et qu'au contraire, d'autres étoient plus l'ouvrage de la main que de l'esprit. Telle est *en partie* l'origine de la prééminence que l'on a accordée à certains arts sur d'autres, et de la distribution qu'on a faite des arts en *arts libéraux* et en arts *mécaniques.* Cette distinction, quoique bien fondée, a produit un mauvais effet, en avilissant des gens très-estimables et très-utiles, et en fortifiant en nous je ne sais quelle paresse naturelle, qui ne nous portoit déjà que trop à croire que, donner une application constante et suivie à des expériences et à des objets particuliers, sensibles et matériels, c'étoit déroger à la dignité de l'esprit humain ; et que de pratiquer, ou même d'étudier les arts mécaniques, c'étoit s'abaisser à des choses dont la recherche est laborieuse, la méditation ignoble, l'exposition difficile, le commerce déshonorant, le nombre inépuisable, et la valeur minutielle. *Minui majestatem mentis humanæ, si in experimentis et rebus particularibus,* etc. Bac. *N. Sc. Org.* préjugé qui tendoit à remplir les villes d'orgueilleux raisonneurs et de contemplateurs inutiles ; et les campagnes, de petits tyrans ignorans, oisifs et dédaigneux. Ce n'est pas ainsi qu'ont pensé Bacon, un des premiers génies de l'Angleterre ; Colbert, un des plus grands ministres de la France ; enfin les bons esprits, et les hommes sages de tous les temps. Bacon regardoit l'histoire des arts mécaniques comme la branche la plus importante de la vraie philosophie ; il n'avoit donc garde d'en mépriser la pratique. Colbert regardoit l'industrie des peuples et l'établissement des manufactures, comme la richesse la plus sûre d'un royaume. Au jugement de ceux qui ont aujourd'hui des idées saines de la valeur des choses, celui qui peupla la France de graveurs, de peintres, de sculpteurs et d'artistes en tout genre ; qui surprit aux Anglais, la machine à faire des bas ; le velours, aux Génois, les glaces, aux Vénitiens ; ne fit guère moins pour l'état, que ceux qui battirent ses ennemis, et leur enlevèrent leurs places fortes ; et aux yeux du philosophe, il y a peut-être plus de mérite réel à avoir fait naître les Le Brun, les Le Sueur et les Audran ; peindre et graver les batailles d'Alexandre, et exécuter en tapisseries les victoires de nos généraux, qu'il n'y en a à les avoir remportées. Mettez, dans un des côtés de la balance, les avantages réels des sciences les plus sublimes et des arts les plus honorés ; et dans l'autre côté, ceux des arts mécaniques ; et vous trouverez que l'estime qu'on a faite des uns, et celle qu'on a faite des autres, n'ont pas été distribuées dans le juste rapport de ces avantages ; et qu'on a bien plus loué les hommes occupés à faire croire que nous étions heureux, que les hommes occupés à faire que nous le fussions en effet. Quelle bizarrerie dans nos jugemens ! nous exigeons qu'on s'occupe utilement, et nous méprisons les hommes utiles !.

But des arts en général. L'homme n'est que le ministre ou l'interprète de la nature. Il n'entend et ne fait qu'autant qu'il a de connoissance ou expérimentale ou réfléchie des êtres qui l'environnent. Sa main nue, quelque robuste, infatigable et souple qu'elle soit, ne peut suffire qu'à un petit nombre d'effets. Elle n'achève de grandes choses qu'à l'aide des instrumens et des règles : il en faut dire autant de l'entendement. Les instrumens et les règles sont comme des muscles surajoutés aux bras, et des ressorts accessoires à ceux de l'esprit. Le but de tout art en général, ou de tout système d'instrumens et de règles, conspirant à une même fin, est d'imprimer certaines formes déterminées sur une base donnée par la nature; et cette base est ou la matière, ou l'esprit, ou quelque fonction de l'ame, ou quelque production de la nature. Dans les arts mécaniques, auxquels je m'attacherai d'autant plus ici, que les auteurs en ont moins parlé; *le pouvoir de l'homme se réduit à rapprocher ou à éloigner les corps naturels. L'homme peut tout ou ne peut rien, selon que ce rapprochement ou cet éloignement est ou n'est pas possible.* (Voyez N. Sc. Org.).

Projet d'un traité général des arts mécaniques. Souvent l'on ignore l'origine d'un art mécanique, ou l'on n'a que des connoissances vagues sur ses progrès; voilà les suites naturelles du mépris qu'on a eu dans tous les temps et chez toutes les nations savantes ou belliqueuses, pour ceux qui s'y sont livrés: il faut, dans ces occasions, recourir à des suppositions philosophiques; partir de quelque hypothèse vraisemblable, de quelque événement premier et fortuit, et s'avancer de là jusqu'où l'art a été porté. Je m'explique par un exemple que j'emprunterai plus volontiers des arts mécaniques, qui sont moins connus, que des arts libéraux, qu'on a présentés sous mille formes différentes. Si l'on ignoroit l'origine et les progrès de la *verrerie* ou de la *papeterie*, que feroit un philosophe qui se proposeroit d'écrire l'histoire de ces arts? Il supposeroit qu'un morceau de linge est tombé par hasard dans un vaisseau plein d'eau ; qu'il y a séjourné assez long-temps pour s'y dissoudre ; et qu'au-lieu de trouver au fond du vaisseau, quand il a été vidé, un morceau de linge, on n'a plus apperçu qu'une espèce de sédiment, dont on auroit eu bien de la peine à reconnoître la nature, sans quelques filamens qui restoient, et qui indiquoient que la matière première de ce sédiment avoit été auparavant sous la forme de linge. Quant à la *verrerie*, il supposeroit que les premières habitations solides que les hommes se soient construites, étoient de terre cuite ou de brique ; or, il est impossible de faire cuire de la brique à grand feu, qu'il ne s'en vitrifie quelque partie. C'est sous cette forme que le verre s'est présenté la première fois ; mais quelle distance immense de cette écaille sale et verdâtre, jusqu'à la matière transparente et pure des glaces ! etc. Voilà cependant l'expérience fortuite, ou quelque autre semblable, de laquelle le philosophe partira, pour arriver jusqu'où l'art de la verrerie est maintenant parvenu.

Avantages de cette méthode. En s'y prenant ainsi, les progrès d'un art seroient exposés d'une manière instructive et plus claire que par son histoire véritable, quand on la sauroit ; les obstacles qu'on auroit eus à surmonter pour le perfectionner, se présenteroient dans un ordre entièrement naturel ; et l'explication synthétique des démarches successives de l'art, en faciliteroit l'intelligence aux esprits les plus ordinaires, et mettroit les artistes sur la voie qu'ils auroient à suivre pour approcher davantage de la perfection.

Ordre qu'il faudroit suivre, dans un pareil traité. Quant au plan qu'il faudroit suivre dans un pareil traité, je crois que le plus avantageux seroit de rappeler les arts aux productions de la nature. Une énumération exacte de ces productions donneroit naissance à bien des arts inconnus. Un grand nombre d'autres naîtroient d'un examen circonstancié des différentes faces sous lesquelles la même production peut être considérée. La première de ces conditions demande une connoissance très-étendue de l'histoire de la nature ; et la seconde, une très-grande dialectique. Un traité des arts, tel que je le conçois, n'est donc pas l'ouvrage d'un homme ordinaire. Qu'on n'aille pas s'imaginer que ce sont ici des idées vaines que je propose, et que je promets aux hommes des découvertes chimériques. Après avoir remarqué avec un philosophe, que je ne me lasse point de louer, parce que je ne me suis jamais lassé de le lire, que l'histoire de la nature est incomplète sans celle des arts ; et après avoir invité les naturalistes à couronner leur travail sur les règnes des végétaux, des minéraux, des animaux, etc., par les expériences des arts mécaniques, dont la connoissance importe beaucoup plus à la vraie philosophie, j'oserai ajouter, à son exemple, *ergo rem quam ago, non opinionem, sed opus esse, eamque non sectæ alicujus, aut placiti; sed utilitatis esse, et amplitudinis immensæ fundamenta.* Ce n'est point ici un système; ce ne sont point les fantaisies d'un homme : ce sont les décisions de l'expérience et de la raison, et les fondemens d'un édifice immense. Et quiconque pensera différemment, cherchera à rétrécir la sphère de nos connoissances, et à décourager les esprits. Nous devons au hasard un grand nombre de connoissances : il nous en a présenté de fort importantes que nous ne cherchions pas; est-il à présumer que nous ne trouverons rien, quand nous ajouterons nos efforts à son caprice, et que nous mettrons de l'ordre et de la méthode dans nos recherches ? Si nous possédons à-présent des secrets qu'on n'espéroit point auparavant; et s'il nous est permis de tirer des conjectures du passé, pourquoi l'avenir ne nous réserveroit-il pas des richesses sur lesquelles nous ne comptons guère aujourd'hui ? Si l'on eût dit, il y a quelques siècles, à ces gens qui mesurent la possibilité des choses sur la portée de leur génie, et qui n'imaginent rien au-delà de ce qu'ils connoissent, qu'il est une poussière qui brise les rochers; qui renverse les murailles les plus épaisses, à des distances étonnantes; qui, renfermée, au poids de quelques livres, dans les entrailles profondes de la terre, les secoue, se fait jour à travers les masses énormes qui la couvrent, et peut ouvrir un gouffre dans lequel une ville entière disparoîtroit ; ils n'auroient pas manqué de comparer ces effets à l'action des roues, des poulies, des leviers, des contre-poids, et des autres machines connues ; et de prononcer qu'une pareille poussière est chimérique ; et qu'il n'y a que la foudre, ou la cause qui produit les tremblemens de terre, et dont le mécanisme est inimitable, qui soit capable de ces prodiges effrayans. C'est ainsi que ce grand philosophe parloit à son siècle et à tous les siècles à venir. Combien (ajouterons-nous à son exemple), le projet de la machine à élever l'eau par le feu, telle qu'on l'exécuta la première fois à Londres, n'auroit-il pas occasionné de mauvais raisonnemens ; sur-tout si l'auteur de la machine à feu avoit eu la modestie de se donner pour un homme peu versé dans les mécaniques ! S'il n'y avoit au monde que de pareils estimateurs des inventions, il ne se feroit ni grandes, ni petites choses. Que ceux donc qui se hâtent de prononcer sur des ouvrages, qui n'impliquent aucune contradiction, qui ne sont quelquefois que des additions très-légères à des machines connues, et qui ne demandent tout au plus qu'un habile ouvrier ; que ceux, dis-je, qui sont assez bornés pour juger que ces ouvrages sont impossibles, sachent qu'eux-mêmes ne sont pas assez instruits pour faire des souhaits convenables. C'est le chancelier Bacon qui le leur dit :

Philosophie. K

qui, sumptâ, ou, ce qui est encore moins pardonnable, *qui, neglectâ ex his quæ præstò sunt conjecturâ, ea aut impossibilia aut minus verisimilia putet ; eum scire debere se non satis doctum ne ad optandum quidem commodè et appositè esse.*

Autre motif de recherche. Mais ce qui doit encore nous encourager dans nos recherches, et nous déterminer à regarder avec attention autour de nous ; ce sont les siècles qui se sont écoulés, sans que les hommes se soient apperçus des choses importantes qu'ils avoient, pour ainsi dire, sous les yeux. Tel est l'art d'imprimer ; celui de graver. Que la condition de l'esprit humain est bizarre ! *S'agit-il de découvrir ? il se défie de sa force ; il s'embarrasse dans les difficultés qu'il se fait ; les choses lui paroissent impossibles à trouver. Sont-elles trouvées ? il ne conçoit plus comment il a fallu les chercher si long-temps ; et il a pitié de lui-même.*

Différence singulière entre les machines. Après avoir proposé mes idées sur un traité philosophique des arts en général ; je vais passer à quelques observations utiles, sur la manière de traiter certains arts mécaniques en particulier. On emploie quelquefois une machine très-composée, pour produire un effet assez simple en apparence ; et d'autres fois, une machine très-simple, en effet, suffit pour produire une action fort composée. Dans le premier cas, l'effet à produire étant conçu facilement, et la connoissance qu'on en aura n'embarrassant point l'esprit et ne chargeant pas la mémoire, on commencera par l'annoncer; et l'on passera ensuite à la description de la machine. Dans le second cas, au contraire, il est plus à-propos de descendre, de la description de la machine, à la connoissance de l'effet. L'effet d'une horloge est de diviser le temps en parties égales, à l'aide d'une aiguille qui se meut uniformément et très-lentement sur un plan ponctué. Si donc je montre une horloge à quelqu'un, à qui cette machine étoit inconnue, je l'instruirai d'abord de son effet; et j'en viendrai ensuite au mécanisme. Je me garderai bien de suivre la même voie avec celui qui me demandera ce que c'est qu'une maille de bas ; ce que c'est que du drap, du droguet, du velours, du satin. Je commencerai ici par le détail des métiers, qui servent à ces ouvrages. Le développement de la machine, quand il est clair, en fait sentir l'effet tout-d'un-coup ; ce qui seroit peut-être impossible sans ce préliminaire. Pour se convaincre de la vérité de ces observations, qu'on tâche de définir exactement ce que c'est que de la *gaze*, sans supposer aucune notion de la machine du gazier.

De la géométrie des arts. On m'accordera sans peine qu'il y a peu d'artistes, à qui les élémens des mathématiques ne soient nécessaires ; mais un paradoxe, dont la vérité ne se présentera pas d'abord, c'est que ces élémens leur seroient nuisibles en plusieurs occasions, si une multitude de connoissances physiques n'en corrigeoit les préceptes dans la pratique ; connoissance des lieux, des positions, des figures irrégulières, des matières, de leurs qualités, de l'élasticité, de la roideur, des frottemens, de la consistance, de la durée, des effets de l'air, de l'eau, du froid, de la chaleur, de la sécheresse, etc. Il est évident que les élémens de la géométrie de l'académie, ne sont que les plus simples, et les moins composés d'entre ceux de la géométrie des boutiques. Il n'y a pas un levier dans la nature, tel que celui que Varignon suppose dans ses propositions ; il n'y a pas un levier dans la nature, dont toutes les conditions puissent entrer en calcul. Entre ces conditions, il y en a, et en grand nombre, et de très-essentielles dans l'usage, qu'on ne peut même soumettre à cette partie du calcul, qui s'étend jusqu'aux différences les plus insensibles des quantités, quand elles sont appréciables. D'où il arrive que celui qui n'a que la géométrie intellectuelle, est ordinairement un homme assez mal-adroit; et qu'un artiste qui n'a que la géométrie expérimentale, est un ouvrier très-borné. Mais il est, ce me semble, d'expérience, qu'un artiste se passe plus facilement de la géométrie intellectuelle, qu'un homme, quel qu'il soit, d'une certaine géométrie expérimentale. Toute la matière des frottemens est restée, malgré les calculs, une affaire de mathématique expérimentale et manouvrière. Cependant jusqu'où cette connoissance seule ne s'étend-elle pas ? Combien de mauvaises machines ne nous sont-elles pas proposées tous les jours, par des gens qui se sont imaginés que les leviers, les roues, les poulies, les cables agissent dans une machine, comme sur le papier ; et qui, faute d'avoir mis la main à l'œuvre, n'ont jamais su la différence des effets d'une machine même, ou de son profil ? Une seconde observation que nous ajouterons, puisqu'elle est amenée par le sujet, c'est qu'il y a des machines qui réussissent en petit, et qui ne réussissent point en grand ; et réciproquement, d'autres qui réussissent en grand, et qui ne réussiroient pas en petit. Il faut, je crois, mettre du nombre de ces dernières, toutes celles dont l'effet dépend principalement d'une pesanteur considérable des parties mêmes qui les composent, ou de la violence de la réaction d'un fluide, ou de quelque volume considérable de matière élastique, à laquelle ces machines doivent être appliquées. Exécutez-les en petit, le poids des parties se réduit à rien ; la réaction du fluide n'a presque plus de lieu ; les puissances sur lesquelles on avoit compté disparoissent ; et la machine manque son effet. Mais, comme il y a, relativement aux dimensions des machines, un point, s'il est permis de parler ainsi, un terme où elle ne produit plus d'effet, il y en a un autre au-delà ou en-deçà duquel elle ne produit pas le plus grand effet dont son mécanisme étoit capable. Toute machine a, selon la manière de dire des géomètres, un *maximum* de dimensions. De même que, dans sa construction, chaque partie considérée par rappport au plus parfait mécanisme de cette partie, est d'une dimension déterminée par les autres parties ; la machine entière est d'une dimension déterminée relativement à son mécanisme le plus parfait, par la matière dont elle est composée, l'usage qu'on en veut tirer, et une infinité d'autres causes. Mais quel est, demandera-t-on, ce terme dans les dimensions d'une machine, au-delà ou en-deçà duquel elle est trop grande ou trop petite ? Quelle est la dimension véritable et absolue d'une montre excellente, d'un moulin parfait, d'un vaisseau construit le mieux qu'il est possible ? C'est à la géométrie expérimentale et manouvrière de plusieurs siècles, aidée de la géométrie intellectuelle la plus déliée, à donner une solution approchée de ces problèmes ; et je suis convaincu qu'il est impossible d'obtenir quelque chose de satisfaisant là-dessus, de ces géométries séparées, et très-difficile, de ces géométries réunies.

De la langue des arts. J'ai trouvé la langue des arts très-imparfaite, par deux causes ; la disette de mots propres, et l'abondance des synonymes. Il y a des outils qui ont plusieurs noms différens ;

d'autres n'ont, au contraire, que le nom générique, *Engin*, *Machine*, sans aucune addition qui les spécifie. Quelquefois, la moindre petite différence suffit aux artistes, pour abandonner le nom générique et inventer des noms particuliers; d'autres fois, un outil singulier par sa forme et son usage, ou n'a point de nom, ou porte le nom d'un autre outil avec lequel il n'a rien de commun. Il seroit à souhaiter qu'on eût plus d'égard à l'analogie des formes et des usages. Les géomètres n'ont pas autant de noms qu'ils ont de figures; mais dans la langue des arts, un marteau, une tenaille, une auge, une pelle, etc., ont presqu'autant de dénominations qu'il y a d'arts. La langue change en grande partie d'une manufacture à une autre. Cependant je suis convaincu que les manœuvres les plus singulières, et les machines les plus composées s'expliqueroient avec un assez petit nombre de termes familiers et connus, si on prenoit le parti de n'employer des termes d'arts, que quand ils offriroient des idées particulières. Ne doit-on pas être convaincu de ce que j'avance, quand on considère que les machines composées ne sont que des combinaisons de machines simples; que les machines simples sont en petit nombre; et que, dans l'exposition d'une manœuvre quelconque, tous les mouvemens sont réductibles, sans aucune erreur considérable, au mouvement rectiligne et au mouvement circulaire? Il seroit donc à souhaiter qu'un bon logicien, à qui les arts seroient familiers, entreprît des élemens de la grammaire des arts. Le premier pas qu'il auroit à faire, ce seroit de fixer la valeur des corrélatifs, *grand*, *gros*, *moyen*, *mince*, *épais*, *foible*, *petit*, *léger*, *pesant*, etc. Pour cet effet, il faudroit chercher une mesure constante dans la nature, ou évaluer la grandeur, la grosseur et la force moyenne de l'homme, et y rapporter toutes les expressions indéterminées de quantité ; ou du-moins former des tables, auxquelles on inviteroit les artistes à conformer leur langue. Le second pas, ce seroit de déterminer sur la différence et sur la ressemblance des formes et des usages d'un instrument et d'un autre instrument, d'une manœuvre et d'une autre manœuvre, quand il faudroit leur laisser un même nom et leur donner des noms différens. Je ne doute point que celui qui entreprendroit cet ouvrage ne trouvât moins de termes nouveaux à introduire, que de synonymies à bannir ; et plus de difficultés à bien définir des choses communes, telles que *grace*, en peinture ; *nœud*, en passementerie ; *creux*, en plusieurs arts ; qu'à expliquer les machines les plus compliquées. C'est le défaut de définitions exactes ; c'est la multitude et non la diversité des mouvemens dans les manœuvres, qui rendent les choses des arts difficiles à dire clairement. Quant à l'inconvénient des synonymies, il n'y a d'autre remède que de se familiariser avec les objets. Ils en valent bien la peine, soit qu'on les considère par les avantages qu'on en tire, ou par l'honneur qu'ils font à l'esprit humain. Dans quel système de physique ou de métaphysique remarque-t-on plus d'intelligence, de sagacité, de conséquence, que dans les machines à filer l'or, à faire des bas ; et dans les métiers de passementiers, de gaziers, de drapiers, ou d'ouvriers en soie ? Quelle démonstration de mathématique est plus compliquée que le mécanisme de certaines horloges, ou que les différentes opérations par lesquelles on fait passer ou l'écorce du chanvre, ou la coque du ver, avant que d'en obtenir un fil qu'on puisse employer à l'ouvrage ? Quelle projection plus belle, plus délicate et plus singulière, que celle d'un dessein sur les cordes d'un *semple*, et des cordes du *semple* sur les fils d'une chaine ! Qu'a-t-on imaginé, en quelque genre que ce soit, qui montre plus de subtilité que le *chiner* des velours. Je n'aurois jamais fait, si je m'imposois la tâche de parcourir toutes les merveilles qui frapperont, dans les manufactures, ceux qui n'y porteront pas des yeux prévenus ou des yeux stupides.

Je m'arrêterai, avec le philosophe anglais, à trois inventions dont les anciens n'ont point eu connoissance, et dont, à la honte de l'histoire et de la poésie moderne, les noms des inventeurs sont presqu'ignorés : je veux parler de l'art de l'imprimerie ; de la découverte de la poudre à canon ; et de la propriété de l'aiguille aimantée. Quelle révolution ces découvertes n'ont-elles pas occasionnée dans la république des lettres, dans l'art militaire, et dans la marine ? L'aiguille aimantée a conduit nos vaisseaux jusqu'aux régions les plus ignorées ; les caractères typographiques ont établi une correspondance de lumières entre les savans de tous les lieux et de tous les temps à venir ; et la poudre à canon a fait naître tous ces chefs-d'œuvre d'architecture qui défendent nos frontières et celles de nos ennemis. Ces trois arts ont presque changé la face de la terre.

Rendons enfin aux artistes la justice qui leur est due. Les arts libéraux se sont assez chantés eux-mêmes ; ils pourroient maintenant employer ce qu'ils ont de voix, à célébrer les arts mécaniques. C'est aux arts libéraux, à tirer les arts mécaniques de l'avilissement, où le préjugé les a tenus si long-temps ; et c'est à la protection des rois à les garantir d'une indigence où ils languissent encore. Les artisans se sont crus méprisables, parce qu'on les a méprisés ; apprenons-leur à mieux penser d'eux-mêmes : c'est le seul moyen d'en obtenir des productions plus parfaites. Qu'il sorte du sein des académies quelque homme, qui descende dans les ateliers, qui y recueille les phénomènes des arts, et qui nous les expose dans un ouvrage qui détermine les artistes à lire ; les philosophes, à penser utilement ; et les grands, à faire enfin un usage utile de leur autorité et de leurs récompenses.

Un avis que nous oserons donner aux savans, c'est de pratiquer ce qu'ils nous enseignent eux-mêmes, qu'on ne doit pas juger des choses avec trop de précipitation, ni proscrire une invention comme inutile, parce qu'elle n'aura pas dans son origine tous les avantages qu'on en pourroit exiger. Montaigne, cet homme d'ailleurs si philosophe, ne rougiroit-il pas, s'il revenoit parmi nous, d'avoir écrit *que les armes à feu sont de si peu d'effet, sauf l'étonnement des oreilles, à quoi chacun est désormais apprivoisé, qu'il espère qu'on en quittera l'usage ?* N'auroit-il pas montré plus de sagesse à encourager les arquebusiers de de son temps, à substituer à la mèche et au rouet, quelque machine qui répondît à l'activité de la poudre, et plus de sagacité à prédire que cette machine s'inventeroit un jour ? Mettez Bacon à la place de Montaigne ; et vous verrez ce premier considérer en philosophe la nature de l'agent, et prophétiser, s'il m'est permis de le dire, les grenades, les mines, les canons, les bombes, et tout l'appareil de la pyrotechnie militaire. Mais Montaigne n'est pas le seul philosophe, qui ait porté sur la possibilité ou l'impossibilité des machines un jugement précipité. Descartes, ce génie extraordinaire, né pour égarer et pour conduire, et d'autres qui valoient bien l'auteur des *Essais*, n'ont-ils pas prononcé que le miroir d'Archimède étoit une fable ? cependant ce miroir est exposé à la vue de tous les savans, au Jardin du Roi ; et les effets, qu'il y opère entre les mains de M. de Buffon qui l'a retrouvé, ne nous permettent plus de douter de ceux qu'il opéroit du haut des murs de Syracuse, entre les mains d'Archimède. De si grands exemples suffisent pour nous rendre circonspects.

Nous invitons les artistes à prendre, de leur côté, conseil des savans ; et à ne pas laisser périr avec eux les découvertes qu'ils feront. Qu'ils sachent que c'est se rendre coupable d'un larcin envers la société, que de renfermer un secret utile ; et qu'il n'est pas moins vil de préférer en ces occasions l'intérêt d'un seul à l'intérêt de tous, qu'en cent autres où ils ne balanceroient pas eux-mêmes à prononcer. S'ils se rendent communicatifs, on les débarrassera de plusieurs préjugés ; et sur-tout de celui où ils sont presque tous, que leur art a acquis le dernier dégré de perfection dont il est capable. Leur peu de lumières les expose souvent à rejeter sur la nature des choses, un défaut qui n'est qu'en eux-mêmes. Les obstacles leur paroissent insurmontables, toutes les fois qu'ils ignorent les moyens de les vaincre. Qu'ils fassent des expériences ; que dans ces expériences chacun mette du sien ; que l'artiste y soit pour la main-d'œuvre ; le philosophe, pour les lumières et les conseils ; et l'homme opulent, pour le prix des matières, des peines et du temps : et bientôt nos arts et nos manufactures auront, sur celles des étrangers, toute la supériorité que nous désirons.

De la supériorité d'une manufacture sur une autre. Mais ce qui donnera la supériorité à une manufacture sur une autre, ce sera sur-tout la bonté des matières qu'on y emploiera, jointe à la célérité du travail et à la perfection de l'ouvrage. Quant à la bonté des matières, c'est une affaire d'inspection. Pour la célérité du travail et la perfection de l'ouvrage, elles dépendent entièrement de la multitude des ouvriers rassemblés. Lorsqu'une manufacture est nombreuse, chaque opération occupe un homme différent. Tel ouvrier n'y fait et n'y fera de sa vie qu'une seule et unique chose ; tel autre, une autre chose; d'où il arrive que chacune s'exécute bien et promptement ; et que l'ouvrage le mieux fait est encore celui qu'on a à meilleur marché. D'ailleurs le goût et la façon se perfectionnent nécessairement entre un grand nombre d'ouvriers ; parce qu'il est difficile qu'il ne s'en rencontre quelques-uns capables de réfléchir, de combiner, et de trouver enfin le seul moyen qui puisse les mettre au-dessus de leurs semblables ; le moyen ou d'épargner la matière, ou d'allonger le temps, ou de surfaire l'industrie, soit par une machine nouvelle, soit par une manœuvre plus commode. Si les manufactures étrangères ne l'emportent pas sur nos manufactures de Lyon, ce n'est pas qu'on ignore ailleurs comment on travaille là. On a par-tout les mêmes métiers, les mêmes soies, et à-peu-près les mêmes pratiques ; mais ce n'est qu'à Lyon qu'il y a trente mille ouvriers rassemblés, et s'occupant tous de l'emploi de la même matière. Nous pourrions encore allonger cet article ; mais ce que nous venons de dire, joint à ce qu'on trouvera dans notre discours préliminaire, suffira pour ceux qui savent penser ; et nous n'en aurions jamais assez dit pour les autres. On y rencontrera peut-être des endroits d'une métaphysique un peu forte : mais il étoit impossible que cela fût autrement. Nous avions à parler de ce qui concerne l'art en général ; nos propositions devoient donc être générales : mais le bon sens dit qu'une proposition est d'autant plus abstraite, qu'elle est plus générale ; l'abstraction consistant à étendre une vérité en écartant de son énonciation les termes qui la particularisent. Si nous avions pu épargner ces épines au lecteur, nous nous serions épargné bien du travail à nous-mêmes.

SECONDE LETTRE

AU R. P. BERTHIER,

JÉSUITE.

Perge, sequar. Æneid.

Je doute, mon R. P., par le trouble qui règne au commencement de votre réponse, si je suis heureux ou malheureux en épigraphes : j'avois simplement voulu vous annoncer que ma lettre *ne vous feroit point de mal* ; et j'ai bien peur de m'être trompé : vous parlez de *santé*, comme si mes complimens vous donnoient la fièvre : du reste, quand je voudrois bien vous regarder comme *un bon seigneur romain,* je n'en serois pas plus disposé à jouer avec vous le rôle *de la dame Arria.*

Vous observez très-subtilement qu'il est dangereux d'écrire sur d'autres matières que de pure littérature ; je ne serai pas long-temps, mon R. P., sans vous en convaincre par vous-même. Si le *docteur judicieux*, qui approuve votre journal, se *ressouvient* des *grands éloges* que *vous avez donnés* à l'Encyclopédie, je crains bien que votre imprimeur ne les ait oubliés. Je n'ignore point la différence qu'il y a entre les *journaux de Trévoux* et les *journaux des Navigateurs*, ni *la figure* que les uns et les autres *font dans le monde;* et vous ne devez pas appréhender, mon R. P., que je vous confonde jamais avec l'amiral Anson. Le seul rapport que je pourrois trouver entre un voyageur et un journaliste, c'est qu'ils ne disent pas toujours la vérité; mais cette ressemblance est usée, et ne sauroit vous convenir. Votre censeur, qui, avec tant de jugement, a si bonne mémoire, ressembleroit peut-être davantage à certains voyageurs, qui se *souviennent* de la meilleure foi du monde de ce qu'ils n'ont jamais vu. Le critique, dont vous me parlez, et dont *vos grands éloges* ont fait arrêter le *grand écrit* à TROIS parties, ne m'est pas aussi inconnu qu'à vous. Je l'aurois deviné aux TROIS divisions. Il a de très-bonnes raisons pour médire de vive voix de l'Encyclopédie ; mais il pourroit en avoir de meilleures pour n'en rien dire par écrit. Je n'ai jamais prétendu, mon R. P., à *l'immortalité:* le voyage est trop long pour ne pas craindre de rester en chemin, sur-tout lorsqu'on se charge d'y mener ceux qui n'y vont pas, ou de retarder ceux qui y vont seuls. Je sais que les *divisions de la branche philosophique* sont fort étendues dans Bacon; mais je crois qu'elles sont fort différentes dans l'arbre encyclopédique: et vous êtes, mon R. P., de si bonne-foi et de si bonne volonté, que je suis très-reconnoissant de la peine que vous voulez bien prendre d'en dire un mot. Vous n'oublierez pas, sans-doute, cette fois-ci, de rappeler l'aveu que j'ai fait, et de distinguer, avec votre capacité ordinaire, ce qui nous appartient à l'un et à l'autre. Je ne doute point que *Messieurs de l'Encyclopédie* que vous connoissez ne soient fort bons chrétiens: il est bien difficile que cela soit autrement, quand on est de vos amis; et c'est pour cela que j'ambitionne d'être du nombre. Leurs noms, comme vous l'observez, auroient sans-doute *jeté un grand éclat sur le mien:* cette réflexion est trop juste et trop vraie pour être désobligeante; mais le premier volume de l'Encyclopédie ne vous laissera là-dessus rien à désirer: en attendant qu'il paroisse, je me contenterai d'honorer quelquefois mon nom par la splendeur du vôtre, puisque vous voulez bien m'en accorder la permission. Vous prétendez *que, pour former une Encyclopédie, cinquante savans n'auroient pas suffi, si vous aviez été du nombre;* et vous vous fâchez presque de ce que je ne vous en ai pas fait le compliment? Je m'en rapporte à vous, mon R. P., ne valoit-il pas mieux que vous vous chargeassiez de ce soin que moi? J'avois dessein de joindre à cette lettre un article du Dictionnaire, comme je vous l'avois promis; mais vous êtes si exact à faire réponse, qu'il y auroit conscience à vous faire attendre la mienne; ce sera pour ma troisième lettre. Le morceau que je vous destine est *analyse :* vous auriez tort de vous plaindre

K *

que je ne vous choisis pas des articles intéressans. J'attends toujours votre jugement sur l'article ART, et vos mémoires sur l'article CONTINUATION.

J'ai l'honneur d'être, mon R. P., etc.

A Paris, ce 2 février 1751, à neuf heures du soir, en recevant votre journal.

PENSÉES

SUR

L'INTERPRÉTATION

DE LA NATURE.

AUX JEUNES GENS

QUI SE DISPOSENT A L'ÉTUDE DE LA PHILOSOPHIE NATURELLE.

Jeune homme, prends et lis. Si tu peux aller jusqu'à la fin de cet ouvrage, tu ne seras pas incapable d'en entendre un meilleur. Comme je me suis moins proposé de t'instruire que de t'exercer, il m'importe peu que tu adoptes mes idées ou que tu les rejettes, pourvu qu'elles emploient toute ton attention. Un plus habile t'apprendra à connoître les forces de la nature; il me suffira de t'avoir fait essayer les tiennes. Adieu.

P. S. Encore un mot, et je te laisse. Aie toujours présent à l'esprit que la *nature* n'est pas *Dieu*; qu'un *homme* n'est pas une *machine*; qu'une *hypothèse* n'est pas un *fait*: et sois assuré que tu ne m'auras point compris, partout où tu croiras appercevoir quelque chose de contraire à ces principes.

DE L'INTERPRÉTATION

DE LA NATURE.

> Quæ sunt in luce tuemur
> E tenebris. *LUCRET. lib. VI.*

I.

C'est de la nature, que je vais écrire. Je laisserai les pensées se succéder sous ma plume, dans l'ordre même selon lequel les objets se sont offerts à ma réflexion ; parce qu'elles n'en représenteront que mieux les mouvemens et la marche de mon esprit. Ce seront, ou des vues générales sur l'art expérimental, ou des vues particulières sur un phénomène qui paroît occuper tous nos philosophes, et les diviser en deux classes. Les uns ont, ce me semble, beaucoup d'instrumens et peu d'idées ; les autres ont beaucoup d'idées et n'ont point d'instrumens. L'intérêt de la vérité demanderoit que ceux qui réfléchissent daignassent enfin s'associer à ceux qui se remuent, afin que le spéculatif fût dispensé de se donner du mouvement ; que le manœuvre eût un but dans les mouvemens infinis qu'il se donne ; que tous nos efforts se trouvassent réunis et dirigés en-même-temps contre la résistance de la nature ; et que, dans cette espèce de ligue philosophique, chacun fît le rôle qui lui convient.

I-I.

Une des vérités qui aient été annoncées de nos jours, avec le plus de courage et de force (*), qu'un bon physicien ne perdra point de vue, et qui aura certainement les suites les plus avantageuses ; c'est que la région des mathématiciens est un monde intellectuel, où ce que l'on prend pour des vérités rigoureuses, perd absolument cet avantage, quand on l'apporte sur notre terre. On en a conclu que c'étoit à la philosophie expérimentale à rectifier les calculs de la géométrie ; et cette conséquence a été avouée même par les géomètres. Mais à quoi bon corriger le calcul géométrique par l'expérience ? N'est-il pas plus court de s'en tenir au résultat de celle-ci ? d'où l'on voit que les mathématiques, transcendantes sur-tout, ne conduisent à rien de précis, sans l'expérience ; que c'est une espèce de métaphysique générale, où les corps sont dépouillés de leurs qualités individuelles ; et qu'il resteroit au-moins à faire un grand ouvrage qu'on pourroit appeler *l'Application de l'expérience à la géométrie*, ou *Traité de l'aberration des mesures.*

III.

Je ne sais s'il y a quelque rapport entre l'esprit

(*) *Voyez* l'Histoire naturelle, générale et particulière, Vol. I, Discours I.

du jeu et le génie mathématicien ; mais il y en a beaucoup entre un jeu et des mathématiques. Laissant à part ce que le sort met d'incertitude d'un côté, ou le comparant avec ce que l'abstraction met d'inexactitude de l'autre, une partie de jeu peut être considérée comme une suite indéterminée de problêmes à résoudre, d'après des conditions données. Il n'y a point de questions de mathématiques à qui la même définition ne puisse convenir, et la *chose* du mathématicien n'a pas plus d'existence dans la nature, que celle du joueur. C'est, de part et d'autre, une affaire de convention. Lorsque les géomètres ont décrié les métaphysiciens, ils étoient bien éloignés de penser que toute leur science n'étoit qu'une métaphysique. On demandoit un jour : Qu'est-ce qu'un métaphysicien? Un géomètre répondit : C'est un homme qui ne sait rien. Les chymistes, les physiciens, les naturalistes, et tous ceux qui se livrent à l'art expérimental, non moins outrés dans leurs jugemens, me paroissent sur-le-point de venger la métaphysique, et d'appliquer la même définition au géomètre. Ils disent : A quoi servent toutes ces profondes théories des corps célestes, tous ces énormes calculs de l'astronomie rationnelle, s'ils ne dispensent point Bradley ou le Monnier d'observer le ciel? Et je dis heureux le *géomètre*, en qui une étude consommée des sciences abstraites n'aura point affoibli le goût des beaux-arts ; à qui

Horace et Tacite seront aussi familiers que Newton; qui saura découvrir les propriétés d'une courbe, et sentir les beautés d'un poëte; dont l'esprit et les ouvrages seront de tous les temps, et qui aura le mérite de toutes les académies! Il ne se verra point tomber dans l'obscurité; il n'aura point à craindre de survivre à sa renommée.

I,V.

Nous touchons au moment d'une grande révolution dans les sciences. Au penchant que les esprits me paroissent avoir à la morale, aux belles-lettres, à l'histoire de la nature, et à la physique expérimentale, j'oserois presque assurer qu'avant qu'il soit cent ans, on ne comptera pas trois grands géomètres en Europe. Cette science s'arrêtera tout court, où l'auront laissée les Bernoulli, les Euler, les Clairaut, les Fontaine, les d'Alembert et les La Grange. Ils auront posé les colonnes d'Hercule. On n'ira point au-delà. Leurs ouvrages subsisteront dans les siècles à venir, comme ces pyramides d'Egypte, dont les masses chargées d'hiéroglyphes réveillent en nous une idée effrayante de la puissance et des ressources des hommes qui les ont élevées.

V.

Lorsqu'une science commence à naître, l'extrême considération qu'on a dans la société pour les inventeurs; le desir de connoître par soi-même une chose qui fait beaucoup de bruit; l'espérance de s'illustrer par quelque découverte; l'ambition de partager un titre avec des hommes illustres, tournent tous les esprits de ce côté. En un moment, elle est cultivée par une infinité de personnes de caractères différens. Ce sont, ou des gens du monde, à qui leur oisiveté pèse; ou des transfuges, qui s'imaginent acquérir dans la science à la mode une réputation, qu'ils ont inutilement cherchée dans d'autres sciences, qu'ils abandonnent pour elle; les uns s'en font un métier; d'autres y sont entraînés par le goût. Tant d'efforts réunis portent assez rapidement la science jusqu'où elle peut aller. Mais, à-mesure que ses limites s'étendent, celles de la considération se resserrent. On n'en a plus que pour ceux qui se distinguent par une grande supériorité. Alors, la foule diminue; on cesse de s'embarquer pour une contrée où les fortunes sont difficiles. Il ne reste à la science que des mercénaires à qui elle donne du pain; et que quelques hommes de génie qu'elle continue d'illustrer long-temps encore après que le prestige est dissipé, et que les yeux se sont ouverts sur l'inutilité de leurs travaux. On regarde toujours ces travaux comme des tours de force qui font honneur à l'humanité. Voilà l'abrégé historique de la géométrie, et celui de toutes les sciences qui cesseront d'instruire ou de plaire : je n'en excepte pas même l'histoire de la nature.

VI.

Quand on vient à comparer la multitude infinie des phénomènes de la nature, avec les bornes de notre entendement et la foiblesse de nos organes ; peut-on jamais attendre autre chose de la lenteur de nos travaux ; et de leurs longues et fréquentes interruptions, et de la rareté des génies créateurs, que quelques pièces rompues et séparées de la grande chaîne qui lie toutes choses ?.... La philosophie expérimentale travailleroit pendant les siècles des siècles, que les matériaux qu'elle entasseroit, devenus à-la-fin par leur nombre au-dessus de toute combinaison, seroient encore bien loin d'une énumération exacte. Combien ne faudroit-il pas de volumes, pour renfermer les termes seuls par lesquels nous désignerions les collections distinctes de phénomènes, si les phénomènes étoient connus ? Quand la langue philosophique sera-t-elle complète ? Quand elle seroit complète, qui, d'entre les hommes, pourroit la savoir ? Si l'Eternel, pour manifester sa toute-puissance plus évidemment encore que par les merveilles de la nature, eût daigné développer le mécanisme universel sur des feuilles tracées de sa propre main, croit-on que ce grand livre fût plus compréhensible pour nous que l'univers même ? Combien de pages en auroit entendu ce philosophe qui, avec toute la force de tête qui lui avoit été donnée, n'étoit pas sûr d'avoir seulement embrassé les conséquences par lesquelles un ancien géomètre a déterminé le rapport de la sphère au cylindre ? Nous aurions, dans ces feuilles, une mesure assez bonne de la portée des esprits, et une satyre beaucoup meilleure de notre vanité. Nous pourrions dire : Fermat alla jusqu'à telle page ; Archimède étoit allé quelques pages plus loin. Quel est donc notre but ? L'exécution d'un ouvrage, qui ne peut jamais être fait ; et qui seroit fort au-dessus de l'intelligence humaine, s'il étoit achevé. Ne sommes-nous pas plus insensés que les premiers habitans de la plaine de Sennaar ? Nous connoissons la distance infinie qu'il y a de la terre aux cieux ; et nous ne laissons pas que d'élever la tour. Mais est-il à présumer qu'il ne viendra point un temps, où notre orgueil découragé abandonne l'ouvrage ? Quelle apparence que, logé étroitement et mal à son aise ici-bas, il s'opiniâtre à construire un palais inhabitable au-delà de l'atmosphère ? Quand il s'y opiniâtreroit, ne seroit-il pas arrêté par la confusion des langues, qui n'est déjà que trop sensible et trop incommode dans l'histoire naturelle ? D'ailleurs, l'utile circonscrit tout. Ce sera l'utile qui, dans quelques siècles, donnera des bornes à la physique expérimentale, comme il est sur-le-point d'en donner à la géométrie. J'accorde des siècles à cette étude, parce que la sphère de son utilité est infiniment plus étendue que celle d'aucune science abstraite ; et qu'elle est, sans contredit, la base de nos véritables connoissances.

VII.

Tant que les choses ne sont que dans notre entendement, ce sont nos opinions; ce sont des notions, qui peuvent être vraies ou fausses, accordées ou contredites. Elles ne prennent de la consistance qu'en se liant aux êtres extérieurs. Cette liaison se fait ou par une chaîne ininterrompue d'expériences, ou par une chaîne ininterrompue de raisonnemens, qui tient d'un bout à l'observation, et de l'autre à l'expérience; ou par une chaîne d'expériences dispersées d'espace en espace entre des raisonnemens, comme des poids sur la longueur d'un fil suspendu par ses deux extrémités. Sans ces poids, le fil deviendroit le jouet de la moindre agitation qui se feroit dans l'air.

VIII.

On peut comparer les notions, qui n'ont aucun fondement dans la nature, à ces forêts du Nord dont les arbres n'ont point de racines. Il ne faut qu'un coup de vent, qu'un fait léger, pour renverser toute une forêt d'arbres et d'idées.

IX.

Les hommes en sont à-peine à sentir combien les loix de l'investigation de la vérité sont sévères; et combien le nombre de nos moyens est borné. Tout se réduit à revenir des sens à la réflexion, et de la réflexion aux sens : rentrer en soi et en sortir sans cesse, c'est le travail de l'abeille. On a battu bien du terrein en vain, si on ne rentre pas dans la ruche chargé de cire. On a fait bien des amas de cire inutile, si on ne sait pas en former des rayons.

X.

Mais, par malheur, il est plus facile et plus court de se consulter soi que la nature. Aussi la raison est-elle portée à demeurer en elle-même, et l'instinct à se répandre au-dehors. L'instinct va sans cesse regardant, goûtant, touchant, écoutant ; et il y auroit peut-être plus de physique expérimentale à apprendre en étudiant les animaux, qu'en suivant les cours d'un professeur. Il n'y a point de charlatanerie dans leurs procédés. Ils tendent à leur but, sans se soucier de ce qui les environne : s'ils nous surprennent, ce n'est point leur intention. L'étonnement est le premier effet d'un grand phénomène : c'est à la philosophie à le dissiper. Ce dont il s'agit dans un cours de philosophie expérimentale, c'est de renvoyer son auditeur plus instruit, et non plus stupéfait. S'enorgueillir des phénomènes de la nature, comme si l'on en étoit soi-même l'auteur, c'est imiter la sottise d'un éditeur des *Essais*, qui ne pouvoit entendre le nom de Montaigne, sans rougir. Une grande leçon qu'on a souvent occasion de donner, c'est l'aveu de son insuffisance. Ne vaut-il pas mieux se concilier la confiance des autres, par la sincérité d'un *je n'en sais rien*, que de balbutier des mots, et se faire pitié à soi-même, en s'efforçant de tout expliquer? Celui qui confesse librement qu'il ne sait pas ce qu'il ignore, me dispose à croire ce dont il entreprend de me rendre raison.

XI.

L'étonnement vient souvent de ce qu'on suppose plusieurs prodiges où il n'y en a qu'un ; de ce qu'on imagine, dans la nature, autant d'actes particuliers qu'on nombre de phénomènes, tandis qu'elle n'a peut-être jamais produit qu'un seul acte. Il semble même que, si elle avoit été dans la nécessité d'en produire plusieurs, les différens résultats de ces actes seroient isolés ; qu'il y auroit des collections de phénomènes indépendantes les unes des autres; et que cette chaîne générale, dont la philosophie suppose la continuité, se romproit en plusieurs endroits. L'indépendance absolue d'un seul fait est incompatible avec l'idée de tout ; et sans l'idée de tout, plus de philosophie.

XII.

Il semble que la nature se soit plue à varier le même mécanisme d'une infinité de manières différentes (*). Elle n'abandonne un genre de produc-

---

(*) *Voyez* l'Hist. nat. tom. IV. Hist. de l'Ane ; et un petit ouvrage latin, intitulé : *Dissertatio inauguralis metaphysica, de universali naturæ systemate*,

tions qu'après en avoir multiplié les individus sous toutes les faces possibles. Quand on considère le règne animal, et qu'on s'apperçoit que, parmi les quadrupèdes, il n'y en a pas un qui n'ait les fonctions et les parties, sur-tout intérieures, entièrement semblables à un autre quadrupède; ne croiroit-on pas volontiers qu'il n'y a jamais eu qu'un premier animal, prototype de tous les animaux, dont la nature n'a fait qu'alonger, raccourcir, transformer, multiplier, oblitérer certains organes? Imaginez les doigts de la main réunis, et la matière des ongles si abondante que, venant à s'étendre et à se gonfler, elle enveloppe et couvre le tout; au-lieu de la main d'un homme, vous aurez le pied d'un cheval (*). Quand on voit les métamorphoses successives de l'enveloppe du prototype, quel qu'il ait été, approcher un règne d'un autre règne, par des dégrés insensibles, et peupler les confins des deux règnes (s'il est permis de se servir du terme de *confin* où il n'y a aucune division réelle); et peupler, dis-je, les confins des deux règnes, d'êtres incertains, ambigus, dépouillés en grande partie des formes, des qualités, et des fonctions

---

pro gradu doctoris habita, imprimé à Erlang, en 1751, et apporté en France par M. de Maupertuis, en 1753.

(*) *Voyez* l'Hist. gén. et part. tom. IV. Description du Cheval, par M. d'Aubenton.

de l'un, et revêtus des formes, des qualités, des fonctions de l'autre ; qui ne se sentiroit porté à croire qu'il n'y a jamais eu qu'un premier être prototype de tous les êtres ? Mais, que cette conjecture philosophique soit admise avec le docteur Baumann, comme vraie ; ou rejetée, avec M. de Buffon, comme fausse ; on ne niera pas qu'il ne faille l'embrasser comme une hypothèse essentielle au progrès de la physique expérimentale, à celui de la philosophie rationnelle, à la découverte et à l'explication des phénomènes qui dépendent de l'organisation. Car il est évident que la nature n'a pu conserver tant de ressemblance dans les parties, et affecter tant de variété dans les formes, sans avoir souvent rendu sensible dans un être organisé, ce qu'elle a dérobé dans un autre. C'est une femme qui aime à se travestir ; et dont les différens déguisemens, laissant échapper tantôt une partie, tantôt une autre, donnent quelqu'espérance, à ceux qui la suivent avec assiduité, de connoître un jour toute sa personne.

XIII.

On a découvert qu'il y a dans un sexe le même fluide séminal que dans l'autre sexe. Les parties qui contiennent ce fluide ne sont plus inconnues. On s'est apperçu des altérations singulières qui surviennent dans certains organes de la femelle, quand la nature la presse-fortement de rechercher le mâle (*). Dans l'approche des sexes, quand on vient à comparer les symptômes du plaisir de l'un aux symptômes du plaisir de l'autre, et qu'on s'est assuré que la volupté se consomme dans tous les deux par des élancemens également caractérisés, distincts et battus, on ne peut douter qu'il n'y ait aussi des émissions semblables du fluide séminal. Mais où et comment se fait cette émission dans la femme ? que devient le fluide ? quel route suit-il ? c'est ce qu'on ne saura que quand la nature, qui n'est pas également mystérieuse en tout et par-tout, se sera dévoilée dans une autre espèce : ce qui arrivera apparemment de l'une de ces deux manières; ou les formes seront plus évidentes dans les organes; ou l'émission du fluide se rendra sensible à son origine et sur toute sa route, par son abondance extraordinaire. Ce qu'on a vu distinctement dans un être ne tarde pas à se manifester dans un être semblable. En physique expérimentale, on apprend à appercevoir les petits phénomènes dans les grands; de même qu'en physique rationnelle, on apprend à connoître les grands corps dans les petits.

XIV.

Je me représente la vaste enceinte des sciences,

(*) *Voyez* dans l'Hist. gén. et part. le Discours sur la génér.

comme un grand terrain parsemé de places obscures et de places éclairées. Nos travaux doivent avoir pour but, ou d'étendre les limites des places éclairées, ou de multiplier sur le terrain les centres de lumières. L'un appartient au génie qui crée ; l'autre à la sagacité qui perfectionne.

X V.

Nous avons trois moyens principaux ; l'observation de la nature, la réflexion, et l'expérience. L'observation recueille les faits ; la réflexion les combine ; l'expérience vérifie le résultat de la combinaison. Il faut que l'observation de la nature soit assidue ; que la réflexion soit profonde ; et que l'expérience soit exacte. On voit, rarement, ces moyens réunis. Aussi les génies créateurs ne sont-ils pas communs.

X V I.

Le philosophe, qui n'apperçoit souvent la vérité, que comme le politique mal-adroit apperçoit l'occasion, par le côté chauve, assure qu'il est impossible de la saisir, dans le moment où la main du manœuvre est portée par le hasard sur le côté qui a des cheveux. Il faut cependant avouer que parmi ces manouvriers d'expériences, il y en a de bien malheureux : l'un d'eux emploiera toute sa vie à observer des insectes, et ne verra rien de nouveau; un autre jettera sur eux un coup-d'œil en passant, et appercevra le polype, ou le puceron hermaphrodite.

XVII.

Sont-ce les hommes de génie qui ont manqué à l'univers? nullement. Est-ce en eux défaut de méditation et d'étude ? encore moins. L'histoire des sciences fourmille de noms illustres ; la surface de la terre est couverte des monumens de nos travaux. Pourquoi donc possédons-nous si peu de connoissances certaines ? par quelle fatalité les sciences ont-elles fait si peu de progrès ? sommes-nous destinés à n'être jamais que des enfans ? j'ai déjà annoncé la réponse à ces questions. Les sciences abstraites ont occupé trop long-temps et avec trop peu de fruit les meilleurs esprits ; ou l'on n'a point étudié ce qu'il importoit de savoir; ou l'on n'a mis ni choix, ni vues, ni méthode dans ses études; les mots se sont multipliés sans fin ; et la connoissance des choses est restée en arrière.

XVIII.

La véritable manière de philosopher, c'eût été et ce seroit d'appliquer l'entendement à l'entendement ; l'entendement et l'expérience aux sens ; les sens, à la nature ; la nature, à l'investigation des instrumens ; les instrumens, à la recherche et à la perfection des arts, qu'on jetteroit au peuple, pour lui apprendre à respecter la philosophie.

XIX.

Il n'y a qu'un seul moyen de rendre la philosophie vraiment recommandable aux yeux du vulgaire; c'est de la lui montrer accompagnée de l'utilité. Le vulgaire demande toujours : *à quoi cela sert-il ?* et il ne faut jamais se trouver dans le cas de lui répondre : *à rien* : il ne sait pas que ce qui éclaire le philosophe et ce qui sert au vulgaire sont deux choses fort différentes, puisque l'entendement du philosophe est souvent éclairé par ce qui nuit, et obscurci par ce qui sert.

XX.

Les faits, de quelque nature qu'ils soient, sont la véritable richesse du philosophe. Mais un des préjugés de la philosophie rationnelle, c'est que celui qui ne saura pas nombrer ses écus, ne sera guère plus riche que celui qui n'aura qu'un écu. La philosophie rationnelle s'occupe malheureusement beaucoup plus à rapprocher et à lier les faits qu'elle possède, qu'à en recueillir de nouveaux.

XXI.

Recueillir et lier les faits, ce sont deux occupations bien pénibles; aussi les philosophes les ont-ils partagées entre eux. Les uns passent leur vie à rassembler des matériaux, manœuvres utiles et laborieux; les autres, orgueilleux architectes, s'empressent à les mettre en œuvre. Mais le temps a renversé jusqu'aujourd'hui presque tous les édifices de la philosophie rationnelle. Le manœuvre poudreux apporte tôt ou tard, des souterrains où il creuse en aveugle, le morceau fatal à cette architecture élevée à force de tête ; elle s'écroule ; et il ne reste que des matériaux confondus pêle-mêle, jusqu'à ce qu'un autre génie téméraire en entreprenne une combinaison nouvelle. Heureux le philosophe systématique à qui la nature aura donné, comme autrefois à Epicure, à Lucrèce, à Aristote, à Platon, une imagination forte, une grande éloquence, l'art de présenter ses idées sous des images frappantes et sublimes ! l'édifice qu'il a construit pourra tomber un jour ; mais sa statue restera debout au milieu des ruines ; et la pierre qui se détachera de la montagne, ne la brisera point, parce que les pieds n'en sont pas d'argile.

XXII.

L'entendement a ses préjugés ; le sens, son incertitude ; la mémoire, ses limites ; l'imagination, ses lueurs ; les instrumens, leur imperfection. Les phénomènes sont infinis ; les causes, cachées ; les formes, peut-être transitoires. Nous n'avons contre tant d'obstacles que nous trouvons en nous, et que la nature nous oppose au-dehors, qu'une expérience lente, qu'une réflexion bornée. Voilà les leviers avec lesquels la philosophie s'est proposé de remuer le monde.

XXIII.

Nous avons distingué deux sortes de philosophie ; l'expérimentale, et la rationnelle. L'une a les yeux bandés, marche toujours en tâtonnant, saisit tout ce qui lui tombe sous les mains, et rencontre à-la-fin des choses précieuses. L'autre recueille ces matières précieuses, et tâche de s'en former un flambeau : mais ce flambeau prétendu lui a jusqu'à-présent moins servi, que le tâtonnement à sa rivale ; et cela devoit être. L'expérience multiplie ses mouvemens à l'infini ; elle est sans cesse en action ; elle met à chercher des phénomènes tout le temps, que la raison emploie à chercher des analogies. La philosophie expérimentale ne sait ni ce qui lui viendra ni ce qui ne lui viendra pas de son travail ; mais elle travaille sans relâche. Au contraire, la philosophie rationnelle pèse les possibilités, prononce et s'arrête tout court. Elle dit hardiment : *on ne peut décomposer la lumière :* la philosophie expérimentale l'écoute, et se tait devant elle pendant des siècles entiers ; puis tout-à-coup elle montre le prisme, et dit : *la lumière se décompose.*

XXIV.

Esquisse de la physique expérimentale.

La physique expérimentale s'occupe en général, de l'*existence*, des *qualités*, et de l'*emploi*.

L'*EXISTENCE* embrasse l'*histoire*, la description, la *génération*, la *conservation* et la *destruction*.

L'*histoire* est des lieux, de l'importation, de l'exportation, du prix, des préjugés, etc...

La *description*, de l'intérieur et de l'extérieur, par toutes les qualités sensibles.

La *génération*, prise depuis la première origine jusqu'à l'état de perfection.

La *conservation*, de tous les moyens de fixer dans cet état.

La *destruction*, prise depuis l'état de perfection jusqu'au dernier dégré connu de *décomposition* ou de *dépérissement* ; de *dissolution* ou de *résolution*.

Les QUALITÉS sont générales ou particulières.

J'appelle *générales*, celles qui sont communes à tous les êtres, et qui n'y varient que par la quantité.

J'appelle *particulières*, celles qui constituent l'être tel ; ces dernières sont ou de la substance *en masse*, ou de la substance *divisée* ou *composée*.

L'EMPLOI s'étend à la *comparaison*, à l'*application* et à la *combinaison*.

La *comparaison* se fait ou par les ressemblances, ou par les différences.

L'*application* doit être la plus étendue et la plus variée qu'il est possible.

La *combinaison* est analogue ou bizarre.

L *

XXV.

Je dis *analogue* ou *bizarre*, parce que tout a son résultat dans la nature; l'expérience la plus extravagante, ainsi que la plus raisonnée. La philosophie expérimentale, qui ne se propose rien, est toujours contente de ce qui lui vient; la philosophie rationnelle est toujours instruite, lors même que ce qu'elle s'est proposé ne lui vient pas.

XXVI.

La philosophie expérimentale est une étude innocente, qui ne demande presqu'aucune préparation de l'ame. On n'en peut pas dire autant des autres parties de la philosophie. La plupart augmentent en nous la fureur des conjectures. La philosophie expérimentale la réprime à la longue. On s'ennuie tôt ou tard de deviner mal-adroitement.

XXVII.

Le goût de l'observation peut être inspiré à tous les hommes; il semble que celui de l'expérience ne doive être inspiré qu'aux hommes riches.

L'observation ne demande qu'un usage habituel des sens; l'expérience exige des dépenses continuelles. Il seroit à souhaiter que les grands ajoutassent ce moyen de se ruiner, à tant d'autres moins honorables qu'ils ont imaginés. Tout bien considéré, il vaudroit mieux qu'ils fussent appauvris par un chimiste, que dépouillés par des gens d'affaires; entêtés de la physique expérimentale qui les amuseroit quelquefois, qu'agités par l'ombre du plaisir qu'ils poursuivent sans cesse et qui leur échappe toujours. Je dirois volontiers aux philosophes dont la fortune est bornée et qui se sentent portés à la physique expérimentale, ce que je conseillerois à mon ami, s'il étoit tenté de la jouissance d'une belle courtisanne: *Laïdem habeto, dummodò te Laïs non habeat.* C'est un conseil que je donnerois encore à ceux qui ont l'esprit assez étendu pour imaginer des systêmes, et qui sont assez opulens pour les vérifier par l'expérience : Ayez un système, j'y consens ; mais ne vous en laissez pas dominer : *Laïdem habeto.*

XXVIII.

La physique expérimentale peut être comparée, dans ses bons effets, au conseil de ce père qui dit à ses enfans, en mourant, qu'il y avoit un trésor caché dans son champ; mais qu'il ne savoit point en quel endroit. Ses enfans se mirent à bêcher le champ ; ils ne trouvèrent pas le trésor qu'ils cherchoient; mais ils firent dans la saison une récolte abondante à laquelle ils ne s'attendoient pas.

XXIX.

L'année suivante, un des enfans dit à ses frères ;

J'ai soigneusement examiné le terrain que notre père nous a laissé, et je pense avoir découvert l'endroit du trésor. Ecoutez, voici comment j'ai raisonné. Si le trésor est caché dans le champ, il doit y avoir, dans son enceinte, quelques signes qui marquent l'endroit; or j'ai apperçu des traces singulières vers l'angle qui regarde l'orient; le sol y paroît avoir été remué. Nous nous sommes assurés par notre travail de l'année passée que le trésor n'est point à la surface de la terre; il faut donc qu'il soit caché dans ses entrailles : prenons incessamment la bêche, et creusons jusqu'à ce que nous soyons parvenus au souterrain de l'avarice. Tous les frères, entraînés moins par la force de la raison que par le désir de la richesse, se mirent à l'ouvrage. Ils avoient déjà creusé profondément sans rien trouver; l'espérance commençoit à les abandonner et le murmure à se faire entendre, lorsqu'un d'entre eux s'imagina reconnoître la présence d'une mine, à quelques particules brillantes. C'en étoit en effet une de plomb qu'on avoit anciennement exploitée, qu'ils travaillèrent et qui leur produisit beaucoup. Telle est quelquefois la suite des expériences suggérées par les observations et les idées systématiques de la philosophie rationnelle. C'est ainsi que les chimistes et les géomètres, en s'opiniâtrant à la solution de problèmes, peut-être impossibles, sont parvenus à des découvertes plus importantes que cette solution.

X X X.

La grande habitude de faire des expériences donne aux manouvriers d'opérations les plus grossiers un pressentiment qui a le caractère de l'inspiration. Il ne tiendroit qu'à eux de s'y tromper comme Socrate, et de l'appeler un *démon familier*. Socrate avoit une si prodigieuse habitude de considérer les hommes et de peser les circonstances, que dans les occasions les plus délicates, il s'exécutoit secrètement en lui une combinaison prompte et juste, suivie d'un pronostic dont l'événement ne s'écartoit guère. Il jugeoit des hommes comme les gens de goût jugent des ouvrages d'esprit, par sentiment. Ils en est de même en physique expérimentale, de l'instinct de nos grands manouvriers. Ils ont vu si souvent et de si près la nature dans ses opérations, qu'ils devinent avec assez de précision le cours qu'elle pourra suivre dans les cas où il leur prend envie de la provoquer par les essais les plus bizarres. Ainsi le service le plus important qu'ils aient à rendre à ceux qu'ils initient à la philosophie expérimentale, c'est bien moins de les instruire du procédé et du résultat, que de faire passer en eux cet esprit de divination par lequel on *subodore*, pour ainsi dire, des procédés inconnus, des expériences nouvelles, des résultats ignorés.

X X X I.

Comment cet esprit se communique-t-il ? Il

faudroit que celui qui en est possédé, descendît en lui-même pour reconnoître distinctement ce que c'est; substituer au démon familier, des notions intelligibles et claires; et les développer aux autres. S'il trouvoit, par exemple, que c'est *une facilité de supposer ou d'appercevoir des oppositions ou des analogies, qui a sa source dans une connoissance pratique des qualités physiques des êtres considérés solitairement, ou de leurs effets réciproques, quand on les considère en combinaison;* il étendroit cette idée; il l'appuyeroit d'une infinité de faits qui se présenteroient à sa mémoire; ce seroit une histoire fidelle de toutes les extravagances apparentes qui lui ont passé par la tête. Je dis *extravagances;* car quel autre nom donner à cet enchaînement de conjectures fondées sur des oppositions ou des ressemblances si éloignées, si imperceptibles, que les rêves d'un malade ne paroissent ni plus bizarres, ni plus décousus? Il n'y a quelquefois pas une proposition qui ne puisse être contredite, soit en elle-même, soit dans sa liaison avec celle qui la précède ou qui la suit. C'est un tout si précaire, et dans les suppositions et dans les conséquences, qu'on a souvent dédaigné de faire ou les observations ou les expériences qu'on en concluoit.

EXEMPLES.

XXXII.

1. *Premières conjectures.* Il est un corps que l'on appelle *Mole.* Ce corps singulier s'engendre dans la femme ; et, selon quelques-uns, sans le concours de l'homme. De quelque manière que le mystère de la génération s'accomplisse, il est certain que les deux sexes y coopèrent. La mole ne seroit-elle point un assemblage, ou de tous les élémens qui émanent de la femme dans la production de l'homme, ou de tous les élémens qui émanent de l'homme dans ses différentes approches de la femme ? Ces élémens qui sont tranquilles dans l'homme, répandus et retenus dans certaines femmes d'un tempérament ardent, d'une imagination forte, ne pourroient-ils pas s'y échauffer, s'y exalter, et y prendre de l'activité ? ces élémens qui sont tranquilles dans la femme, ne pourroient-ils pas y être mis en action, soit par une présence sèche et stérile, et des mouvemens inféconds et purement voluptueux de l'homme, soit par la violence et la contrainte des désirs provoqués de la femme; sortir de leurs réservoirs, se porter dans la matrice, s'y arrêter, et s'y combiner d'eux-mêmes ? La mole ne seroit-elle point le résultat de la combinaison solitaire ou des élémens émanés de la femme, ou des élémens fournis par

l'homme ? Mais si la mole est le résultat d'une combinaison telle que je suppose, cette combinaison aura ses loix aussi invariables que celles de la génération. La mole aura donc une organisation constante. Prenons le scalpel, ouvrons des moles, et voyons ; peut-être même découvrirons-nous des moles distinguées par quelques vestiges relatifs à la différence des sexes. Voilà ce que l'on peut appeler l'art de procéder, de ce qu'on ne connoît point, à ce qu'on connoît moins encore. C'est cette habitude de déraison que possèdent dans un dégré surprenant ceux qui ont acquis ou qui tiennent de la nature le génie de la physique expérimentale ; c'est à ces sortes de rêves qu'on doit plusieurs découvertes. Voilà l'espèce de divination qu'il faut apprendre aux élèves, si toute-fois cela s'apprend.

2. Mais si l'on vient à découvrir, avec le temps, que la mole ne s'engendre jamais dans la femme, sans la coopération de l'homme ; voici quelques conjectures nouvelles, beaucoup plus vraisemblables que les précédentes, qu'on pourra former sur ce corps extraordinaire. Ce tissu de vaisseaux sanguins qu'on appelle le placenta, est, comme on sait, une calotte sphérique, une espèce de champignon qui adhère par sa partie convexe à la matrice, pendant tout le temps de la grossesse ; auquel le cordon ombilical sert comme de tige ; qui se détache de la matrice dans les douleurs de

l'enfantement, et dont la surface est égale, quand une femme est saine et que son accouchement est heureux. Les êtres n'étant jamais, ni dans leur génération, ni dans leur conformation, ni dans leur usage, que ce que les résistances, les loix du mouvement et l'ordre universel les déterminent à être; s'il arrivoit que cette calotte sphérique, qui ne paroît tenir à la matrice que par application et contact, s'en détachât peu-à-peu par ses bords, dès le commencement de la grossesse, en sorte que les progrès de la séparation suivissent exactement ceux de l'accroissement du volume, j'ai pensé que ces bords, libres de toute attache, iroient toujours en s'approchant et en affectant la forme sphérique ; que le cordon ombilical, tiré par deux forces contraires, l'une des bords séparés et convexes de la calotte qui tendroit à le raccourcir, et l'autre du poids du fœtus qui tendroit à l'alonger, seroit beaucoup plus court que dans les cas ordinaires; qu'il viendroit un moment, où ces bords coïncideroient, s'uniroient entièrement, et formeroient une espèce d'œuf, au centre duquel on trouveroit un fœtus bizarre dans son organisation, comme il l'a été dans sa production, oblitéré, contraint, étouffé ; et que cet œuf se nourriroit, jusqu'à ce que sa pesanteur achevât de détacher la petite partie de sa surface qui resteroit adhérente, qu'il tombât isolé dans la matrice, et qu'il en fût expulsé par une sorte de ponte, comme l'œuf de la poule, avec lequel il a quelqu'analogie, du-moins par sa forme. Si ces conjectures se vérifioient dans une mole, et qu'il fût cependant démontré que cette mole s'est engendrée dans la femme, sans aucune approche de l'homme, il s'ensuivroit évidemment que le fœtus est tout formé dans la femme, et que l'action de l'homme ne concourt qu'au développement.

XXXIII.

Secondes conjectures. Supposé que la terre ait un noyau solide de verre, ainsi qu'un de nos plus grands philosophes le prétend; et que ce noyau soit revêtu de poussière, on peut assurer qu'en conséquence des loix de la force centrifuge, qui tend à approcher les corps libres de l'équateur, et à donner à la terre la forme d'un sphéroïde applati, les couches de cette poussière doivent être moins épaisses aux pôles que sous aucun autre parallèle; que peut-être le noyau est à nu aux deux extrémités de l'axe; et que c'est à cette particularité, qu'il faut attribuer la direction de l'aiguille aimantée, et les aurores boréales qui ne sont probablement que des courans de matière électrique.

Il y a grande apparence que le magnétisme et l'électricité dépendent des mêmes causes. Pourquoi ne seroient-ce pas des effets du mouvement de rotation du globe, et de l'énergie des matières dont il est composé, combinée avec l'action de la lune ? Le flux et reflux, les courans, les vents, la lumière, le mouvement des particules libres du globe, peut-être même celui de toute sa croûte entière sur son noyau, etc., opèrent d'une infinité de manières un frottement continuel ; l'effet des causes, qui agissent sensiblement et sans cesse, forme à la suite des siècles un produit considérable ; le noyau du globe est une masse de verre ; sa surface n'est couverte que de détrimens de verre, de sables, et de matières vitrifiables ; le verre est, de toutes les substances, celle qui donne le plus d'électricité par le frottement : pourquoi la masse totale de l'électricité terrestre ne seroit-elle pas le résultat de tous les frottemens opérés, soit à la surface de la terre, soit à celle de son noyau ? Mais, de cette cause générale, il est à présumer qu'on déduira, par quelques tentatives, une cause particulière qui constituera entre deux grands phénomènes, je veux dire la position de l'aurore boréale et la direction de l'aiguille aimantée, une liaison semblable à celle dont on a constaté l'existence entre le magnétisme et l'électricité, en aimantant des aiguilles, sans aimant et par le moyen seul de l'électricité. On peut avouer ou contredire ces notions, parce qu'elles n'ont encore de réalité que dans mon entendement. C'est aux expériences à leur donner plus de solidité ; et c'est au physicien à en imaginer, qui séparent les phénomènes ou qui achèvent de les identifier.

XXXIV.

Troisièmes conjectures. La matière électrique répand, dans les lieux où l'on électrise, une odeur sulfureuse sensible ; sur cette qualité, les chimistes n'étoient-ils pas autorisés à s'en emparer ? Pourquoi n'ont-ils pas essayé, par tous les moyens qu'ils ont en main, des fluides chargés de la plus grande quantité possible de matière électrique ? On ne sait seulement pas encore si l'eau électrisée dissout plus ou moins promptement le sucre que l'eau simple. Le feu de nos fourneaux augmente considérablement le poids de certaines matières, telles que le plomb calciné : si le feu de l'électricité, constamment appliqué sur ce métal en calcination augmentoit encore cet effet, n'en résulteroit-il pas une nouvelle analogie entre le feu électrique et le feu commun ? On a essayé si ce feu extraordinaire ne porteroit point quelque vertu dans les remèdes, et ne rendroit point une substance plus efficace, un topique plus actif ; mais n'a-t-on pas abandonné trop tôt ces essais ? Pourquoi l'électricité ne modifieroit-elle pas la formation des cristaux et leurs propriétés ? Combien de conjectures à former d'imagination, et à confirmer ou détruire par l'expérience. *Voyez l'article suivant.*

XXXV.

Quatrièmes conjectures. La plupart des météores, les feux follets, les exhalaisons, les étoiles tombantes, les phosphores naturels et artificiels, les bois pourris et lumineux, ont-ils d'autres causes que l'électricité ? Pourquoi ne fait-on pas, sur ces phosphores, les expériences nécessaires pour s'en assurer ? Pourquoi ne pense-t-on pas à reconnoître si l'air, comme le verre, n'est pas un corps électrique par lui-même, c'est-à-dire un corps qui n'a besoin que d'être frotté et battu pour s'électriser ? Qui sait si l'air, chargé de matière sulfureuse, ne se trouveroit pas plus ou moins électrique que l'air pur ? Si l'on fait tourner, avec une grande rapidité, dans l'air, une verge de métal qui lui oppose beaucoup de surface, on découvrira si l'air est électrique, et ce que la verge en aura reçu d'électricité. Si, pendant l'expérience, on brûle du soufre et d'autres matières, on reconnoîtra celles qui augmenteront et celles qui diminueront la qualité électrique de l'air. Peut-être l'air froid des pôles est-il plus susceptible d'électricité, que l'air chaud de l'équateur : et comme la glace est électrique, et que l'eau ne l'est point ; qui sait si ce n'est pas à l'énorme quantité de ces glaces éternelles, amassées vers le pôle, et peut-être mues sur le noyau de verre plus découvert aux pôles qu'ailleurs, qu'il faut attribuer les phénomènes de la direction de l'aiguille aimantée, et de l'apparition des aurores boréales qui semblent dépendre également de l'électricité, comme nous l'avons insinué dans nos conjectures secondes ? L'observation a rencontré un des ressorts les plus généraux et les plus puissans de la nature ; c'est l'expérience, à en découvrir les effets.

XXXVI.

Cinquièmes conjectures. Si une corde d'instrument est tendue, et qu'un obstacle léger la divise en deux parties inégales, de manière qu'il n'empêche point la communication des vibrations de l'une des parties à l'autre, on sait que cet obstacle détermine la plus grande à se diviser en portions vibrantes, telles que les deux parties de la corde rendent un unisson, et que les portions vibrantes de la plus grande sont comprises chacune entre deux points immobiles. La résonnance du corps n'étant point la cause de la division de la plus grande, mais l'unisson des deux parties étant seulement un effet de cette division j'ai pensé que, si on substituoit à la corde d'instrument une verge de métal, et qu'on la frappât violemment, il se formeroit sur sa longueur, des ventres et des nœuds ; qu'il en seroit de même de tout corps élastique sonore ou non ; que ce phénomène, qu'on croit particulier aux cordes vibrantes ; a lieu d'une manière plus ou moins forte dans toute percussion ; qu'il tient aux loix générales de la communication du mouvement ; qu'il y a, dans les corps choqués, des parties oscillantes infiniment petites, et des nœuds ou points immobiles infiniment proches ; que ces parties oscillantes et ces nœuds sont les causes du frémissement que nous éprouvons par la sensation du toucher dans les corps, après le choc, tantôt sans qu'il y ait de translation locale, tantôt après que la translation locale a cessé ; que cette supposition est conforme à la nature du frémissement qui n'est pas de toute la surface touchée à toute la surface de la partie sensible qui touche, mais d'une infinité de points, répandus sur la surface du corps touché, vibrans confusément entre une infinité de points immobiles ; qu'apparemment, dans les corps continus élastiques, la force d'inertie, distribuée uniformément dans la masse, fait en un point quelconque la fonction d'un petit obstacle relativement à un point ; qu'en supposant la partie frappée d'une corde vibrante infiniment petite, et conséquemment les ventres infiniment petits, et les nœuds infiniment près, on a selon une direction, et pour ainsi dire, sur une seule ligne, une image de ce qui s'exécute en tout sens, dans un solide choqué par un autre : que, puisque la longueur de la partie interceptée de la corde vibrante étant donnée, il n'y a aucune cause qui puisse multiplier sur l'autre partie le nombre des points immobiles ; que, puisque ce nombre est le même, quelle que soit la force du coup ; et que, puisqu'il n'y a que la vitesse des oscillations qui varie ; dans le choc des corps, le frémissement sera plus ou moins violent ;

mais que le rapport en nombre des points vibrans aux points immobiles sera le même, et que la quantité de matière en repos dans ces corps sera constante, quelles que soient la force du choc, la densité du corps, la cohésion des parties. Le géomètre n'a donc plus qu'à étendre le calcul de la corde vibrante au prisme, à la sphère, au cylindre, pour trouver la loi générale de la distribution du mouvement dans un corps choqué ; loi qu'on étoit bien éloigné de rechercher jusqu'à-présent, puisqu'on ne pensoit pas même à l'existence du phénomène, et qu'on supposoit au contraire la distribution du mouvement uniforme dans toute la masse ; quoique, dans le choc, le frémissement indiquât, par la voie de la sensation, la réalité de points vibrans répandus entre des points immobiles : je dis *dans le choc*, car il est vraisemblable que, dans les communications de mouvement où le choc n'a aucun lieu, un corps est lancé comme le seroit la molécule la plus petite, et que le mouvement est uniformément de toute la masse à-la-fois. Aussi le frémissement est-il nul dans tous ces cas ; ce qui achève d'en distinguer le cas du choc.

2. Par le principe de la décomposition des forces, on peut toujours réduire à une seule force toutes celles qui agissent sur un corps : si la quantité et la direction de la force qui agit sur le corps sont données, et qu'on cherche à déterminer le mouvement

qui en résulte, on trouve que le corps va en avant, comme si la force passoit par le centre de gravité; et qu'il tourne de plus autour du centre de gravité; comme si ce centre étoit fixe et que la force agît autour de ce centre comme autour d'un point d'appui : Donc, si deux molécules s'attirent réciproquement, elles se disposeront l'une par l'autre, selon les loix de leurs attractions, leurs figures, etc. Si ce système de deux molécules en attire une troisième dont il soit réciproquement attiré, ces trois molécules se disposeront les unes par rapport aux autres, selon les loix de leurs attractions, leurs figures, etc.; et ainsi de suite des autres systèmes et des autres molécules. Elles formeront toutes un système A, dans lequel, soit qu'elles se touchent ou non ; soit qu'elles se meuvent, ou soient en repos, elles résisteront à une force qui tendroit à troubler leur coordination, et tendront toujours, soit à se restituer dans leur premier ordre, si la force perturbatrice vient à cesser, soit à se coordonner relativement aux loix de leurs attractions, à leurs figures, etc., et à l'action de la force perturbatrice, si elle continue d'agir. Ce système A est ce que j'appelle un corps élastique. En ce sens général et abstrait, le système planétaire, l'univers n'est qu'un corps élastique : le chaos est une impossibilité ; car il est un ordre essentiellement conséquent aux qualités primitives de la matière.

3. Si l'on considère le système A dans le vide,

il sera indestructible, imperturbable, éternel : si l'on en suppose les parties dispersées dans l'immensité de l'espace, comme les qualités, telles que l'attraction, se propagent (*) à l'infini, lorsque rien ne resserre la sphère de leur action, ces parties, dont les figures n'auront point varié, et qui seront animées des mêmes forces, se coordonneront derechef comme elles étoient coordonnées, et reformeront dans quelque point de l'espace, et dans quelqu'instant de la durée, un corps élastique.

4. Il n'en sera pas ainsi, si l'on suppose le système A dans l'univers ; les effets n'y sont pas moins nécessaires : mais une action des causes, déterminément telle, y est quelquefois impossible ; et le nombre de celles qui se combinent est toujours si grand dans le système général ou corps élastique universel, qu'on ne sait ce qu'étoient originairement les systèmes ou corps élastiques particuliers, ni ce qu'ils deviendront. Sans prétendre donc que l'attraction constitue dans le plein la dureté et l'élasticité, telles que nous les y remarquons, n'est-il pas évident que cette propriété de la matière suffit seule pour les constituer dans le vide, et donner lieu à la raréfaction, à la condensation et à tous les phénomènes qui en dépendent ? Pourquoi donc ne seroit-elle pas la cause première de ces phéno-

---

(*) Voyez à ce sujet la note de Diderot, à la fin de ces *pensées*.

mênes dans notre système général, où une infinité de causes qui la modifieroient feroient varier à l'infini la quantité de ces phénomènes dans les systêmes ou corps élastiques particuliers ? Ainsi un corps élastique plié ne se rompra, que quand la cause, qui en rapproche les parties en un sens, les aura tellement écartées dans le sens contraire, qu'elles n'auront plus d'action sensible les unes sur les autres par leurs attractions réciproques : un corps élastique choqué ne s'éclatera, que quand plusieurs de ses molécules vibrantes auront été portées, dans leur première oscillation, à une distance des molécules immobiles entre lesquelles elles sont répandues, telle qu'elles n'auront plus d'action sensible les unes sur les autres par leurs attractions réciproques. Si la violence du choc étoit assez grande, pour que les molécules vibrantes fussent toutes portées au-delà de la sphère de leur attraction sensible, le corps seroit réduit dans ses élémens. Mais entre cette collision, la plus forte qu'un corps puisse éprouver, et la collision qui n'occasionneroit que le frémissement le plus foible, il y en a une, ou réelle ou intelligible, par laquelle tous les élémens du corps, séparés, cesseroient de se toucher, sans que leur système fût détruit, et sans que leur coordination cessât. Nous abandonnerons au lecteur l'application des mêmes principes à la condensation, à la raréfaction, etc. Nous ferons seulement encore observer ici la différence de la communication du mouvement par le choc, et de la communication du mouvement sans le choc. La translation d'un corps sans le choc étant uniformément de toutes ses parties à-la-fois; quelle que soit la quantité de mouvement communiquée par cette voie, fût-elle infinie, le corps ne sera point détruit; il restera entier, jusqu'à ce qu'un choc, faisant osciller quelques-unes de ses parties entre d'autres qui demeurent immobiles, le ventre des premières oscillations ait une telle amplitude, que les parties oscillantes ne puissent plus revenir à leur place, ni rentrer dans la coordination systématique.

5. Tout ce qui précède ne concerne proprement que les corps élastiques simples, ou les systèmes de particules de même matière, de même figure, animées d'une même quantité et mues selon une même loi d'attraction. Mais si toutes ces qualités sont variables, il en résultera une infinité de corps élastiques mixtes. J'entends, par un corps élastique mixte, un système composé de deux ou plusieurs systèmes de matières différentes, de différentes figures, animées de différentes quantités et peut-être même mues selon des loix différentes d'attraction, dont les particules sont coordonnées les unes entre les autres, par une loi qui est commune à toutes, et qu'on peut regarder comme le produit de leurs actions réciproques. Si l'on parvient, par quelques opérations, à simplifier le système composé,

en en chassant toutes les particules d'une espèce de matière coordonnée, ou à le composer davantage, en y introduisant une matière nouvelle dont les particules se coordonnent entre celles du système et changent la loi commune à toutes ; la dureté, l'élasticité, la compressibilité, la rarescibilité, et les autres affections qui dépendent, dans le système composé, de la différente coordination des particules, augmenteront ou diminueront, etc. Le plomb, qui n'a presque point de dureté ni d'élasticité, diminue encore en dureté et augmente en élasticité, si on le met en fusion, c'est-à-dire, si on coordonne entre le système composé des molécules qui le constituent plomb, un autre système composé de molécules d'air, de feu, etc., qui le constituent plomb fondu.

6. Il seroit très-aisé d'appliquer ces idées à une infinité d'autres phénomènes semblables, et d'en composer un traité fort étendu. Le point le plus difficile à découvrir, ce seroit par quel mécanisme les parties d'un système, quand elles se coordonnent entre les parties d'un autre système, le simplifient quelquefois, en en chassant un système d'autres parties coordonnées, comme il arrive dans certaines opérations chimiques. Des attractions, selon des loix différentes, ne paroissent pas suffire pour ce phénomène ; et il est dur d'admettre des qualités répulsives. Voici comment on pourroit s'en passer. Soit un système A composé des sys-

têmes B et C, dont les molécules sont coordonnées les unes entre les autres, selon quelque loi commune à toutes. Si l'on introduit dans le système composé A, un autre système D, il arrivera de deux choses l'une; ou que les particules du système D se coordonneront entre les parties du système A, sans qu'il y ait de choc; et dans ce cas, le système A sera composé des systêmes B, C, D : ou que la coordination des particules du système D entre les particules du système A sera accompagnée de choc. Si le choc est tel, que les particules choquées ne soient point portées dans leur première oscillation au-delà de la sphère infiniment petite de leur attraction, il y aura, dans le premier moment, trouble ou multitude infinie de petites oscillations. Mais ce trouble cessera bientôt; les particules se coordonneront; et il résultera de leur coordination un système A composé des systêmes B, C, D. Si les parties du système B, ou celles du système C, ou les unes et les autres sont choquées dans le premier instant de la coordination, et portées au-delà de la sphère de leur attraction par les parties du système D, elles seront séparées de la coordination systématique pour n'y plus revenir; et le système A sera un système composé des systêmes B et D, ou des systêmes C et D; ou ce sera un système simple des seules particules coordonnées du système D : et ces phénomènes s'exécuteront avec des circonstances qui ajouteront beaucoup à la vraisemblance de ces idées, ou qui peut-être la *détruiront entièrement*. Au-reste, j'y suis arrivé en partant *du frémissement d'un corps elastique choqué*. La séparation ne sera jamais spontanée où il y aura *coordination* ; elle pourra l'être où il n'y aura que *composition*. La *coordination* est encore un principe d'*uniformité*, même dans un *tout* hétérogène.

XXXVII.

Sixièmes conjectures. Les productions de l'art seront communes, imparfaites et foibles, tant qu'on ne se proposera pas une imitation plus rigoureuse de la nature. La nature est opiniâtre et lente dans ses opérations. S'agit-il d'éloigner, de rapprocher, d'unir, de diviser, d'amollir, de condenser, de durcir, de liquéfier, de dissoudre, d'assimiler ; elle s'avance à son but par les dégrés les plus insensibles. L'art, au contraire, se hâte, se fatigue et se relâche. La nature emploie des siècles à préparer grossièrement les métaux ; l'art se propose de les perfectionner en un jour. La nature emploie des siècles à former les pierres précieuses ; l'art prétend les contrefaire en un moment. Quand on posséderoit le véritable moyen, ce ne seroit pas assez ; il faudroit encore savoir l'appliquer. On est dans l'erreur, si l'on s'imagine que, le produit de l'intensité de l'action multipliée par le temps de l'application étant le même, le résultat sera le même. Il n'y a qu'une application graduée, lente, et continue, qui transforme. Toute autre application n'est que destructive. Que ne tirerions-nous pas du mélange de certaines substances dont nous n'obtenons que des composés très-imparfaits, si nous procédions d'une manière analogue à celle de la nature. Mais on est toujours pressé de jouir; on veut voir la fin de ce qu'on a commencé. De-là tant de tentatives infructueuses; tant de dépenses et de peines perdues; tant de travaux que la nature suggère et que l'art n'entreprendra jamais, parce que le succès en paroît éloigné. Qui est-ce qui est sorti des grottes d'Arcy, sans être convaincu, par la vitesse avec laquelle les stalactites s'y forment et s'y réparent, que ces grottes se rempliront un jour et ne formeront plus qu'un solide immense? Où est le naturaliste qui, réfléchissant sur ce phénomène, n'ait pas conjecturé qu'en déterminant des eaux à se filtrer peu-à-peu à travers des terres et des rochers, dont les stillations seroient reçues dans des cavernes spacieuses, on ne parvînt avec le temps à en former des carrières artificielles d'albâtre, de marbre et d'autres pierres, dont les qualités varieroient selon la nature des terres, des eaux et des rochers? Mais à quoi servent ces vues sans le courage, la patience, le travail, les dépenses, le temps, et sur-tout ce goût antique pour les grandes entreprises dont il subsiste encore tant de monumens qui n'obtiennent de nous qu'une admiration froide et stérile,

XXXVIII.

Septièmes conjectures. On a tenté tant de fois, sans succès, de convertir nos fers en un acier qui égalât celui d'Angleterre et d'Allemagne, et qu'on pût employer à la fabrication des ouvrages délicats. J'ignore quels procédés on a suivis; mais il m'a semblé qu'on eût été conduit à cette découverte importante par l'imitation d'une manœuvre très-commune dans les ateliers des ouvriers en fer. On l'appelle *trempe en paquet.* Pour tremper en paquet, on prend de la suie la plus dure, on la pile, on la délaie avec de l'urine, on y ajoute de l'ail broyé, de la savatte déchiquetée et du sel commun ; on a une boîte de fer ; on en couvre le fond d'un lit de ce mélange ; on place sur ce lit un lit de différentes pièces d'ouvrages en fer ; sur ce lit, un lit de mélange; et ainsi de suite, jusqu'à ce que la boîte soit pleine; on la ferme de son couvercle ; on l'enduit exactement à l'extérieur, d'un mélange de terre grasse bien battue, de bourre, et de fiente de cheval ; on la place au centre d'un tas de charbon proportionné à son volume; on allume le charbon ; on laisse aller le feu, on l'entretient seulement ; on a un vaisseau plein d'eau fraîche ; trois ou quatre heures après qu'on a mis la boîte au feu, on l'en tire; on l'ouvre ; on fait tomber les pièces qu'elle renferme, dans l'eau fraîche, qu'on remue à mesure que les pièces tombent. Ces pièces sont trempées en paquet ; et si l'on en

M *

casse quelques-unes, on en trouvera la surface convertie en un acier très-dur et d'un grain très-fin, à une petite profondeur. Cette surface en prend un poli plus éclatant, et en garde mieux les formes qu'on lui a données à la lime. N'est-il pas à présumer que, si l'on exposoit, *stratum super stratum*, à l'action du feu et des matières employées dans la trempe en paquet, du fer bien choisi, bien travaillé, réduit en feuilles minces, telles que celles de la tôle, ou en verges très-menues, et précipité au sortir du fourneau d'aciérage dans un courant d'eaux propres à cette opération, il se convertiroit en acier; si, sur-tout, on confioit le soin des premières expériences à des hommes qui, accoutumés depuis long-temps à employer le fer, à connoître ses qualités et à remédier à ses défauts, ne manqueroient pas de simplifier les manœuvres, et de trouver des matières plus propres à l'opération.

XXXIX.

Ce qu'on montre de physique expérimentale, dans des leçons publiques, suffit-il pour procurer cette espèce de délire philosophique ? je n'en crois rien. Nos faiseurs de cours d'expériences ressemblent un peu à celui qui penseroit avoir donné un grand repas, parce qu'il auroit eu beaucoup de monde à sa table. Il faudroit donc s'attacher principalement à irriter l'appétit, afin que plusieurs, emportés par le désir de le satisfaire, passassent de la condition de disciples à celle d'amateurs ; et de celle-ci, à la profession de philosophes. Loin de tout homme public ces réserves si opposées aux progrès des sciences. Il faut révéler et la chose et le moyen. Que je trouve les premiers hommes qui découvrirent les nouveaux calculs, grands dans leur invention ! que je les trouve petits dans le mystère qu'ils en firent ! Si Newton se fût hâté de parler, comme l'intérêt de sa gloire et de la vérité le demandoit, Léibnitz ne partageroit pas avec lui le nom d'inventeur (*). L'Allemand imaginoit l'instrument, tandis que l'Anglais se complaisoit à étonner les savans par les applications surprenantes qu'il en faisoit. En mathématique, en physique, le plus sûr est d'entrer d'abord en possession, en produisant ses titres au public. Au reste, quand je demande la révélation du moyen, j'entends de celui par lequel on a réussi : on ne peut être trop succinct sur ceux qui n'ont point eu de succès.

X L.

Ce n'est pas assez de révéler ; il faut encore que la révélation soit entière et claire. Il est une sorte d'obscurité que l'on pourroit définir, *l'affectation*

(*) Voyez l'addition de l'éditeur, à l'art. LÉIBNITZIANISME. Opin. des Philos. tom. II.
NOTE DE L'ÉDITEUR.

des grands maîtres. C'est un voile qu'ils se plaisent à tirer entre le peuple et la nature. Sans le respect qu'on doit aux noms célèbres, je dirois que telle est l'obscurité qui règne dans quelques ouvrages de Stahl (*) et dans les principes mathématiques de Newton. Ces livres ne demandoient qu'à être entendus pour être estimés ce qu'ils valent ; et il n'en eût pas coûté plus d'un mois à leurs auteurs, pour les rendre clairs ; ce mois eût épargné trois ans de travail et d'épuisement à mille bons esprits. Voilà donc à-peu-près trois mille ans de perdus pour autre chose. Hâtons-nous de rendre la philosophie populaire. Si nous voulons que les philosophes marchent en avant, approchons le peuple du point où en sont les philosophes. Diront-ils qu'il est des ouvrages qu'on ne mettra jamais à la portée du commun des esprits ? S'ils le disent, ils montreront seulement qu'ils ignorent ce que peuvent la bonne méthode et la longue habitude.

S'il étoit permis à quelques auteurs d'être obscurs, dût-on m'accuser de faire ici mon apologie, j'oserois dire que c'est aux seuls métaphysiciens proprement dits. Les grandes abstractions ne comportent qu'une lueur sombre. L'acte de la

---

(*) Le *Specimen Becherianum* ; la *Zimotheonte* ; les *Trecenta*. Voyez l'art. Chimie, vol. 4 de l'Encyclopédie.

généralisation tend à dépouiller les concepts de tout ce qu'ils ont de sensible. A-mesure que cet acte s'avance, les spectres corporels s'évanouissent; les notions se retirent peu-à-peu de l'imagition vers l'entendement; et les idées deviennent purement intellectuelles. Alors le philosophe spéculatif ressemble à celui qui regarde du haut de ces montagnes dont les sommets se perdent dans les nues : les objets de la plaine ont disparu devant lui ; il ne lui reste plus que le spectacle de ses pensées, et que la conscience de la hauteur à laquelle il s'est élevé, et où il n'est peut-être pas donné à tous de le suivre et de respirer.

XLI.

La nature n'a-t-elle pas assez de son voile, sans le doubler encore de celui du mystère ? n'est-ce pas assez des difficultés de l'art ? Ouvrez l'ouvrage de Franklin ; feuilletez les livres des chimistes, et vous verrez combien l'art expérimental exige de vues, d'imagination, de sagacité, de ressources : lisez-les attentivement, parce que s'il est possible d'apprendre en combien de manières une expérience se retourne, c'est là que vous l'apprendrez. Si, au défaut de génie, vous avez besoin d'un moyen technique qui vous dirige, ayez sous les yeux une table des qualités qu'on a reconnues jusqu'à-présent dans la matière ; voyez, entre ces qualités, celles qui peuvent convenir à la substance que vous voulez mettre en expérience ; assurez-vous qu'elles y sont ; tâchez ensuite d'en connoître la quantité ; cette quantité se mesurera presque toujours par un instrument, où l'application uniforme d'une partie analogue à la substance, pourra se faire, sans interruption et sans reste, jusqu'à l'entière exhaustion de la qualité. Quant à l'existence, elle ne se constatera que par des moyens qui ne se suggèrent pas. Mais si l'on n'apprend point comment il faut chercher, c'est quelque chose, dumoins, que de savoir ce qu'on cherche. Au reste ceux qui seront forcés de s'avouer à eux-mêmes leur stérilité, soit par une impossibilité bien éprouvée de rien découvrir, soit par une envie secrète qu'ils porteront aux découvertes des autres, le chagrin involontaire qu'ils en ressentiront, et les petites manœuvres qu'ils mettroient volontiers en usage pour en partager l'honneur, ceux-là feront bien d'abandonner une science qu'ils cultivent sans avantage pour elle, et sans gloire pour eux.

X L I I.

Quand on a formé dans sa tête un de ces systèmes qui demandent à être vérifiés par l'expérience, il ne faut ni s'y attacher opiniâtrément, ni l'abandonner avec légèreté. On pense quelquefois de ses conjectures qu'elles sont fausses, quand on n'a pas pris les mesures convenables pour les trouver vraies. L'opiniâtreté a même ici moins d'inconvénient que l'excès opposé. A force de multiplier les essais, si l'on ne rencontre pas ce que l'on cherche, il peut arriver qu'on rencontre mieux. Jamais le temps qu'on emploie à interroger la nature n'est entièrement perdu. Il faut mesurer sa constance sur le dégré de l'analogie. Les idées absolument bizarres ne méritent qu'un premier essai. Il faut accorder quelque chose de plus à celles qui ont de la vraisemblance ; et ne renoncer, que quand on est épuisé, à celles qui promettent une découverte importante. Il semble qu'on n'ait guère besoin de préceptes là-dessus. On s'attache naturellement aux recherches, à proportion de l'intérêt qu'on y prend.

XLIII.

Comme les systêmes, dont il s'agit, ne sont appuyés que sur des idées vagues, des soupçons légers, des analogies trompeuses ; et même, puisqu'il le faut dire, sur des chimères que l'esprit échauffé prend facilement pour des vues, il n'en faut abandonner aucun, sans auparavant l'avoir fait passer par l'épreuve de l'*inversion*. En philosophie purement rationnelle, la vérité est assez souvent l'extrême opposé de l'erreur ; de même en philosophie expérimentale, ce ne sera pas l'expérience qu'on aura tentée, ce sera son contraire qui produira le phénomène qu'on attendoit. Il faut regarder principalement aux deux points diamétralement opposés. Ainsi dans la seconde de nos rêveries, après avoir couvert l'équateur du globe électrique, et découvert les pôles, il faudra couvrir les pôles, et laisser l'équateur à découvert; et comme il importe de mettre le plus de ressemblance qu'il est possible entre le globe expérimental et le globe naturel qu'il représente, le choix de la matière dont on couvrira les pôles ne sera pas indifférent. Peut-être faudroit-il y pratiquer des amas d'un fluide, ce qui n'a rien d'impossible dans l'exécution, et ce qui pourroit donner dans l'expérience quelque nouveau phénomène extraordinaire, et différent de celui qu'on se propose d'imiter.

XLIV.

Les expériences doivent être répétées pour le détail des circonstances et pour la connoissance des limites. Il faut les transporter à des objets différens, les compliquer, les combiner de toutes les matières possibles. Tant que les expériences sont éparses, isolées, sans liaison, irréductibles, il est démontré, par l'irréduction même, qu'il en reste encore à faire. Alors il faut s'attacher uniquement à son objet, et le tourmenter, pour ainsi dire, jusqu'à ce qu'on ait tellement enchaîné les phénomènes, qu'un d'eux étant donné, tous les autres le soient : travaillons d'abord à la réduction des effets ; nous songerons après à la réduction des causes. Or, les effets ne se réduiront jamais qu'à force de les multiplier. Le grand art dans les moyens qu'on emploie pour exprimer d'une cause tout ce qu'elle peut donner, c'est de bien discerner ceux dont on est en droit d'attendre un phénomène nouveau, de ceux qui ne produiront qu'un phénomène travesti. S'occuper sans fin de ces métamorphoses, c'est se fatiguer beaucoup, et ne point avancer. Toute expérience qui n'étend pas la loi à quelque cas nouveau, ou qui ne la restreint pas par quelqu'exception, ne signifie rien. Le moyen le plus court de connoître la valeur de son essai, c'est d'en faire l'antécédent d'un enthymême, et d'examiner le conséquent. La conséquence est-elle exactement la même, que celle que l'on a déjà tirée d'un autre essai ? On n'a rien découvert ; on a tout au plus confirmé une découverte. Il y a peu de gros livres de physique expérimentale, que cette règle si simple ne réduisît à un petit nombre de pages ; et il est un grand nombre de petits livres, qu'elle réduiroit à rien.

XLV.

De même qu'en mathématiques, en examinant toutes les propriétés d'une courbe, on trouve que ce n'est que la même propriété présentée sous des faces différentes ; dans la nature, on reconnoîtra, lorsque la physique expérimentale sera plus avancée, que tous les phénomènes, ou de la pesanteur, ou de l'élasticité, ou de l'attraction, ou du magnétisme, ou de l'électricité, ne sont que des faces différentes de la même affection. Mais, entre les phénomènes connus que l'on rapporte à l'une de ces causes, combien y a-t-il de phénomènes intermédiaires à trouver, pour former les liaisons, remplir les vides, et démontrer l'identité ? c'est ce qui ne peut se déterminer. Il y a peut-être un phénomène central qui jetteroit des rayons, non-seulement à ceux qu'on a, mais encore à tous ceux que le temps feroit découvrir, qui les uniroit, et qui en formeroit un système. Mais au défaut de ce centre de correspondance commune, ils demeureront isolés ; toutes les découvertes de la physique expérimentale ne feront que les rapprocher en s'interposant, sans jamais les réunir ; et quand elles parviendroient à les réunir ; elles en formeroient un cercle continu de phénomènes où l'on ne pourroit discerner quel seroit le premier et quel seroit le dernier. Ce cas singulier, où la physique expérimentale, à force de travail, auroit formé un labyrinthe dans lequel la physique rationnelle, égarée et perdue, tourneroit sans cesse, n'est pas impossible dans la nature, comme il l'est en mathématiques. On trouve toujours en mathématiques, ou par la synthèse ou par l'analyse, les propositions intermédiaires qui séparent la propriété fondamentale d'une courbe de sa propriété la plus éloignée.

XLVI.

Il y a des phénomènes trompeurs qui semblent,

au premier coup-d'œil, renverser un système, et qui, mieux connus, achèveroient de le confirmer. Ces phénomènes deviennent le supplice du philosophe, sur-tout lorsqu'il a le pressentiment que la nature lui en impose, et qu'elle se dérobe à ses conjectures par quelque mécanisme extraordinaire et secret. Ce cas embarrassant aura lieu, toutes les fois qu'un phénomène sera le résultat de plusieurs causes conspirantes ou opposées. Si elles conspirent, on trouvera la quantité du phénomène trop grande pour l'hypothèse qu'on aura faite; si elles sont opposées, cette quantité sera trop petite. Quelquefois même elle deviendra nulle; et le phénomène disparoîtra, sans qu'on sache à quoi attribuer ce silence capricieux de la nature. Vient-on à en soupçonner la raison? on n'en est guère plus avancé. Il faut travailler à la séparation des causes, décomposer le résultat de leurs actions, et réduire un phénomène très-compliqué à un phénomène simple; ou du-moins manifester la complication des causes, leur concours ou leur opposition, par quelque expérience nouvelle; opération souvent délicate, quelquefois impossible. Alors le système chancèle; les philosophes se partagent; les uns lui demeurent attachés; les autres sont entraînés par l'expérience qui paroît le contredire; et l'on dispute jusqu'à ce que la sagacité, ou le hasard qui ne se repose jamais, plus fécond que la sagacité, lève la contradiction et remette en honneur des idées qu'on avoit presque abandonnées.

XLVII.

Il faut laisser l'expérience à sa liberté ; c'est la tenir captive que de n'en montrer que le côté qui prouve, et que d'en voiler le côté qui contredit. C'est l'inconvénient qu'il y a, non pas à avoir des idées, mais à s'en laisser aveugler, lorsqu'on tente une expérience. On n'est sévère dans son examen, que quand le résultat est contraire au système. Alors on n'oublie rien de ce qui peut faire changer de face au phénomène, ou de langage à la nature. Dans le cas opposé, l'observateur est indulgent ; il glisse sur les circonstances ; il ne songe guère à proposer des objections à la nature ; il l'en croit sur son premier mot ; il n'y soupçonne point d'équivoque ; et il mériteroit qu'on lui dît : « Ton » métier est d'interroger la nature ; et tu la fais » mentir, ou tu crains de la faire expliquer ».

XLVIII.

Quand on suit une mauvaise route, plus on marche vîte, plus on s'égare. Et le moyen de revenir sur ses pas, quand on a parcouru un espace immense ? L'épuisement des forces ne le permet pas ; la vanité s'y oppose sans qu'on s'en apperçoive ; l'entêtement des principes répand sur tout ce qui environne un prestige qui défigure les objets. On ne les voit plus comme ils sont, mais comme il conviendroit qu'ils fussent. Au-lieu de réformer ses notions sur les êtres, il semble qu'on prenne à tâche de modeler les êtres sur ses notions. Entre tous les philosophes, il n'y en a point en qui cette fureur domine plus évidemment que dans les méthodistes. Aussi-tôt qu'un méthodiste a mis dans son systême l'homme à la tête des quadrupèdes, il ne l'apperçoit plus dans la nature, que comme un animal à quatre pieds. C'est en-vain que la raison sublime dont il est doué se récrie contre la dénomination d'*animal*, et que son organisation contredit celle de *quadrupède* ; c'est en-vain que la nature a tourné ses regards vers le ciel : la prévention systématique lui courbe le corps vers la terre. La raison n'est, suivant elle, qu'un instinct plus parfait ; elle croit sérieusement que ce n'est que par défaut d'habitude que l'homme perd l'usage de ses jambes, quand il s'avise de transformer ses mains en deux pieds.

XLIX.

Mais c'est une chose trop singulière que la dialectique de quelques méthodistes, pour n'en pas donner un échantillon. L'homme, dit Linnæus, *Fauna Suecica*, *pref.* n'est ni une pierre, ni une plante ; c'est donc un animal. Il n'a pas un seul pied ; ce n'est donc pas un ver. Ce n'est pas un insecte, puisqu'il n'a point d'antennes. Il n'a point de nageoires ; ce n'est donc pas un poisson. Ce n'est pas un oiseau, puisqu'il n'a point de plumes. Qu'est-ce donc que l'homme ? il a la bouche du quadrupède. Il a quatre pieds ; les deux de devant lui servent à l'attouchement, les deux de derrière au marcher. C'est donc un quadrupède. « Il est » vrai, continue le méthodiste, qu'en conséquence » de mes principes d'Histoire naturelle, je n'ai » jamais su distinguer l'homme du singe ; car » il y a certains singes qui ont moins de poils que » certains hommes ; ces singes marchent sur deux » pieds, et ils se servent de leurs pieds et de leurs » mains comme les hommes. D'ailleurs la parole » n'est point pour moi un caractère distinctif ; je » n'admets, selon ma méthode, que des carac- » tères qui dépendent du nombre, de la figure, » de la proportion, et de la situation ». Donc votre méthode est mauvaise, dit la logique. « Donc » l'homme est un animal à quatre pieds, dit le na- » turaliste ».

L.

Pour ébranler une hypothèse, il ne faut quelquefois que la pousser aussi loin qu'elle peut aller. Nous allons faire l'essai de ce moyen sur celle du docteur d'Erlang, dont l'ouvrage, rempli d'idées singulières et neuves, donnera bien de la torture à nos philosophes. Son objet est le plus grand, que l'intelligence humaine puisse se proposer ; c'est le système universel de la nature. L'auteur commence par exposer rapidement les sentimens de ceux qui l'ont précédé, et l'insuffisance de leurs principes pour le développement général des phénomènes. Les uns n'ont demandé que l'*étendue* et le *mouvement*. D'autres ont cru devoir ajouter à l'étendue, l'*impénétrabilité*, la *mobilité* et l'*inertie*. L'observation des corps célestes, ou plus généralement la physique des grands corps, a démontré la nécessité d'une force par laquelle toutes les parties tendissent ou pesassent les unes vers les autres, selon une certaine loi ; et l'on a admis l'*attraction* en raison simple de la masse, et en raison réciproque du quarré de la distance. Les opérations les plus simples de la chimie, ou la physique élémentaire des petits corps, a fait recourir à des *attractions* qui suivent d'autres loix ; et l'impossibilité d'expliquer la formation d'une plante ou d'un animal, avec les attractions, l'inertie, la mobilité, l'impénétrabilité, le mouvement, la matière ou l'étendue, a conduit le philosophe Baumann à supposer encore d'autres propriétés dans la nature. Mécontent des *natures plastiques*, à qui l'on fait exécuter toutes les merveilles de la nature sans matière et sans intelligence ; des *substances intelligentes subalternes*, qui agissent sur la matière d'une manière intelligible ; de la *simultaneité de la création et de la formation des substances*, qui, contenues les unes dans les autres, se développent dans le temps par la continuation d'un premier miracle ; et de l'*extemporanéité de leur production* qui n'est qu'un enchaînement de miracles réitérés à chaque instant de la durée ; il a pensé que tous ces systêmes peu philosophiques n'auroient point eu lieu, sans la crainte mal fondée d'attribuer des modifications très-connues à un être dont l'essence, nous étant inconnue, peut-être par cette raison même, et malgré notre préjugé, très-compatible avec ces modifications. Mais quel est cet être ? quelles sont ces modifications ? Le dirai-je ? Sans doute, répond le docteur Baumann. L'être corporel est cet être ; ces modifications sont le *désir*, l'*aversion*, la *mémoire* et l'*intelligence* ; en un mot toutes les qualités que nous reconnoissons dans les animaux, que les anciens comprenoient sous le nom d'*ame sensitive*, et que le docteur Baumann admet, proportion gardée des formes et des masses, dans la particule la plus petite de matière, comme dans le plus gros animal. S'il y avoit, dit-il, du péril à accorder aux molécules de la matière quelques dégrés d'intelligence, ce péril seroit aussi grand à les supposer dans un éléphant ou dans un singe, qu'à les reconnoître dans un grain de sable. Ici le philosophe de l'académie d'Erlang emploie les derniers efforts, pour écarter de lui tout soupçon d'athéisme ; et il est évident qu'il ne soutient son hypothèse avec quelque chaleur, que parce qu'elle lui paroît satisfaire aux phénomènes les plus difficiles, sans que le matérialisme en soit une conséquence. Il faut lire son ouvrage, pour apprendre à concilier les idées philosophiques les plus hardies, avec le plus profond respect pour la religion. Dieu a créé le monde, dit le docteur Baumann; et c'est à nous à trouver, s'il est possible, les loix par lesquelles il a voulu qu'il se conservât, et les moyens qu'il a destinés à la reproduction des individus. Nous avons le champ libre de ce côté; nous pouvons proposer nos idées; et voici les principales idées du docteur.

L'élément séminal, extrait d'une partie semblable à celle qu'il doit former dans l'animal, sentant et pensant, aura quelque mémoire de sa situation première; de-là, la conservation des espèces, et la ressemblance des parens.

Il peut arriver que le fluide séminal surabonde ou manque de certains élémens; que ces élémens ne puissent s'unir par oubli; ou qu'il se fasse des réunions bizarres d'élémens surnuméraires; de-là, ou l'impossibilité de la génération, ou toutes les générations monstrueuses possibles.

Certains élémens auront pris nécessairement une facilité prodigieuse à s'unir constamment de la même manière; de-là, s'ils sont différens, une formation d'animaux microscopiques variée à l'infini; de-là, s'ils sont semblables, les polypes, qu'on peut comparer à une grappe d'abeilles infiniment petites, qui, n'ayant la mémoire vive que d'une seule situation, s'accrocheroient et demeureroient accrochées selon cette situation qui leur seroit la plus familière.

Quand l'impression d'une situation présente balancera ou éteindra la mémoire d'une situation passée, en sorte qu'il y ait indifférence à toute situation, il y aura stérilité : de-là la stérilité des mulets.

Qui empêchera des parties élémentaires, intelligentes et sensibles de s'écarter à l'infini de l'ordre qui constitue l'espèce ? de-là, une infinité d'espèces d'animaux sortis d'un premier animal ; une infinité d'êtres émanés d'un premier être ; un seul acte dans la nature.

Mais chaque élément perdra-t-il, en s'accumulant et en se combinant, son petit dégré de sentiment et de perception ? Nullement, dit le docteur Baumann. Ces qualités lui sont essentielles. Qu'arrivera-t-il donc ? le voici : De ces perceptions d'élémens rassemblés et combinés, il en résultera une perception unique, proportionnée à la masse et à la disposition ; et ce système de perceptions dans lequel chaque élément aura perdu la mémoire du *soi* et concourra à former la conscience du *tout*, sera l'ame de l'animal. « Om-
» nes elementorum perceptiones conspirare, et
» in unam fortiorem et magis perfectam percep-
» tionem coalescere videntur. Hæc fortè ad unam-
» quamque ex aliis perceptionibus se habet in
» eâdem ratione quâ corpus organisatum ad ele-

» mentum. Elementum quodvis, post suam cum
» aliis copulationem, cum suam perceptionem
» illarum perceptionibus confudit, et *SUI CONS-*
» *CIENTIAM* perdidit, primi elementorum status
» memoria nulla superest, et nostra nobis Origo
» omninò abdita manet (*) ».

C'est ici que nous sommes surpris que l'auteur, ou n'ait pas apperçu les terribles conséquences de son hypothèse ; ou que, s'il a apperçu les conséquences, il n'ait pas abandonné l'hypothèse. C'est maintenant qu'il faut appliquer notre méthode à l'examen de ses principes. Je lui demanderai donc si l'univers, ou la collection générale de toutes les molécules sensibles et pensantes, forme un tout, ou non. S'il me répond qu'elle ne forme point un tout, il ébranlera d'un seul mot l'existence de Dieu, en introduisant le désordre dans la nature ; et il détruira la base de la philosophie, en rompant la chaîne qui lie tous les êtres. S'il convient que c'est un tout où les élémens ne sont pas moins ordonnés que les portions, ou réellement distinctes, ou seulement intelligibles, le sont dans un élément, et les élémens dans un animal, il faudra qu'il avoue qu'en conséquence de cette copulation

---

(*) Voyez à la position 52, et à la pag. 78, ce morceau ; et dans les pages antérieures et postérieures, des applications très-fines et très-vraisemblables des mêmes principes à d'autres phénomènes.

universelle, le monde, semblable à un grand animal, a une ame; que, le monde pouvant être infini, cette ame du monde, je ne dis pas est, mais peut être un système infini de perceptions, et que le monde peut être Dieu. Qu'il proteste tant qu'il voudra contre ces conséquences, elles n'en seront pas moins vraies ; et, quelque lumière que ses sublimes idées puissent jeter dans les profondeurs de la nature, ces idées n'en seront pas moins effrayantes. Il ne s'agissoit que de les généraliser, pour s'en appercevoir. L'acte de la généralisation est pour les hypothèses du métaphysicien, ce que les observations et les expériences reitérées sont pour les conjectures du physicien. Les conjectures sont-elles justes? Plus on fait d'expériences, plus les conjectures se vérifient. Les hypothèses sont-elles vraies ? Plus on étend les conséquences, plus elles embrassent de vérités, plus elles acquièrent d'évidence et de force. Au contraire, si les conjectures et les hypothèses sont frêles et mal fondées, ou l'on découvre un fait, ou l'on aboutit à une vérité contre laquelle elles échouent. L'hypothèse du docteur Baumann développera, si l'on veut, le mystère le plus incompréhensible de la nature, la formation des animaux, ou plus généralement celle de tous les corps organisés ; la collection universelle des phénomènes et l'existence de Dieu seront ses écueils. Mais quoique nous rejettions les idées du docteur d'Erlang, nous aurions bien mal conçu l'obscurité des phénomènes qu'il s'étoit proposé d'expliquer, la fécondité de son hypothèse, les conséquences surprenantes qu'on en peut tirer, le mérite des conjectures nouvelles sur un sujet dont se sont occupés les premiers hommes dans tous les siècles, et la difficulté de combattre les siennes avec succès, si nous ne les regardions comme le fruit d'une méditation profonde, une entreprise hardie sur le système universel de la nature, et la tentative d'un grand philosophe.

L I.

De l'impulsion d'une sensation. Si le docteur Baumann eût renfermé son système dans de justes bornes, et n'eût appliqué ses idées qu'à la formation des animaux, sans les étendre à la nature de l'ame, d'où je crois avoir démontré contre lui qu'on pouvoit les porter jusqu'à l'existence de Dieu, il ne se seroit point précipité dans l'espèce de matérialisme la plus séduisante, en attribuant aux molécules organiques, le désir, l'aversion, le sentiment et la pensée. Il falloit se contenter d'y supposer une sensibilité mille fois moindre, que celle que le Tout-puissant a accordée aux animaux les plus voisins de la matière morte. En conséquence de cette sensibilité sourde, et de la différence des configurations, il n'y auroit eu pour une molécule organique quelconque qu'une situation la plus commode de toutes, qu'elle auroit sans cesse cherchée par une inquiétude automate, comme il arrive aux animaux de s'agiter dans le sommeil, lorsque l'usage de presque toutes leurs facultés est suspendu, jusqu'à ce qu'ils aient trouvé la disposition la plus convenable au repos. Ce seul principe eut satisfait, d'une manière assez simple et sans aucune conséquence dangéreuse, aux phénomènes qu'il se proposoit d'expliquer, et à ces merveilles sans nombre qui tiennent si stupéfaits tous nos observateurs d'insectes : et il eut défini l'animal en général, *un systéme de différentes molécules organiques qui, par l'impulsion d'une sensation semblable à un toucher obtus et sourd que celui qui a créé la matière en général leur a donné, se sont combinées jusqu'à ce que chacune ait rencontré la place la plus convenable à sa figure et à son repos.*

L I I.

Des instrumens et des mesures. Nous avons observé ailleurs que, puisque les sens étoient la source de toutes nos connoissances, il importoit beaucoup de savoir jusqu'où nous pouvions compter sur leur témoignage : ajoutons ici que l'examen des supplémens de nos sens, ou des instrumens, n'est pas moins nécessaire. Nouvelle application de l'expérience ; autre source d'observations longues, pénibles et difficiles. Il y auroit un moyen d'abréger le travail ; ce seroit de fermer l'oreille à une sorte de scrupules de la philosophie rationnelle (car la philosophie rationnelle a ses scrupules), et de bien connoître dans toutes les quantités jusqu'où la précision des mesures est nécessaire. Combien d'industrie, de travail et de temps perdus à mesurer, qu'on eût bien employés à découvrir !

L I I I.

Il est, soit dans l'invention, soit dans la perfection des instrumens, une circonspection qu'on ne peut trop recommander au physicien ; c'est de se méfier des analogies, de ne jamais conclure ni du plus au moins, ni du moins au plus ; de porter son examen sur toutes les qualités physiques des substances qu'il emploie. Il ne réussira jamais, s'il se néglige là-dessus ; et quand il aura bien pris toutes ses mesures, combien de fois n'arrivera-t-il pas encore qu'un petit obstacle, qu'il n'aura point prévu ou qu'il aura méprisé, sera la limite de la nature, et le forcera d'abandonner son ouvrage lorsqu'il le croyoit achevé ?

L I V.

De la distinction des objets. Puisque l'esprit ne peut tout comprendre, l'imagination tout prévoir, le sens tout observer, et la mémoire tout retenir; puisque les grands hommes naissent à des intervalles de temps si éloignés, et que les progrès des sciences sont tellement suspendus par les révolutions, que des siècles d'étude se passent à recouvrer les connoissances des siècles écoulés; c'est manquer au genre humain que de tout observer indistinctement. Les hommes extraordinaires par leurs talens se doivent respecter eux-mêmes, et la postérité, dans l'emploi de leur temps. Que penseroit-elle de nous, si nous n'avions à lui transmettre qu'une insectologie complète, qu'une histoire immense d'animaux miscroscopiques? Aux grands génies, les grands objets; les petits objets, aux petits génies. Il vaut autant que ceux-ci s'en occupent, que de ne rien faire.

L V.

Des obstacles. Et puisqu'il ne suffit pas de vouloir une chose, qu'il faut en-même-temps acquiescer à tout ce qui est presque inséparablement attaché à la chose qu'on veut, celui qui aura résolu de s'appliquer à l'étude de la philosophie, s'attendra non-seulement aux obstacles physiques qui sont de la nature de son objet, mais encore à la multitude des obstacles moraux qui doivent se présenter à lui, comme ils se sont offerts à tous les philosophes qui l'ont précédé. Lors donc qu'il lui arrivera d'être traversé, mal entendu, calomnié, compromis, déchiré, qu'il sache se dire à lui-même : « N'est-ce que dans mon siècle, n'est-
» ce que pour moi qu'il y a eu des hommes remplis d'ignorance et de fiel, des ames rongées

» par l'envie, des têtes troublées par la superstі-
» tion » ? S'il croit quelquefois avoir à se plaindre
de ses concitoyens, qu'il sache se parler ainsi :
« Je me plains de mes concitoyens : mais s'il étoit
» possible de les interroger tous, et de demander
» à chacun d'eux lequel il voudroit être de l'au-
» teur des Nouvelles Ecclésiastiques, ou de Mon-
» tesquieu; de l'auteur des Lettres Américaines,
» ou de Buffon; en est-il un seul qui eût un peu
» de discernement, et qui pût balancer sur le
» choix ? Je suis donc certain d'obtenir, un jour,
» les seuls applaudissemens dont je fasse quelque
» cas, si j'ai été assez heureux pour les mériter ».

Et vous, qui prenez le titre de philosophes ou
de beaux-esprits, et qui ne rougissez point de ressembler à ces insectes importuns qui passent les instans de leur existence éphémère à troubler l'homme
dans ses travaux et dans son repos, quel est votre
but ? qu'espérez-vous de votre acharnement ?
Quand vous aurez découragé ce qui reste à la nation d'auteurs célèbres et d'excellens génies, que
ferez-vous en revanche pour elle ? quelles sont les
productions merveilleuses par lesquelles vous dé-
dommagerez le genre humain de celles qu'il en
auroit obtenues ?... Malgré vous, les noms des
Duclos, des d'Alembert et des Rousseau; des de
Voltaire, des Maupertuis et des Montesquieu; des
de Buffon et des d'Aubenton, seront en honneur
parmi nous et chez nos neveux : et si quelqu'un se

souvient un jour des vôtres ; « Ils ont été, dira-t-
» il, les persécuteurs des premiers hommes de leur
» temps : et si nous possédons la préface de l'En-
» cyclopédie, l'histoire du siècle de Louis XIV,
» l'Esprit des Loix, et l'histoire de la Nature ; c'est
» qu'heureusement il n'étoit pas au pouvoir de ces
» gens-là de nous en priver ».

LVI.

Des causes. 1. A ne consulter que les vaines conjectures de la philosophie et la foible lumière de notre raison, on croiroit que la chaîne des causes n'a point eu de commencement, et que celle des effets n'aura point de fin. Supposez une molécule déplacée, elle ne s'est point déplacée d'elle-même ; la cause de son déplacement a une autre cause ; celle-ci, une autre ; et ainsi de suite, sans qu'on puisse trouver de limites *naturelles* aux causes dans la durée qui a précédé. Supposez une molécule déplacée, ce déplacement aura un effet ; cet effet, un autre effet ; et ainsi de suite, sans qu'on puisse trouver de limites *naturelles* aux effets dans la durée qui suivra. L'esprit, épouvanté de ces progrès à l'infini des causes les plus foibles et des effets les plus légers, ne se refuse à cette supposition et à quelques autres de la même espèce, que par le préjugé qu'il ne se passe rien au-delà de la portée de nos sens, et que tout cesse où nous ne voyons plus : mais une des principales différences de l'observateur de la nature et de son interprète, c'est que celui-ci part du point, où les sens et les instrumens abandonnent l'autre ; il conjecture, par ce qui est, ce qui doit être encore ; il tire de l'ordre des choses des conclusions abstraites et générales, qui ont pour lui toute l'évidence des vérités sensibles et particulières ; il s'élève à l'essence même de l'ordre ; il voit que la co-existence *pure et simple* d'un être sensible et pensant, avec un enchaînement quelconque de causes et d'effets, ne lui suffit pas pour en porter un jugement absolu ; il s'arrête là ; s'il faisoit un pas de plus, il sortiroit de la nature.

2. *Des causes finales.* Qui sommes-nous, pour expliquer les fins de la nature ? Ne nous appercevrons-nous point que c'est presque toujours aux dépens de sa puissance, que nous préconisons sa sagesse ; et que nous ôtons à ses ressources plus que nous ne pouvons jamais accorder à ses vues ? Cette manière de l'interpréter est mauvaise, même en théologie naturelle. C'est substituer la conjecture de l'homme à l'ouvrage de Dieu ; c'est attacher la plus importante des vérités théologiques au sort d'une hypothèse. Mais le phénomène le plus commun suffira, pour montrer combien la recherche de ces causes est contraire à la véritable science. Je suppose qu'un physicien, interrogé sur la nature du lait, réponde que c'est un aliment qui commence à se préparer dans la femelle, quand elle

a conçu, et que la nature destine à la nourriture de l'animal qui doit naître; que cette définition m'apprendra-t-elle sur la formation du lait? Que puis-je penser de la destination prétendue de ce fluide, et des autres idées physiologiques qui l'accompagnent, lorsque je sais qu'il y a eu des hommes qui ont fait jaillir le lait de leurs mamelles; que l'anastomose des artères épigastriques et mammaires (*) me démontre que c'est le lait qui cause le gonflement de la gorge, dont les filles même sont quelquefois incommodées à l'approche de l'évacuation périodique; qu'il n'y a presqu'aucune fille qui ne devînt nourrice, si elle se faisoit teter; et que j'ai sous les yeux une femelle d'une espèce si petite, qu'il ne s'est point trouvé de mâle qui lui convînt, qui n'a point été couverte, qui n'a jamais porté, et dont les tettes se sont gonflées de lait, au point qu'il a fallu recourir aux moyens ordinaires pour la soulager? Combien n'est-il pas ridicule d'entendre des anatomistes attribuer sérieusement à la pudeur de la nature, une ombre qu'elle a également répandue sur des endroits de notre corps où il n'y a rien de déshonnête à couvrir? L'usage que lui supposent d'autres anatomistes fait un peu moins d'honneur à la pudeur de la nature, mais n'en fait pas davan-

---

(*) Cette découverte anatomique est de M. Bertin, et c'est une des plus belles qui se soit faite de nos jours.

tage à leur sagacité. Le physicien, dont la profession est d'instruire et non d'édifier, abandonnera donc le *pourquoi*, et ne s'occupera que du *comment*. Le *comment* se tire des êtres ; le *pourquoi*, de notre entendement ; il tient à nos systêmes ; il dépend du progrès de nos connoissances. Combien d'idées absurdes, de suppositions fausses, de notions chimériques, dans ces hymnes que quelques défenseurs téméraires des causes finales ont osé composer à l'honneur du créateur ? Au-lieu de partager les transports de l'admiration du prophète, et de s'écrier pendant la nuit, à la vue des étoiles sans nombre dont les cieux sont éclairés, *Cœli enarrant gloriam Dei ;* ils se sont abandonnés à la superstition de leurs conjectures. Au-lieu d'adorer le Tout-puissant dans les êtres mêmes de la nature, ils se sont prosternés devant les fantômes de leur imagination. Si quelqu'un, retenu par le préjugé, doute de la solidité de mon reproche, je l'invite à comparer le traité que Gallien a écrit de l'usage des parties du corps humain, avec la physiologie de Boërhaave ; et la physiologie de Boërhaave, avec celle de Haller : j'invite la postérité à comparer ce que ce dernier ouvrage contient de vues systématiques et passagères, avec ce que la physiologie deviendra dans les siècles suivans. L'homme fait un mérite à l'Éternel, de ses petites vues ; et l'Éternel, qui l'entend du haut de son trône, et qui connoît son intention, accepte sa louange imbécille, et sourit de sa vanité.

LVII.

De quelques préjugés. Il n'y a rien, ni dans les faits de la nature, ni dans les circonstances de la vie, qui ne soit un piége tendu à notre précipitation. J'en atteste la plupart de ces axiomes généraux, qu'on regarde comme le bon sens des nations. On dit, *il ne se passe rien de nouveau sous le ciel;* et cela est vrai pour celui qui s'en tient aux apparences grossières. Mais qu'est-ce que cette sentence pour le philosophe, dont l'occupation journalière est de saisir les différences les plus insensibles ? Qu'en devoit penser celui qui assura que sur tout un arbre il n'y auroit pas deux feuilles *sensiblement* du même verd ? Qu'en penseroit celui qui, réfléchissant sur le grand nombre des causes, mêmes connues, qui doivent concourir à la production d'une nuance de couleur précisément telle, prétendroit, sans croire outrer l'opinion de Leibnitz, qu'il est démontré, par la différence des points de l'espace où les corps sont placés combinée avec ce nombre prodigieux de causes, qu'il n'y a peut-être jamais eu, et qu'il n'y aura peut-être jamais dans la nature, deux brins d'herbe *absolument* du même verd ? Si les êtres s'altèrent successivement, en passant par les nuances les plus imperceptibles; le temps, qui ne s'arrête point, doit mettre, à-la-longue, entre les formes qui ont existé très-anciennement, celles qui existent aujourd'hui, celles qui existeront dans les siècles reculés, la différence la plus grande ; et le *nil sub sole novum* n'est qu'un préjugé fondé sur la foiblesse de nos organes, l'imperfection de nos instrumens, et la briéveté de notre vie. On dit en morale, *tot capita, tot sensus;* c'est le contraire qui est vrai : rien n'est si commun que des têtes, et si rare que des avis. On dit en littérature, *il ne faut point disputer des goûts:* si l'on entend qu'il ne faut point disputer à un homme que tel est son goût, c'est une puérilité. Si l'on entend qu'il n'y a ni bon ni mauvais dans le goût, c'est une fausseté. Le philosophe examinera sévèrement tous ces axiomes de la sagesse populaire.

LVIII.

QUESTIONS.

Il n'y a qu'une manière possible d'être homogène. Il y a une infinité de manières différentes possibles d'être hétérogène. Il me paroît aussi impossible que tous les êtres de la nature aient été produits avec une matière parfaitement homogène, qu'il le seroit de les représenter avec une seule et même couleur. Je crois même entrevoir que la diversité des phénomènes ne peut être le résultat d'une hétérogénéité quelconque. J'appellerai donc *élémens*, les différentes matières hétérogènes, nécessaires pour la production générale des phénomènes de la nature ; et j'appellerai *la nature*, le résultat actuel général, ou les résultats généraux successifs de la combinaison des élémens. Les élémens doivent avoir des différences essentielles; sans quoi tout auroit pu naître de l'homogénéité, puisque tout y pourroit retourner. Il est, il a été, ou il sera une combinaison naturelle, ou une combinaison artificielle, dans laquelle un élément est, a été ou sera porté à sa plus grande division possible. La molécule d'un élément dans cet état de division dernière, est indivisible d'une indivisibilité absolue, puisqu'une division ultérieure de cette molécule étant hors des loix de la nature et au-delà des forces de l'art, n'est plus qu'intelligible. L'état de division dernière possible dans la nature ou par l'art, n'étant pas le même, selon toute apparence, pour des matières essentiellement hétérogènes, il s'ensuit qu'il y a des molécules essentiellement différentes en masse, et toute-fois absolument indivisibles en elles-mêmes. Combien y a-t-il de matières essentiellement hétérogènes, ou élémentaires ? nous l'ignorons. Quelles sont les différences essentielles des matières, que nous regardons comme absolument hétérogènes ou élémentaires ? nous l'ignorons. Jusqu'où la division d'une matière élémentaire est-elle portée, soit dans les productions de l'art, soit dans les ouvrages de la nature ? nous l'ignorons, etc., etc., etc. J'ai joint les combinaisons de l'art à celles de la nature; parce qu'entre une infinité de faits que nous ignorons, et que nous ne saurons jamais, il en est un qui nous est encore caché; savoir, si la division d'une matière élémentaire n'a point été, n'est point ou ne sera pas portée plus loin dans quelque opération de l'art, qu'elle ne l'a été, ne l'est, et ne le sera dans aucune combinaison de la nature abandonnée à elle-même. Et l'on va voir, par la première des questions suivantes, pourquoi j'ai fait entrer, dans quelques-unes de mes propositions, les notions du passé, du présent et de l'avenir; et pourquoi j'ai inséré l'idée de succession dans la définition que j'ai donnée de la nature.

I.

Si les phénomènes ne sont pas enchaînés les uns aux autres, il n'y a point de philosophie. Les phénomènes seroient tous enchaînés, que l'état de chacun d'eux pourroit être sans permanence. Mais si l'état des êtres est dans une vicissitude perpétuelle; si la nature est encore à l'ouvrage; malgré la chaîne qui lie les phénomènes, il n'y a point de philosophie. Toute notre science naturelle devient aussi transitoire, que les mots. Ce que nous prenons pour l'histoire de la nature, n'est que l'histoire très-incomplète d'un instant. Je demande donc si les métaux ont toujours été et seront toujours tels qu'ils sont; si les plantes ont toujours été

Philosophie. O

et seront toujours telles qu'elles sont; si les animaux ont toujours été et seront toujours tels qu'ils sont, etc.? Après avoir médité profondément sur certains phénomènes, un doute qu'on vous pardonneroit peut-être, ô sceptiques, ce n'est pas que le monde ait été créé, mais qu'il soit tel qu'il a été et qu'il sera.

2.

De même que dans les règnes animal et végétal, un individu commence, pour ainsi dire, s'accroît, dure, dépérit et passe; n'en seroit-il pas de même des espèces entières? Si la foi ne nous apprenoit que les animaux sont sortis des mains du Créateur tels que nous les voyons; et s'il étoit permis d'avoir la moindre incertitude sur leur commencement et sur leur fin; le philosophe abandonné à ses conjectures ne pourroit-il pas soupçonner que l'animalité avoit de toute éternité ses élémens particuliers, épars et confondus dans la masse de la matière; qu'il est arrivé à ces élémens de se réunir, parce qu'il étoit possible que cela se fît; que l'embryon formé de ces élémens a passé par une infinité d'organisations et de développemens; qu'il a eu, par succession, du mouvement, de la sensation, des idées, de la pensée, de la réflexion, de la conscience, des sentimens, des passions, des signes, des gestes, des sons, des sons articulés, une langue, des loix, des sciences, et des arts; qu'il s'est écoulé des millions d'années entre chaque de ces développemens; qu'il a peut-être encore d'autres développemens à subir, et d'autres accroissemens à prendre, qui nous sont inconnus; qu'il a eu, ou qu'il aura un état stationnaire; qu'il s'éloigne, ou qu'il s'éloignera de cet état par un dépérissement éternel, pendant lequel ses facultés sortiront de lui comme elles y étoient entrées; qu'il disparoîtra pour jamais de la nature, ou plutôt qu'il continuera d'y exister, mais sous une forme, et avec des facultés tout autres que celles qu'on lui remarque dans cet instant de la durée? La religion nous épargne bien des écarts et bien des travaux. Si elle ne nous eût point éclairés sur l'origine du monde, et sur le système universel des êtres, combien d'hypothèses différentes que nous aurions été tentés de prendre pour le secret de la nature? Ces hypothèses, étant toutes également fausses, nous auroient paru toutes à-peu-près également vraisemblables. La question, *pourquoi il existe quelque chose*, est la plus embarrassante que la philosophie pût se proposer; et il n'y a que la révélation qui y réponde.

3.

Si l'on jette les yeux sur les animaux et sur la terre brute qu'ils foulent aux pieds; sur les molécules organiques et sur le fluide dans lequel elles se meuvent; sur les insectes microscopiques, et sur la matière qui les produit et qui les environne; il est évident que la matière en général est divisée en matière morte et en matière vivante. Mais comment se peut-il faire que la matière ne soit pas une, ou toute vivante, ou toute morte ? La matière vivante est-elle toujours vivante ? Et la matière morte est-elle toujours et réellement morte ? La matière vivante ne meurt-elle point ? La matière morte ne commence-t-elle jamais à vivre ?

4.

Y a-t-il quelqu'autre différence assignable entre la matière morte et la matière vivante, que l'organisation ; et que la spontanéité réelle ou apparente du mouvement ?

5.

Ce qu'on appelle matière vivante, ne seroit-ce pas seulement une matière qui se meut par elle-même ? Et ce qu'on appelle une matière morte, ne seroit-ce pas une matière mobile par une autre matière ?

6.

Si la matière vivante est une matière qui se meut par elle-même, comment peut-elle cesser de se mouvoir sans mourir ?

7.

S'il y a une matière vivante et une matière morte par elles-mêmes, ces deux principes suffisent-ils pour la production générale de tous les phénomènes ?

8.

En géométrie, une quantité réelle jointe à une quantité imaginaire donne un tout imaginaire; dans la nature, si une molécule de matière vivante s'applique à une molécule de matière morte, le tout sera-t-il vivant, ou sera-t-il mort ?

9.

Si l'aggrégat peut être ou vivant ou mort, quand et pourquoi sera-t-il vivant ? quand et pourquoi sera-t-il mort ?

10.

Mort ou vivant, il existe sous une forme. Sous quelque forme qu'il existe, quel en est le principe ?

11.

Les moules sont-ils principés des formes ? Qu'est-ce qu'un moule ? Est-ce un être réel et préexistant ? ou n'est-ce que les limites intelligibles de l'énergie d'une molécule vivante unie à de la matière morte et vivante; limites déterminées par le rapport de l'énergie en tout sens, aux résistances en tout sens ? Si c'est un être réel et préexistant, comment s'est-il formé ?

12.

L'énergie d'une molécule vivante varie-t-elle par elle-même; ou ne varie-t-elle que selon la quantité, la qualité, les formes de la matière morte ou vivante à laquelle elle s'unit ?

13.

Y a-t-il des matières vivantes spécifiquement différentes de matières vivantes ? ou toute matière vivante est-elle essentiellement une et propre à tout ? J'en demande autant des matières mortes.

14.

La matière vivante se combine-t-elle avec de la matière vivante ? Comment se fait cette combinaison ? Quel en est le résultat ? J'en demande autant de la matière morte.

15.

Si l'on pouvoit supposer toute la matière vivante, ou toute la matière morte, y auroit-il jamais autre chose que de la matière morte, ou que de la matière vivante ? ou les molécules vivantes ne pourroient-elles pas reprendre la vie, après l'avoir perdue, pour la reperdre encore; et ainsi de suite, à l'infini ?

Quand je tourne mes regards sur les travaux des hommes, et que je vois des villes bâties de toutes parts; tous les élémens employés; des langues fixées; des peuples policés; des ports construits; les mers traversées; la terre et les cieux mesurés : le monde me paroît bien vieux. Lorsque je trouve les hommes incertains sur les premiers principes de la médecine et de l'agriculture, sur les propriétés des substances les plus communes, sur la connoissance des maladies dont ils sont affligés, sur la taille des arbres, sur la forme de la charrue, la terre ne me paroît habitée que d'hier. Et si les hommes étoient sages, ils se livreroient enfin à des recherches relatives à leur bien-être, et ne répondroient à mes questions futiles que dans mille ans au plus-tôt : ou peut-être même, considérant sans cesse le peu d'étendue qu'ils occupent dans l'espace et dans la durée, ils ne daigneroient jamais y répondre.

OBSERVATION

SUR UN ENDROIT DE LA PAGE 274.

JE t'ai dit, jeune homme, que *les qualités, telles que l'attraction, se propageoient à l'infini, lorsque rien ne limitoit la sphère de leur action.* On t'objectera « que j'aurois même pu dire qu'*elles se propa-
» geoient uniformément.* On ajoutera peut-être qu'on
» ne conçoit guère comment une qualité s'exerce *à
» distance,* sans aucun intermède ; mais qu'il n'y a
» point d'absurdité et qu'il n'y en eut jamais, ou
» que c'en est une de prétendre qu'elle s'exerce dans
» le vide diversement, à différentes distances ; qu'a-
» lors on n'apperçoit rien, soit au-dedans, soit au
» dehors d'une portion de matière, qui soit capable
» de faire varier son action ; que Descartes, Newton,
» les philosophes anciens et modernes ont tous sup-
» posé qu'un corps animé dans le vide de la quan-
» tité de mouvement la plus petite, iroit à l'infini,

» uniformément en ligne droite ; que la distance
» n'est donc par elle-même ni un obstacle ni un
» véhicule; que toute qualité, dont l'action varie selon
» une raison quelconque inverse ou directe de la dis-
» tance, ramène nécessairement au plein et à la phi-
» losophie corpusculaire ; et que la supposition du
» vide et celle de la variabilité de l'action d'une
» cause, sont deux suppositions contradictoires ». Si
l'on te propose ces difficultés, je te conseille d'en
aller chercher la réponse chez quelque Newtonien;
car je t'avoue que j'ignore comment on les résout.

PRINCIPES PHILOSOPHIQUES

SUR

LA MATIÈRE ET LE MOUVEMENT.

PRINCIPES PHILOSOPHIQUES

SUR

LA MATIÈRE ET LE MOUVEMENT.

Je ne sais en quel sens les philosophes ont supposé que la matière étoit indifférente au mouvement et au repos. Ce qu'il y a de bien certain, c'est que tous les corps gravitent les uns sur les autres; c'est que toutes les particules des corps gravitent les unes sur les autres; c'est que, dans cet univers, tout est en translation ou *in nisu*, ou en translation et *in nisu* à-la-fois.

Cette supposition des philosophes ressemble peut-être à celle des géomètres, qui admettent des points sans aucune dimension; des lignes, sans largeur ni profondeur; des surfaces, sans épaisseur; ou peut-être parlent-ils du repos relatif d'une masse à une autre. Tout est dans un repos relatif en un vaisseau battu par la tempête. Rien n'y est en un repos absolu, pas même les molécules aggrégatives, ni du vaisseau, ni des corps qu'il renferme.

S'ils ne conçoivent pas plus de tendance au repos qu'au mouvement, dans un corps quelconque, c'est qu'apparemment ils regardent la matière comme homogène ; c'est qu'ils font abstraction de toutes les qualités qui lui sont essentielles; c'est qu'ils la considèrent comme inaltérable dans l'instant presque indivisible de leur spéculation ; c'est qu'ils raisonnent du repos relatif d'un aggrégat à un autre aggrégat ; c'est qu'ils oublient que, tandis qu'ils raisonnent de l'indifférence du corps au mouvement ou au repos, le bloc de marbre tend à sa dissolution ; c'est qu'ils anéantissent par la pensée, et le mouvement général qui anime tous les corps, et leur action particulière des uns sur les autres qui les détruit tous ; c'est que cette indifférence, quoique fausse en elle-même, mais momentanée, ne rendra pas les loix du mouvement erronées.

Le corps, selon quelques philosophes, est, par lui-même, sans action et sans force ; c'est une terrible fausseté, bien contraire à toute bonne physique, à toute bonne chimie : par lui-même, par la nature de ses qualités essentielles, soit qu'on le considère en molécules, soit qu'on le considère en masse, il est plein d'action et de force.

Pour vous représenter le mouvement, ajoutent-ils, *outre la matière existante, il vous faut imaginer une force qui agisse sur elle.* Ce n'est pas cela : la molécule, douée d'une qualité propre à sa nature, par elle-même est une force active. Elle s'exerce sur une autre molécule qui s'exerce sur elle. Tous ces paralogismes-là tiennent à la fausse supposition de la matière homogène. Vous qui imaginez si bien la matière en repos, pouvez-vous imaginer le feu en repos ? Tout, dans la nature, a son action diverse, comme cet amas de molécules que vous appelez le *feu*. Dans cet amas que vous appelez *feu*, chaque molécule a sa nature, son action.

Voici la vraie différence du repos et du mouvement ; c'est que le repos absolu est un concept abstrait qui n'existe point en nature ; et que le mouvement est une qualité aussi réelle que la longueur, la largeur et la profondeur. Que m'importe ce qui se passe dans votre tête ? Que m'importe que vous regardiez la matière comme homogène ou comme hétérogène ? Que m'importe que, faisant abstraction de ses qualités, et ne considérant que son existence, vous la voyiez en repos ? Que m'importe qu'en conséquence vous cherchiez une cause qui la meuve ? Vous ferez de la géométrie et de la métaphysique tant qu'il vous plaira ; mais moi, qui suis physicien et chimiste ; qui prends les corps dans la nature, et non dans ma tête ; je les vois existans, divers, revêtus de propriétés et d'actions, et s'agitant dans l'univers comme dans le laboratoire, où une étincelle ne se trouve point à côté de trois molécules combinées de salpêtre, de charbon et de soufre, sans qu'il s'en suive une explosion nécessaire.

La pesanteur n'est point *une tendance au*

repos ; c'est une tendance au mouvement local.

Pour que la matière soit mue , dit-on encore, *il faut une action, une force ;* oui , où extérieure à la molécule, ou inhérente , essentielle, intime à la molécule, et constituant sa nature de molécule ignée , aqueuse, nitreuse , alkaline, sulfureuse : quelle que soit cette nature , il s'ensuit force, action d'elle hors d'elle , action des autres molécules sur elle.

La force , qui agit sur la molécule, s'épuise. La force intime de la molécule ne s'épuise point. Elle est immuable, éternelle. Ces deux forces peuvent produire deux sortes de *nisus ;* la première, un *nisus* qui cesse; la seconde , un *nisus* qui ne cesse jamais. Donc il est absurde de dire que la matière a une opposition réelle au mouvement.

La quantité de force est constante dans la nature; mais la somme des *nisus* et la somme des translations sont variables. Plus la somme des *nisus* est grande , plus la somme des translations est petite ; et, réciproquement, plus la somme des translations est grande , plus la somme des *nisus* est petite. L'incendie d'une ville accroît tout-à-coup d'une quantité prodigieuse la somme des translations.

Un atome remue le monde ; rien n'est plus vrai ; cela l'est autant que l'atome remué par le monde : puisque l'atome a sa force propre, elle ne peut être sans effet.

Il ne faut jamais dire, quand on est phycisien ,

le corps comme corps ; car ce n'est plus faire de la physique ; c'est faire des abstractions qui ne mènent à rien.

Il ne faut pas confondre l'action avec la masse. Il peut y avoir grande masse et petite action. Il peut y avoir petite masse et grande action. Une molécule d'air fait éclater un bloc d'acier. Quatre grains de poudre suffisent pour diviser un rocher.

Oui, sans-doute, quand on compare un aggrégat homogène à un autre aggrégat de même matière homogène ; quand on parle de l'action et de la réaction de ces deux aggrégats ; leurs énergies relatives sont en raison directe des masses. Mais quand il s'agit d'aggrégats hétérogènes, de molécules hétérogènes, ce ne sont plus les mêmes loix. Il y a autant de loix diverses, qu'il y a de variétés dans la force propre et intime de chaque molécule élémentaire et constitutive des corps.

Le corps résiste au mouvement horisontal. Qu'est-ce que cela signifie ? On sait bien qu'il y a une force générale et commune à toutes les molécules du globe que nous habitons, force qui les presse selon une certaine direction perpendiculaire, ou à-peu-près, à la surface du globe ; mais cette force générale et commune est contrariée par cent mille autres. Un tube de verre échauffé fait voltiger les feuilles de l'or. Un ouragan remplit l'air de poussière ; la chaleur volatilise l'eau, l'eau volatilisée emporte avec elle des molécules de sel ; tandis que cette masse d'airain presse la terre, l'air agit sur elle, met sa première surface en une chaux métallique, commence la destruction de ce corps : ce que je dis des masses doit être entendu des molécules.

Toute molécule doit être considérée comme actuellement animée de trois sortes d'actions ; l'action de pésanteur ou de gravitation ; l'action de sa force intime et propre à sa nature d'eau, de feu, d'air, de soufre ; et l'action de toutes les autres molécules sur elle : et il peut arriver que ces trois actions soient convergentes ou divergentes. Convergentes, alors la molécule a l'action la plus forte dont elle puisse être douée. Pour se faire une idée de cette action la plus grande possible, il faudroit, pour ainsi dire, faire une foule de suppositions absurdes, placer une molécule dans une situation tout-à-fait métaphysique.

En quel sens peut-on dire qu'un corps résiste d'autant plus au mouvement, que sa masse est plus grande? Ce n'est pas dans le sens que, plus sa masse est grande, plus sa pression contre un obstacle est foible; il n'y a pas un crocheteur qui ne sache le contraire : c'est seulement relativement à une direction opposée à sa pression. Dans cette direction, il est certain qu'il résiste d'autant plus au mouvement, que sa masse est plus grande. Dans la direction de la pésanteur, il n'est pas moins certain que sa pression ou force, ou tendance au mouvement, s'accroît en raison de sa masse. Qu'est-ce que tout cela signifie donc ? Rien.

Je ne suis point surpris de voir tomber un corps, pas plus que de voir la flamme s'élever en haut, pas plus que de voir l'eau agir en tout sens, et peser, eu égard à sa hauteur et à sa base, en sorte qu'avec une médiocre quantité de fluide, je puis faire briser les vases les plus solides ; pas plus que de voir la vapeur en expansion dissoudre les corps les plus durs dans la machine de Papin, élever les plus pesans dans la machine à feu. Mais j'arrête mes yeux sur l'amas général des corps ; je vois tout en action et en réaction ; tout se détruisant sous une forme ; tout se recomposant sous une autre; des sublimations, des dissolutions, des combinaisons de toutes les espèces, phénomènes incompatibles avec l'homogénéité de la matière, d'où je conclus qu'elle est hétérogène ; qu'il existe une infinité d'élémens divers dans la nature ; que chacun de ces élémens, par sa diversité, a sa force particulière, innée, immuable, éternelle, indestructible ; et que ces forces intimes au corps ont leurs actions hors du corps : d'où naît le mouvement ou plutôt la fermentation générale dans l'univers.

Que font les philosophes, dont je réfute ici les *eurs et les paralogismes ? Ils s'attachent à une *le et unique force, peut-être commune à toutes

O *

les molécules de la matière ; je dis *peut-être*, car je ne serois point surpris qu'il y eût dans la nature telle molécule qui, jointe à une autre, rendît le mixte résultant plus léger. Tous les jours, dans le laboratoire, on volatilise un corps inerte par un corps inerte : et lorsque ceux qui, ne considérant pour toute action dans l'univers que celle de la gravitation, en ont conclu l'indifférence de la matière au repos ou au mouvement, ou plutôt la tendance de la matière au repos, ils croient avoir résolu la question, tandis qu'ils ne l'ont pas seulement effleurée.

Lorsqu'on regarde le corps comme plus ou moins résistant, et cela non comme pesant ou tendant au centre des graves, on lui reconnoît déjà une force, une action propre et intime ; mais il en a bien d'autres, entre lesquelles les unes s'exercent en tout sens, et d'autres ont des directions particulières.

La supposition d'un être quelconque, placé hors de l'univers matériel, est impossible. Il ne faut jamais faire de pareilles suppositions, parce qu'on n'en peut jamais rien inférer.

Tout ce qu'on dit de l'impossibilité de l'accroissement du mouvement ou de la vitesse, porte à plomb contre l'hypothèse de la matière homogène. Mais qu'est-ce que cela fait à ceux qui déduisent le mouvement dans la matière de son hétérogénéité ? La supposition d'une matière homogène est bien sujette à d'autres absurdités.

Si on ne s'obstine pas à considérer les choses dans sa tête, mais dans l'univers, on se convaincra, par la diversité des phénomènes, de la diversité des matières élémentaires ; de la diversité des forces; de la diversité des actions et des réactions ; de la nécessité du mouvement: et, toutes ces vérités admises, on ne dira plus : je vois la matière comme existante ; je la vois d'abord en repos ; car on sentira que c'est faire une abstraction dont on ne peut rien conclure. L'existence n'entraîne ni le repos ni le mouvement; mais l'existence n'est pas la seule qualité des corps.

Tous les physiciens, qui supposent la matière indifférente au mouvement et au repos, n'ont pas des idées nettes de la résistance. Pour qu'ils pussent conclure quelque chose de la résistance, il faudroit que cette qualité s'exerçât indistinctement en tout sens, et que son énergie fût la même selon toute direction. Alors ce seroit une force intime, telle que celle de toute molécule ; mais cette résistance varie autant qu'il y a de directions, dans lesquelles le corps peut être poussé ; elle est plus grande verticalement qu'horisontalement.

La différence de la pesanteur et de la force d'inertie, c'est que la pesanteur ne résiste pas également selon toutes directions; au-lieu que la force d'inertie résiste également selon toutes directions.

Et pourquoi la force d'inertie n'opéreroit-elle pas l'effet de retenir le corps dans son état de repos et dans son état de mouvement, et cela par la seule notion de résistance proportionnée à la quantité de matière ? La notion de résistance pure s'applique également au repos et au mouvement ; au repos, quand le corps est en mouvement ; au mouvement, quand le corps est en repos. Sans cette résistance, il ne pourroit y avoir de choc avant le mouvement ; ni d'arrêt, après le choc ; car le corps ne seroit rien.

Dans l'expérience de la boule suspendue par un fil, la pesanteur est détruite. La boule tire autant le fil, que le fil tire la boule. Donc la résistance du corps vient de la seule force d'inertie.

Si le fil tiroit plus la boule que la pesanteur, la boule monteroit. Si la boule étoit plus tirée par la pesanteur que par le fil, elle descendroit, etc. etc.

SUPPLÉMENT

AU

VOYAGE DE BOUGAINVILLE,

OU

DIALOGUE ENTRE *A.* ET *B.*

Sur l'inconvénient d'attacher des idées morales à certaines actions physiques qui n'en comportent pas.

At quanto meliora monet pugnantiaque istis.
Dives opis naturæ suæ, tu si modò recté
Dispensare velis, ac non fugienda petendis
Immiscere. Tuo vitio rerumne labores,
Nil referre putas ?

HORAT, Satyr. lib. I, satyr. 2, vers 73 et seq.

SUPPLÉMENT

AU

VOYAGE DE BOUGAINVILLE.

I.

JUGEMENT DU VOYAGE DE BOUGAINVILLE.

A. Cette superbe voûte étoilée, sous laquelle nous revînmes hier, et qui sembloit nous garantir un beau jour, ne nous a pas tenu parole.

B. Qu'en savez-vous ?

A. Le brouillard est si épais, qu'il nous dérobe la vue des arbres voisins.

B. Il est vrai; mais si ce brouillard, qui ne reste dans la partie inférieure de l'atmosphère que parce qu'elle est suffisamment chargée d'humidité, retombe sur la terre ?

A. Mais si, au contraire, il traverse l'éponge, s'élève, et gagne la région supérieure où l'air est moins dense, et peut, comme disent les chimistes, n'être pas saturé ?

B. Il faut attendre.

A. En attendant, que faites-vous ?

B. Je lis.

A. Toujours ce voyage de Bougainville ?

B. Toujours.

A. Je n'entends rien à cet homme-là. L'étude des mathématiques, qui suppose une vie sédentaire, a rempli le temps de ses jeunes années ; et voilà qu'il passe subitement, d'une condition méditative et retirée, au métier actif, pénible, errant et dissipé de voyageur.

B. Nullement. Si le vaisseau n'est qu'une maison flottante; et si vous considérez le navigateur qui traverse des espaces immenses, resserré et immobile dans une enceinte assez étroite ; vous le verrez faisant le tour du globe sur une planche, comme vous et moi le tour de l'univers sur votre parquet.

A. Une autre bizarrerie apparente, c'est la contradiction du caractère de l'homme et de son entreprise. Bougainville a le goût des amusemens de la société ; il aime les femmes, les spectacles, les repas délicats ; il se prête au tourbillon du monde d'aussi bonne grace qu'aux inconstances de l'élément sur lequel il a été balotté. Il est aimable et gai ; c'est un véritable Français lesté, d'un bord, d'un traité de calcul différentiel et intégral ; et de l'autre, d'un voyage autour du globe.

B. Il fait comme tout le monde : il se dissipe, après s'être appliqué ; et s'applique, après s'être dissipé.

A. Que pensez-vous de son Voyage ?

B. Autant que j'en puis juger sur une lecture assez superficielle, j'en rapporterois l'avantage à trois points principaux : une meilleure connoissance de notre vieux domicile et de ses habitans ; plus de sûreté sur des mers qu'il a parcourues, la sonde à la main ; et plus de corrections dans nos cartes géographiques. Bougainville est parti avec les lumières nécessaires et les qualités propres à ces vues : de la philosophie, du courage, de la véracité ; un coup-d'œil prompt, qui saisit les choses et abrège le temps des observations ; de la circonspection, de la patience ; le désir de voir, de s'éclairer et d'instruire ; la science du calcul, des mécaniques, de la géométrie, de l'astronomie ; et une teinture suffisante d'histoire naturelle.

A. Et son style ?

B. Sans apprêt ; le ton de la chose, de la simplicité et de la clarté, sur-tout quand on possède la langue des marins.

A. Sa course a été longue ?

B. Je l'ai tracée sur ce globe. Voyez-vous cette ligne de points rouges ?

A. Qui part de Nantes ?

B. Et court jusqu'au détroit de Magellan ; entre dans la mer Pacifique ; serpente entre ces îles formant l'Archipel immense qui s'étend des Philippines à la Nouvelle-Hollande ; rase Madagascar, le Cap de Bonne-Espérance ; se prolonge dans

Philosophie. P

l'Atlantique ; suit les côtes d'Afrique, et rejoint l'une de ses extrémités à celle d'où le navigateur s'est embarqué.

A. Il a beaucoup souffert ?

B. Tout navigateur s'expose, et consent de s'exposer aux périls de l'air, du feu, de la terre et de l'eau : mais qu'après avoir erré des mois entiers entre la mer et le ciel, entre la mort et la vie ; après avoir été battu des tempêtes, menacé de périr par naufrage, par maladie, par disette d'eau et de pain ; un infortuné vienne, son bâtiment fracassé, tomber, expirant de fatigue et de misère, aux pieds d'un monstre d'airain, qui lui refuse ou lui fait attendre impitoyablement les secours les plus urgens ; c'est une dureté !...

A. Un crime digne de châtiment.

B. Une de ces calamités, sur laquelle le voyageur n'a pas compté.

A. Et n'a pas dû compter. Je croyois que les puissances européennes n'envoyoient, pour commandans dans leurs possessions d'outre-mer, que des ames honnêtes, des hommes bienfaisans, des sujets remplis d'humanité, et capables de compatir.....

B. C'est bien là ce qui les soucie !

A. Il y a des choses singulières dans ce voyage de Bougainville.

B. Beaucoup.

A. N'assure-t-il pas que les animaux sauvages s'approchent de l'homme ; et que les oiseaux viennent se poser sur lui, lorsqu'ils ignorent le danger de cette familiarité ?

B. D'autres l'avoient dit avant lui.

A. Comment explique-t-il le séjour de certains animaux dans des îles séparées de tout continent par des intervalles de mer effrayans ? Qui est-ce qui a porté là le loup, le renard, le chien, le cerf, le serpent ?

B. Il n'explique rien ; il atteste le fait.

A. Et vous, comment l'expliquez-vous ?

B. Qui sait l'histoire primitive de notre globe ? Combien d'espaces de terre, maintenant isolés, étoient autrefois continus ? Le seul phénomène sur lequel on pourroit former quelque conjecture, c'est la direction de la masse des eaux qui les a séparés.

A. Comment cela ?

B. Par la forme générale des arrachemens. Quelque jour nous nous amuserons de cette recherche, si cela vous convient. Pour ce moment, voyez-vous cette île qu'on appelle *des Lanciers* ? A l'inspection du lieu qu'elle occupe sur le globe, il n'est personne qui ne se demande qui est-ce qui a placé là des hommes ? quelle communication les lioit autrefois avec le reste de leur espèce ? que deviennent-ils en se multipliant sur un espace qui n'a pas plus d'une lieue de diamètre ?

A. Ils s'exterminent et se mangent ; et de-là peut-être une première époque très-ancienne et très-naturelle de l'anthropophagie, insulaire d'origine.

B. Ou la multiplication y est limitée par quelque loi superstitieuse ; l'enfant y est écrasé dans le sein de sa mère foulée sous les pieds d'une prêtresse.

A. Ou l'homme égorgé expire sous le couteau d'un prêtre ; ou l'on a recours à la castration des mâles....

B. A l'infibulation des femelles ; et de-là tant d'usages d'une cruauté nécessaire et bizarre, dont la cause s'est perdue dans la nuit des temps, et met les philosophes à la torture. Une observation assez constante, c'est que les institutions surnaturelles et divines se fortifient et s'éternisent, en se transformant, à-la-longue, en loix civiles et nationales ; et que les institutions civiles et nationales se consacrent, et dégénèrent en préceptes surnaturels et divins.

A. C'est une des palingénésies les plus funestes.

B. Un brin de plus qu'on ajoute au lien dont on nous serre.

A. N'étoit-il pas au Paraguay, au moment même de l'expulsion des jésuites ?

B. Oui.

A. Qu'en dit-il ?

B. Moins qu'il n'en pourroit dire ; mais assez

pour nous apprendre que ces cruels Spartiates en jaquette noire en usoient avec leurs esclaves indiens, comme les Lacédémoniens avec les Ilotes ; les avoient condamnés à un travail assidu ; s'abreuvoient de leur sueur ; ne leur avoient laissé aucun droit de propriété ; les tenoient sous l'abrutissement de la superstition ; en exigeoient une vénération profonde ; marchoient au milieu d'eux, un fouet à la main, et en frappoient indistinctement tout âge et tout sexe. Un siècle de plus, et leur expulsion devenoit impossible, ou le motif d'une longue guerre entre ces moines et le souverain, dont ils avoient peu-à-peu secoué l'autorité.

A. Et ces Patagons, dont le docteur Maty et l'académicien La Condamine ont fait tant de bruit ?

B. Ce sont de bonnes gens qui viennent à vous, et qui vous embrassent, en criant *Chaoua* ; forts, vigoureux, toute-fois n'excédant guère la hauteur de cinq pieds cinq à six pouces ; n'ayant d'énorme que leur corpulence, la grosseur de leur tête et l'épaisseur de leurs membres.

Né avec le goût du merveilleux, qui exagère tout autour de lui, comment l'homme laisseroit-il une juste proportion aux objets, lorsqu'il a, pour ainsi dire, à justifier le chemin qu'il a fait, et la peine qu'il s'est donnée pour les aller voir au loin ?

A. Et du sauvage, qu'en pense-t-il ?

B. C'est, à ce qu'il paroît, de la défense journalière contre les bêtes, qu'il tient le caractère cruel qu'on lui remarque quelquefois. Il est innocent et doux, par-tout où rien ne trouble son repos et sa sécurité. Toute guerre naît d'une prétention commune à la même propriété. L'homme civilisé a une prétention commune avec l'homme civilisé, à la possession d'un champ dont ils occupent les deux extrémités; et ce champ devient un sujet de dispute entre eux.

A. Et le tigre a une prétention commune avec l'homme sauvage, à la possession d'une forêt; et c'est la première des prétentions, et la cause de la plus ancienne des guerres.... Avez-vous vu l'Otaïtien que Bougainville avoit pris sur son bord, et transporté dans ce pays-ci?

B. Je l'ai vu; il s'appeloit Aotourou. A la première terre qu'il apperçut, il la prit pour la patrie des voyageurs; soit qu'on lui en eût imposé sur la longueur du voyage; soit que, trompé naturellement par le peu de distance apparente des bords de la mer qu'il habitoit, à l'endroit où le ciel semble confiner à l'horison, il ignorât la véritable étendue de la terre. L'usage commun des femmes étoit si bien établi dans son esprit, qu'il se jeta sur la première Européenne qui vint à sa rencontre, et qu'il se disposoit très-sérieusement à lui faire la politesse d'Otaïti. Il s'ennuyoit parmi nous. L'alphabet otaïtien n'ayant ni b, ni c, ni d, ni f, ni g, ni q, ni x, ni y, ni z, il ne put jamais apprendre à parler notre langue, qui offroit à ses organes inflexibles trop d'articulations étrangères et de sons nouveaux. Il ne cessoit de soupirer après son pays; et je n'en suis pas étonné. Le voyage de Bougainville est le seul qui m'ait donné du goût pour une autre contrée que la mienne; jusqu'à cette lecture, j'avois pensé qu'on n'étoit nulle part aussi bien que chez soi; résultat que je croyois le même pour chaque habitant de la terre; effet naturel de l'attrait du sol; attrait qui tient aux commodités dont on jouit, et qu'on n'a pas la même certitude de retrouver ailleurs.

A. Quoi! vous ne trouvez pas l'habitant de Paris aussi convaincu qu'il croisse des épis dans la campagne de Rome, que dans les champs de la Beauce?

B. Ma foi, non. Bougainville a renvoyé Aotourou, après avoir pourvu aux frais et à la sûreté de son retour.

A. O Aotourou! que tu seras content de revoir ton père, ta mère, tes frères, tes sœurs, tes maîtresses, tes compatriotes! que leur diras-tu de nous?

B. Peu de choses, et qu'ils ne croiront pas.

A. Pourquoi, peu de choses?

B. Parce qu'il en a peu conçues, et qu'il ne trouvera dans sa langue aucun terme correspondant à celles dont il a quelques idées.

A. Et pourquoi ne le croiront-ils pas?

B. Parce qu'en comparant leurs mœurs aux nôtres, ils aimeront mieux prendre Aotourou pour un menteur, que de nous croire si fous.

A. En vérité?

B. Je n'en doute pas: la vie sauvage est si simple, et nos sociétés sont des machines si compliquées! L'Otaïtien touche à l'origine du monde, et l'Européen touche à sa vieillesse. L'intervalle qui le sépare de nous, est plus grand, que la distance de l'enfant qui naît à l'homme décrépit. Il n'entend rien à nos usages, à nos loix; ou il n'y voit que des entraves déguisées sous cent formes diverses; entraves qui ne peuvent qu'exciter l'indignation et le mépris d'un être, en qui le sentiment de la liberté est le plus profond des sentimens.

A. Est-ce que vous donneriez dans la fable d'Otaïti.

B. Ce n'est point une fable; et vous n'auriez aucun doute sur la sincérité de Bougainville, si vous connoissiez le supplément de son voyage.

A. Et où trouve-t-on ce supplément?

B. Là, sur cette table.

A. Est-ce que vous ne me le confierez pas?

B. Non; mais nous pourrons le parcourir ensemble, si vous voulez.

A. Assurément, je le veux. Voilà le brouillard qui retombe, et l'azur du ciel qui commence à paroître. Il semble que mon lot soit d'avoir tort

avec vous jusques dans les moindres choses ; il faut
que je sois bien bon, pour vous pardonner une
supériorité aussi continue !

B. Tenez, tenez; lisez: passez ce préambule
qui ne signifie rien, et allez droit aux adieux que
fit un des chefs de l'île à nos voyageurs. Cela
vous donnera quelque notion de l'éloquence de ces
gens-là.

A. Comment Bougainville a-t-il compris ces
adieux prononcés dans une langue qu'il ignoroit?

B. Vous le saurez. C'est un vieillard qui parle.

II.

Les adieux du Vieillard.

Il étoit père d'une famille nombreuse. A l'arrivée des Européens, il laissa tomber des regards
de dédain sur eux, sans marquer ni étonnement,
ni frayeur, ni curiosité. Ils l'abordèrent ; il leur
tourna le dos, se retira dans sa cabane. Son silence
et son souci ne décéloient que trop sa pensée : il
gémissoit en lui-même sur les beaux jours de son
pays éclipsés. Au départ de Bougainville, lorsque
les habitans accouroient en foule sur le rivage,
s'attachoient à ses vêtemens, serroient ses camarades entre leurs bras, et pleuroient; ce vieillard
s'avança d'un air sévère, et dit :

« Pleurez, malheureux Otaïtiens! pleurez; mais
» que ce soit de l'arrivée, et non du départ de ces

» hommes ambitieux et méchans : un jour, vous les
» connoîtrez mieux. Un jour, ils reviendront, le
» morceau de bois que vous voyez attaché à la
» ceinture de celui-ci, dans une main, et le fer
» qui pend au côté de celui-là, dans l'autre, vous
» enchaîner, vous égorger, ou vous assujettir à
» leurs extravagances et à leurs vices; un jour vous
» servirez sous eux, aussi corrompus, aussi vils,
» aussi malheureux qu'eux. Mais je me console; je
» touche à la fin de ma carrière; et la calamité
» que je vous annonce, je ne la verrai point. O
» Otaïtiens ! mes amis ! vous auriez un moyen d'é-
» chapper à un funeste avenir; mais j'aimerois
» mieux mourir que de vous en donner le conseil.
» Qu'ils s'éloignent, et qu'ils vivent ».

Puis, s'adressant à Bougainville, il ajouta : « Et
» toi, chef des brigands qui t'obéissent, écarte
» promptement ton vaisseau de notre rive : nous
» sommes innocens, nous sommes heureux ; et tu
» ne peux que nuire à notre bonheur. Nous suivons
» le pur instinct de la nature; et tu as tenté d'ef-
» facer de nos ames son caractère. Ici tout est à
» tous; et tu nous as prêché je ne sais quelle dis-
» tinction du *tien* et du *mien*. Nos filles et nos
» femmes nous sont communes; tu as partagé ce
» privilège avec nous; et tu es venu allumer en
» elles des fureurs inconnues. Elles sont devenues
» folles dans tes bras; tu es devenu féroce entre les
» leurs. Elles ont commencé à se haïr ; vous vous

» êtes égorgés pour elles ; et elles nous sont reve-
» nues teintes de votre sang. Nous sommes libres ;
» et voilà que tu as enfoui dans notre terre le titre
» de notre futur esclavage. Tu n'es ni un dieu, ni
» un démon : qui es-tu donc, pour faire des es-
» claves ? Orou ! toi qui entends la langue de ces
» hommes-là, dis-nous à tous, comme tu me l'as
» dit à moi, ce qu'ils ont écrit sur cette lame de
» métal : *Ce pays est à nous.* Ce pays est à toi !
» et pourquoi ? parce que tu y as mis le pied ? Si
» un Otaïtien débarquoit un jour sur vos côtes, et
» qu'il gravât sur une de vos pierres ou sur l'écorce
» d'un de vos arbres : *Ce pays appartient aux*
» *habitans d'Otaïti*, qu'en penserois-tu ? Tu es
» le plus fort ! Et qu'est-ce que cela fait ? Lors-
» qu'on t'a enlevé une des méprisables bagatelles
» dont ton bâtiment est rempli, tu t'es récrié, tu
» t'es vengé ; et dans le même instant, tu as projeté
» au fond de ton cœur le vol de toute une contrée !
» Tu n'es pas esclave ; tu souffrirois la mort plutôt
» que de l'être, et tu veux nous asservir ! Tu crois
» donc que l'Otaïtien ne sait pas défendre sa liberté
» et mourir ? Celui dont tu veux t'emparer comme
» de la brute, l'Otaïtien est ton frère. Vous êtes
» deux enfans de la nature ; quel droit as-tu sur
» lui qu'il n'ait pas sur toi ? Tu es venu ; nous
» sommes-nous jetés sur ta personne ? avons-nous
» pillé ton vaisseau ? t'avons-nous saisi et exposé
» aux flèches de nos ennemis ? t'avons-nous asso-

» cié dans nos champs au travail de nos animaux ?
» Nous avons respecté notre image en toi. Laisse-
» nous nos mœurs ; elles sont plus sages et plus
» honnêtes que les tiennes ; nous ne voulons point
» troquer ce que tu appelles notre ignorance, contre
» tes inutiles lumières. Tout ce qui nous est né-
» cessaire et bon, nous le possédons. Sommes-
» nous dignes de mépris, parce que nous n'avons
» pas su nous faire des besoins superflus ? Lorsque
» nous avons faim, nous avons de quoi manger ;
» lorsque nous avons froid, nous avons de quoi
» nous vêtir. Tu es entré dans nos cabanes, qu'y
» manque-t-il, à ton avis ? Poursuis jusqu'où tu
» voudras ce que tu appelles les commodités de
» la vie ; mais permets à des êtres sensés de s'ar-
» rêter, lorsqu'ils n'auroient à obtenir, de la conti-
» nuité de leurs pénibles efforts, que des biens
» imaginaires. Si tu nous persuades de franchir
» l'étroite limite du besoin, quand finirons-nous
» de travailler ? Quand jouirons-nous ? Nous avons
» rendu la somme de nos fatigues annuelles et jour-
» nalières, la moindre qu'il étoit possible, parce
» que rien ne nous paroît préférable au repos. Va
» dans ta contrée t'agiter, te tourmenter tant que
» tu voudras ; laisse-nous reposer : ne nous entête
» ni de tes besoins factices, ni de tes vertus chi-
» mériques. Regarde ces hommes ; vois comme
» ils sont droits, sains et robustes. Regarde ces
» femmes ; vois comme elles sont droites, saines,

» fraîches et belles. Prends cet arc, c'est le mien;
» appelle à ton aide un, deux, trois, quatre de tes
» camarades; et tâchez de le tendre. Je le tends
» moi seul. Je laboure la terre; je grimpe la mon-
» tagne; je perce la forêt; je parcours une lieue
» de la plaine en moins d'une heure. Tes jeunes
» compagnons ont eu peine à me suivre; et j'ai
» quatre-vingt-dix ans passés. Malheur à cette
» île! malheur aux Otaïtiens présens, et à tous les
» Otaïtiens à venir, du jour où tu nous as visités!
» Nous ne connoissions qu'une maladie; celle à
» laquelle l'homme, l'animal et la plante ont été
» condamnés, la vieillesse; et tu nous en as ap-
» porté une autre: tu as infecté notre sang. Il nous
» faudra peut-être exterminer de nos propres
» mains, nos filles, nos femmes, nos enfans; ceux
» qui ont approché tes femmes; celles qui ont ap-
» proché tes hommes. Nos champs seront trempés
» du sang impur qui a passé de tes veines dans les
» nôtres; ou nos enfans, condamnés à nourrir et
» à perpétuer le mal que tu as donné aux pères et
» aux mères, et qu'ils transmettront à jamais à
» leurs descendans. Malheureux! tu seras coupa-
» ble, ou des ravages qui suivront les funestes
» caresses des tiens, ou des meurtres que nous
» commettrons pour en arrêter le poison. Tu
» parles de crimes! as-tu l'idée d'un plus grand
» crime que le tien? Quel est chez toi le châtiment
» de celui qui tue son voisin? la mort par le fer;

» quel est chez toi le châtiment du lâche qui l'em-
» poisonne? la mort par le feu : compare ton for-
» fait à ce dernier; et dis-nous, empoisonneur de
» nations, le supplice que tu mérites? Il n'y a
» qu'un moment, la jeune Otaïtienne s'abandon-
» noit aux transports, aux embrassemens du jeune
» Otaïtien; attendoit avec impatience que sa mère
» (autorisée par l'âge nubile) relevât son voile,
» et mît sa gorge à nu. Elle étoit fière d'exciter les
» désirs, et d'arrêter les regards amoureux de l'in-
» connu, de ses parens, de son frère; elle accep-
» toit, sans frayeur et sans honte, en notre pré-
» sence, au milieu d'un cercle d'innocens Otaï-
» tiens, au son des flûtes, entre les danses, les
» caresses de celui que son jeune cœur et la voix
» secrète de ses sens lui désignoient. L'idée de
» crime et le péril de la maladie sont entrés avec
» toi parmi nous. Nos jouissances, autrefois si
» douces, sont accompagnées de remords et d'ef-
» froi. Cet homme noir, qui est près de toi, qui
» m'écoute, a parlé à nos garçons; je ne sais ce
» qu'il a dit à nos filles; mais nos garçons hésitent;
» mais nos filles rougissent. Enfonce-toi, si tu
» veux, dans la forêt obscure avec la compagne
» perverse de tes plaisirs; mais accorde aux bons
» et simples Otaïtiens de se reproduire sans honte,
» à la face du ciel et au grand jour. Quel sentiment
» plus honnête et plus grand pourrois-tu mettre
» à la place de celui que nous leur avons inspiré;

» et qui les anime ? Ils pensent que le moment d'en-
» richir la nation et la famille d'un nouveau citoyen
» est venu ; et ils s'en glorifient. Ils mangent, pour
» vivre et pour croître : ils croissent, pour multi-
» plier ; et ils n'y trouvent ni vice, ni honte. Ecoute
» la suite de tes forfaits. A-peine t'es-tu montré
» parmi eux, qu'ils sont devenus voleurs. A-peine
» es-tu descendu dans notre terre, qu'elle a fumé
» de sang. Cet Otaïtien qui courut à ta rencon-
» tre, qui t'accueillit, qui te reçut en criant :
» *Taïo ! ami, ami ;* vous l'avez tué. Et pourquoi
» l'avez-vous tué ? parce qu'il avoit été séduit par
» l'éclat de tes petits œufs de serpens. Il te donnoit
» ses fruits ; il t'offroit sa femme et sa fille ; il te
» cédoit sa cabane : et tu l'as tué pour une poignée
» de ces grains, qu'il avoit pris sans te le demander.
» Au bruit de ton arme meurtrière, la terreur s'est
» emparée de lui ; et il s'est enfui dans la mon-
» tagne. Mais crois qu'il n'auroit pas tardé d'en
» descendre ; crois, qu'en un instant, sans moi,
» vous périssiez tous. Eh ! pourquoi les ai-je ap-
» paisés ? pourquoi les ai-je contenus ? pourquoi
» les contiens-je encore dans ce moment ? Je l'i-
» gnore ; car tu ne mérites aucun sentiment de
» pitié ; car tu as une ame féroce qui ne l'éprouva
» jamais. Tu t'es promené, toi et les tiens, dans
» notre île ; tu as été respecté ; tu as joui de tout ;
» tu n'as trouvé sur ton chemin ni barrière, ni re-
» fus : on t'invitoit, tu t'asséyois ; on étaloit de-

» vant toi l'abondance du pays. As-tu voulu de
» jeunes filles ? excepté celles qui n'ont pas encore
» le privilège de montrer leur visage et leur gorge,
» les mères t'ont présenté les autres toutes nues :
» te voilà possesseur de la tendre victime du de-
» voir hospitalier ; on a jonché pour elle et pour
» toi, la terre de feuilles et de fleurs; les musiciens
» ont accordé leurs instrumens ; rien n'a troublé la
» douceur, ni gêné la liberté de tes caresses ni des
» siennes. On a chanté l'hymne, l'hymne qui t'exhor-
» toit à être homme, qui exhortoit notre enfant à
» être femme, et femme complaisante et volup-
» tueuse. On a dansé autour de votre couche ; et
» c'est au sortir des bras de cette femme, après
» avoir éprouvé sur son sein la plus douce ivresse,
» que tu as tué son frère, son ami, son père,
» peut-être. Tu as fait pis encore; regarde de
» ce côté ; vois cette enceinte hérissée de flè-
» ches ; ces armes qui n'avoient menacé que nos
» ennemis, vois-les tournées contre nos propres
» enfans : vois les malheureuses compagnes de nos
» plaisirs ; vois leur tristesse ; vois la douleur de
» leurs pères ; vois le désespoir de leurs mères :
» c'est là qu'elles sont condamnées à périr par
» nos mains, ou par le mal que tu leur as donné.
» Eloigne-toi, à-moins que tes yeux cruels ne se
» plaisent à des spectacles de mort : éloigne-toi ;
» va, et puissent les mers coupables qui t'ont
» épargné dans ton voyage, s'absoudre, et nous

» venger en t'engloutissant avant ton retour ! Et
» vous, Otaïtiens, rentrez dans vos cabanes, ren-
» trez tous ; et que ces indignes étrangers n'en-
» tendent à leur départ, que le flot qui mugit, et
» ne voient que l'écume dont sa fureur blanchit une
» rive déserte » !

A-peine eut-il achevé, que la foule des habitans disparut : un vaste silence régna dans toute l'étendue de l'île ; et l'on n'entendit que le sifflement aigu de vents et le bruit sourd des eaux sur toute la longueur de la côte : on eût dit que l'air et la mer, sensibles à la voix du vieillard, se disposoient à lui obéir.

B. Eh bien ! qu'en pensez-vous ?

A. Ce discours me paroît véhément; mais à-travers je ne sais quoi d'abrupte et de sauvage, il me semble y retrouver des idées et des tournures européennes.

B. Pensez donc que c'est une traduction de l'Otaïtien en espagnol, et de l'espagnol en français. Le vieillard s'étoit rendu, la nuit, chez cet Orou qu'il a interpellé, et dans la case duquel l'usage de la langue espagnole s'étoit conservé de temps immémorial. Orou avoit écrit en espagnol la harangue du vieillard ; et Bougainville en avoit une copie à la main, tandis que l'Otaïtien la prononçoit.

A. Je ne vois que trop à-présent pourquoi Bougainville a supprimé ce fragment ; mais ce n'est pas là tout ; et ma curiosité pour le reste n'est pas légère.

B. Ce qui suit peut-être vous intéressera moins.

A. N'importe.

B. C'est un entretien de l'aumônier de l'équipage avec un habitant de l'île.

A. Orou.

B. Lui-même. Lorsque le vaisseau de Bougainville approcha d'Otaïti, un nombre infini d'arbres creusés furent lancés sur les eaux ; en un instant son bâtiment en fut environné ; de quelque côté qu'il tournât ses regards, il voyoit des démonstrations de surprise et de bienveillance. On lui jetoit des provisions ; on lui tendoit les bras ; on s'attachoit à des cordes ; on gravissoit contre des planches ; on avoit rempli sa chaloupe ; on crioit vers le rivage, d'où les cris étoient répondus ; les habitans de l'île accouroient ; les voilà tous à terre : on s'empare des hommes et de l'équipage ; on se les partage ; chacun conduit le sien dans sa cabane : les hommes les tenoient embrassés par le milieu du corps ; les femmes leur flattoient les joues de leurs mains. Placez-vous là ; soyez témoin, par la pensée, de ce spectacle d'hospitalité ; et dites-moi comment vous trouvez l'espèce humaine.

A. Très-belle.

B. Mais j'oublierois peut-être de vous parler d'un événement assez singulier. Cette scène de bienveillance et d'humanité fut troublée tout-à-coup par les cris d'un homme qui appeloit à son secours ; c'étoit le domestique d'un des officiers de Bougainville. De jeunes Otaïtiens s'étoient jetés sur lui, l'avoient étendu par terre, le déshabilloient, et se disposoient à lui faire la civilité.

A. Quoi ! ces peuples si simples, ces sauvages si bons, si honnêtes ?.....

B. Vous vous trompez ; ce domestique étoit une femme déguisée en homme. Ignorée de l'équipage entier, pendant tout le temps d'une longue traversée, les Otaïtiens devinèrent son sexe au premier coup-d'œil. Elle étoit née en Bourgogne ; elle s'appeloit Barré ; ni laide, ni jolie ; âgée de vingt-six ans. Elle n'étoit jamais sortie de son hameau ; et sa première pensée de voyager fut de faire le tour du globe : elle montra toujours de la sagesse et du courage.

A. Ces frêles machines-là renferment quelquefois des ames bien fortes.

I I I.

Entretien de l'Aumônier et d'Orou.

B. Dans la division que les Otaïtiens se firent de l'équipage de Bougainville, l'aumônier devint le partage d'Orou. L'aumônier et l'Otaïtien étoient à-peu-près du même âge, trente-cinq à trente-six ans. Orou n'avoit alors que sa femme et trois filles appelées Asto, Palli et Thia. Elles le déshabillèrent, lui lavèrent le visage, les mains et les pieds, et lui servirent un repas sain et frugal. Lorsqu'il fut sur-le-point de se coucher, Orou, qui s'étoit absenté avec sa famille, reparut, lui présenta sa femme et ses trois filles nues, et lui dit :

═ Tu as soupé, tu es jeune, tu te portes bien; si tu dors seul, tu dormiras mal ; l'homme a besoin la nuit d'une compagne à son côté. Voilà ma femme, voilà mes filles : choisis celle qui te convient ; mais si tu veux m'obliger, tu donneras la préférence à la plus jeune de mes filles qui n'a point encore eu d'enfans.

La mère ajouta : ═ Hélas! je n'ai point à m'en plaindre ; la pauvre Thia ! ce n'est pas sa faute.

L'aumônier répondit :

═ Que sa religion, son état, les bonnes mœurs et l'honnêteté ne lui permettoient pas d'accepter ses offres.

Orou répliqua :

═ Je ne sais ce que c'est que la chose que tu appelles religion ; mais je ne puis qu'en penser mal, puisqu'elle t'empêche de goûter un plaisir innocent, auquel nature, la souveraine maîtresse, nous invite tous; de donner l'existence à un de tes semblables ; de rendre un service que le père, la mère et les enfans te demandent ; de t'acquitter avec un hôte qui t'a fait un bon accueil, et d'enrichir une nation, en l'accroissant d'un sujet de plus. Je ne sais ce que c'est que la chose que tu appelles état; mais ton premier devoir est d'être homme, et d'être reconnoissant. Je ne te propose point de porter dans ton pays les mœurs d'Orou; mais Orou, ton hôte et ton ami, te supplie de te prêter aux mœurs d'Otaïti. Les mœurs d'Otaïti sont-elles meilleures ou plus mauvaises que les vôtres? c'est une question facile à décider. La terre où tu es né a-t-elle plus d'hommes qu'elle n'en peut nourrir? en ce cas les mœurs ne sont ni pires, ni meilleures que les nôtres? En peut-elle nourrir plus qu'elle n'en a? nos mœurs sont meilleures que les tiennes. Quant à l'honnêteté que tu m'objectes, je te comprends; j'avoue que j'ai tort; et je t'en demande pardon. Je n'exige pas que tu nuises à ta santé; si tu es fatigué, il faut que tu te reposes; mais j'espère que tu ne continueras pas à nous contrister. Vois le souci que tu as répandu sur tous ces visages : elles craignent que tu n'aies remarqué en elles quelques défauts qui leur attirent ton dédain. Mais quand cela seroit, le plaisir d'honorer une de mes filles, entre ses compagnes et ses sœurs, et de faire une bonne action, ne te suffiroit-il pas? Sois généreux!

L'Aumônier. Ce n'est pas cela : elles sont toutes quatre également belles; mais ma religion! mais mon état!

Orou. Elles m'appartiennent, et je te les offre : elles sont à elles, et elles se donnent à toi. Quelle que soit la pureté de conscience que la chose *reli-*

gion et la chose *état* te prescrivent, tu peux les accepter sans scrupule. Je n'abuse point de mon autorité ; et sois sûr que je connois et que je respecte les droits des personnes.

Ici, le véridique aumônier convient que jamais la providence ne l'avoit exposé à une aussi pressante tentation. Il étoit jeune ; il s'agitoit, il se tourmentoit ; il détournoit ses regards des aimables suppliantes ; il les ramenoit sur elles ; il levoit ses mains et ses yeux au ciel. = Thia, la plus jeune, embrassoit ses genoux, et lui disoit : Etranger, n'afflige pas mon père, n'afflige pas ma mère, ne m'afflige pas ! Honore-moi dans la cabane et parmi les miens ; élève-moi au rang de mes sœurs qui se moquent de moi. Asto l'aînée a déjà trois enfans ; Palli, la seconde, en a deux, et Thia n'en a point ! Etranger, honnête étranger, ne me rebute pas ! rends-moi mère ; fais-moi un enfant que je puisse un jour promener par la main, à côté de moi, dans Otaïti, qu'on voie dans neuf mois attaché à mon sein, dont je sois fière, et qui fasse une partie de ma dot, lorsque je passerai de la cabane de mon père dans une autre. Je serai peut-être plus chanceuse avec toi, qu'avec nos jeunes Taïtiens. Si tu m'accordes cette faveur, je ne t'oublierai plus ; je te bénirai toute ma vie ; j'écrirai ton nom sur mon bras et sur celui de ton fils ; nous le prononcerons sans cesse avec joie : et, lorsque tu quitteras ce rivage, mes souhaits t'accompagneront sur les mers jusqu'à ce que tu sois arrivé dans ton pays.

Le naïf aumônier dit qu'elle lui serroit les mains, qu'elle attachoit sur ses yeux des regards si expressifs et si touchans ; qu'elle pleuroit ; que son père, sa mère et ses sœurs s'éloignèrent ; qu'il resta seul avec elle, et qu'en disant : Mais ma religion, mais mon état, il se trouva le lendemain couché à côté de cette jeune fille, qui l'accabloit de caresses, et qui invitoit son père, sa mère et ses sœurs, lorsqu'ils s'approchèrent de leur lit le matin, à joindre leur reconnoissance à la sienne.

Asto et Palli, qui s'étoient éloignées, rentrèrent avec les mets du pays, des boissons et des fruits : elles embrassoient leur sœur, et faisoient des vœux sur elle. Ils déjeûnèrent tous ensemble ; ensuite Orou, demeuré seul avec l'aumônier, lui dit :

= Je vois que ma fille est contente de toi; et je te remercie. Mais pourrois-tu m'apprendre ce que c'est que le mot religion, que tu as répété tant de fois, et avec tant de douleur ?

L'aumônier, après avoir rêvé un moment, répondit :

= Qui est-ce qui a fait ta cabane et les ustensiles qui la meublent ?

Orou. C'est moi.

L'Aum. Eh bien ! nous croyons que ce monde et ce qu'il renferme est l'ouvrage d'un ouvrier.

Orou. Il a donc des pieds, des mains, une tête ?

L'Aum. Non.

Orou. Où fait-il sa demeure ?

L'Aum. Par-tout.

Orou. Ici même ?

L'Aum. Ici.

Orou. Nous ne l'avons jamais vu.

L'Aum. On ne le voit pas.

Orou. Voilà un père bien indifférent ! Il doit être vieux ; car il a du-moins l'âge de son ouvrage.

L'Aum. Il ne vieillit point : il a parlé à nos ancêtres ; il leur a donné des loix ; il leur a prescrit la manière dont il vouloit être honoré ; il leur a ordonné certaines actions, comme bonnes ; il leur en a défendu d'autres, comme mauvaises.

Orou. J'entends ; et une de ces actions qu'il leur a défendues comme mauvaises, c'est de coucher avec une femme et une fille ? Pourquoi donc a-t-il fait deux sexes ?

L'Aum. Pour s'unir ; mais à certaines conditions requises ; après certaines cérémonies préalables, en conséquence desquelles un homme appartient à une femme, et n'appartient qu'à elle ; une femme appartient à un homme, et n'appartient qu'à lui.

Orou. Pour toute leur vie ?

L'Aum. Pour toute leur vie.

Orou. En sorte que, s'il arrivoit à une femme

de coucher avec un autre que son mari, ou à un mari de coucher avec une autre que sa femme.... mais cela n'arrive point ; car, puisqu'il est là, et que cela lui déplaît, il sait les en empêcher.

L'Aum. Non ; il les laisse faire ; et ils pèchent contre la loi de Dieu (car c'est ainsi que nous appelons le grand ouvrier), contre la loi du pays ; et ils commettent un crime.

Orou. Je serois fâché de t'offenser par mes discours ; mais si tu le permettois, je te dirois mon avis.

L'Aum. Parle.

Orou. Ces préceptes singuliers, je les trouve opposés à la nature, et contraires à la raison ; faits pour multiplier les crimes, et fâcher à tout moment le vieil ouvrier, qui a tout fait sans mains, sans tête et sans outils ; qui est par-tout, et qu'on ne voit nulle part ; qui dure aujourd'hui et demain, et qui n'a pas un jour de plus ; qui commande, et qui n'est pas obéi ; qui peut empêcher, et qui n'empêche pas : contraires à la nature, parce qu'ils supposent qu'un être pensant, sentant et libre, peut être la propriété d'un être semblable à lui : sur quoi ce droit seroit-il fondé ? Ne vois-tu pas qu'on a confondu, dans ton pays, la chose qui n'a ni sensibilité, ni pensée, ni désir, ni volonté ; qu'on quitte, qu'on prend, qu'on garde, qu'on échange sans qu'elle souffre et sans qu'elle se plaigne, avec la chose qui ne s'échange point,

Philosophie. Q

ne s'acquiert point ; qu'a liberté, volonté, désir; qui peut se donner ou se refuser pour un moment; se donner ou se refuser pour toujours; qui se plaint et qui souffre ; et qui ne sauroit devenir un effet de commerce, sans qu'on oublie son caractère, et qu'on fasse violence à la nature : contraires à la loi générale des êtres. Rien, en effet, le paroît-il plus insensé qu'un précepte qui proscrit le changement qui est en nous ; qui commande une constance qui n'y peut être ; et qui viole la liberté du mâle et de la femelle, en les enchaînant pour jamais l'un à l'autre; qu'une fidélité qui borne la plus capricieuse des jouissances à un même individu ; qu'un serment d'immutabilité de deux êtres de chair, à la face d'un ciel qui n'est pas un instant le même, sous des antres qui menacent ruine ; au bas d'une roche qui tombe en poudre; au pied d'un arbre qui se gerce ; sur une pierre qui s'ébranle ? Crois-moi, vous avez rendu la condition de l'homme pire que celle de l'animal. Je ne sais ce que c'est que ton grand ouvrier: mais je me réjouis qu'il n'ait point parlé à nos pères; et je souhaite qu'il ne parle point à nos enfans ; car il pourroit par hasard leur dire les mêmes sottises; et ils feroient peut-être celle de le croire. Hier, en soupant, tu nous a entretenus de magistrats et de prêtres; je ne sais quels sont ces personnages que tu appelles *magistrats et prêtres;* dont l'autorité règle votre conduite; mais,

dis-moi, sont-ils maîtres du bien et du mal ?
Peuvent-ils faire que ce qui est juste soit injuste,
et que ce qui est injuste soit juste ? dépend-il
d'eux d'attacher le bien à des actions nuisibles, et
le mal à des actions innocentes ou utiles ? Tu ne
saurois le penser ; car, à ce compte, il n'y auroit ni vrai ni faux, ni bon ni mauvais, ni beau
ni laid ; du-moins, que ce qu'il plairoit à ton grand
ouvrier, à tes magistrats, à tes prêtres, de prononcer tel ; et, d'un moment à l'autre, tu serois
obligé de changer d'idées et de conduite. Un jour
l'on te diroit, de la part de l'un de tes trois maîtres : *tue ;* et tu serois obligé, en conscience, de
tuer ; un autre jour : *vole ;* et tu serois tenu de
voler ; ou : *ne mange pas de ce fruit ;* et tu n'o-
serois en manger : *je te défends ce légume ou cet
animal ;* et tu te garderois d'y toucher. Il n'y a
point de bonté, qu'on ne pût t'interdire ; point de
méchanceté, qu'on ne pût t'ordonner. Et où en
serois-tu réduit, si tes trois maîtres, peu d'accord
entr'eux, s'avisoient de te permettre, de t'enjoin-
dre et de te défendre la même chose, comme je
pense qu'il arrive souvent ? Alors, pour plaire au
prêtre, il faudra que tu te brouilles avec le magistrat ; pour satisfaire le magistrat, il faudra que
tu mécontentes le grand ouvrier ; et pour te rendre agréable au grand ouvrier, il faudra que tu
renonces à la nature. Et sais-tu ce qui en arrivera ?
c'est que tu les mépriseras tous trois ; et que tu

ne seras ni homme, ni citoyen, ni pieux; que tu ne seras rien; que tu seras mal avec toutes les sortes d'autorités; mal avec toi-même; méchant, tourmenté par ton cœur; persécuté par tes maîtres insensés; et malheureux, comme je te vis hier au soir, lorsque je te présentai mes filles et ma femme, et que tu t'écriois : Mais ma religion ! mais mon état ! Veux-tu savoir, en tout temps et en tous lieux, ce qui est bon et mauvais ? Attache-toi à la nature des choses et des actions; à tes rapports avec ton semblable; à l'influence de ta conduite sur ton utilité particulière et le bien général. Tu es en délire, si tu crois qu'il y ait rien, soit en haut, soit en bas, dans l'univers, qui puisse ajouter ou retrancher aux loix de la nature. Sa volonté éternelle est que le bien soit préféré au mal; et le bien général, au bien particulier. Tu ordonneras le contraire; mais tu ne seras pas obéi. Tu multiplieras les malfaiteurs et les malheureux par la crainte, par les châtimens et par les remords; tu dépraveras les consciences; tu corrompras les esprits; ils ne sauront plus ce qu'ils ont à faire ou à éviter. Troublés dans l'état d'innocence, tranquilles dans le forfait, ils auront perdu l'étoile polaire de leur chemin. Réponds-moi sincèrement; en dépit des ordres exprès de tes trois législateurs, un jeune homme, dans ton pays, ne couche-t-il jamais, sans leur permission, avec une jeune fille ?

L'Aum. Je mentirois si je te l'assurois.

Orou. La femme, qui a juré de n'appartenir qu'à son mari, ne se donne-t-elle point à un autre ?

L'Aum. Rien de plus commun.

Orou. Tes législateurs sévissent ou ne sévissent pas : s'ils sévissent, ce sont des bêtes féroces qui battent la nature ; s'ils ne sévissent pas, ce sont des imbécilles qui ont exposé au mépris leur autorité par une défense inutile.

L'Aum. Les coupables, qui échappent à la sévérité des loix, sont châtiés par le blâme général.

Orou. C'est-à-dire que la justice s'exerce par le défaut de sens commun de toute la nation ; et que c'est la folie de l'opinion qui supplée aux loix.

L'Aum. La fille déshonorée ne trouve plus de mari.

Orou. Déshonorée ! et pourquoi ?

L'Aum. La femme infidelle est plus ou moins méprisée.

Orou. Méprisée ! et pourquoi ?

L'Aum. Le jeune homme s'appelle un lâche séducteur.

Orou. Un lâche ! un séducteur ! et pourquoi ?

L'Aum. Le père, la mère et l'enfant sont désolés. L'époux volage est un libertin : l'époux trahi partage la honte de sa femme.

Orou. Quel monstrueux tissu d'extravagances tu m'exposes là ! et encore tu ne dis pas tout :

car, aussi-tôt qu'on s'est permis de disposer à son gré des idées de justice et de propriété; d'ôter ou de donner un caractère arbitraire aux choses; d'unir aux actions ou d'en séparer le bien et le mal, sans consulter que le caprice, on se blâme, on s'accuse, on se suspecte, on se tyrannise, on est envieux, on est jaloux, on se trompe, on s'afflige, on se cache, on dissimule, on s'épie, on se surprend, on se querelle, on ment; les filles en imposent à leurs parens; les maris, à leurs femmes; les femmes, à leurs maris; des filles, oui, je n'en doute pas, des filles étoufferont leurs enfans; des pères soupçonneux mépriseront et négligeront les leurs; des mères s'en sépareront, et les abandonneront à la merci du sort; et le crime et la débauche se montreront sous toutes sortes de formes. Je sais tout cela, comme si j'avois vécu parmi vous. Cela est, parce que cela doit être; et ta société, dont votre chef vous vante le bel ordre, ne sera qu'un ramas d'hypocrites, qui foulent secrètement aux pieds les loix; ou d'infortunés, qui sont eux-mêmes les instrumens de leurs supplices, en s'y soumettant; ou d'imbécilles, en qui le préjugé a tout-à-fait étouffé la voix de la nature; ou d'êtres mal organisés, en qui la nature ne réclame pas ses droits.

L'Aum. Cela ressemble. Mais vous ne vous mariez donc point?

Orou. Nous nous marions.

L'Aum. Qu'est-ce que votre mariage ?

Orou. Le consentement d'habiter une même cabane, et de coucher dans le même lit, tant que nous nous y trouverons bien.

L'Aum. Et lorsque vous vous y trouvez mal ?

Orou. Nous nous séparons.

L'Aum. Que deviennent vos enfans ?

Orou. O étranger ! ta dernière question achève de me déceler la profonde misère de ton pays. Sache, mon ami, qu'ici la naissance d'un enfant est toujours un bonheur : et sa mort, un sujet de regrets et de larmes. Un enfant est un bien précieux, parce qu'il doit devenir un homme ; aussi, en avons-nous un tout autre soin, que de nos plantes et de nos animaux. Un enfant qui naît, occasionne la joie domestique et publique : c'est un accroissement de fortune pour la cabane, et de force pour la nation : ce sont des bras et des mains de plus dans Otaïti ; nous voyons en lui un agriculteur, un pêcheur, un chasseur, un soldat, un époux, un père. En repassant de la cabane de son mari dans celle de ses parens, une femme emmène avec elle les enfans qu'elle avoit apportés en dot : on partage ceux qui sont nés pendant la cohabitation commune ; et l'on compense, autant qu'il est possible, les mâles par les femelles, en sorte qu'il reste à chacun à-peu-près un nombre égal de filles et de garçons.

L'Aum. Mais les enfans sont long-temps à charge avant que de rendre service.

Orou. Nous destinons à leur entretien, et à la subsistance des vieillards, une sixième partie de tous les fruits du pays; ce tribut les suit par-tout. Ainsi, tu vois que plus la famille de l'Otaïtien est nombreuse, plus il est riche.

L'Aum. Une sixième partie!

Orou. Oui; c'est un moyen sûr d'encourager la population, et d'intéresser au respect de la vieillesse et à la conservation des enfans.

L'Aum. Vos époux se reprennent-ils quelquefois?

Orou. Très-souvent; cependant la durée la plus courte d'un mariage est d'une lune à l'autre.

L'Aum. A-moins que la femme ne soit grosse; alors la cohabitation est au-moins de neuf mois?

Orou. Tu te trompes; la paternité, comme le tribut, suit l'enfant par-tout.

L'Aum. Tu m'as parlé d'enfans qu'une femme apporte en dot à son mari.

Orou. Assurément. Voilà une fille aînée qui a trois enfans; ils marchent; ils sont sains; ils sont beaux; ils promettent d'être forts: lorsqu'il lui prendra fantaisie de se marier, elle les emmènera; ils sont les siens: son mari les recevra avec joie; et sa femme ne lui en seroit que plus agréable, si elle étoit enceinte d'un quatrième.

L'Aum. De lui.

Orou. De lui, ou d'un autre. Plus nos filles ont d'enfans, plus elles sont recherchées ; plus nos garçons sont vigoureux et forts, plus ils sont riches : aussi, autant nous sommes attentifs à préserver les unes de l'approche de l'homme, les autres du commerce de la femme, avant l'âge de fécondité ; autant nous les exhortons à produire, lorsque les garçons sont pubères et les filles nubiles. Tu ne saurois croire l'importance du service, que tu auras rendu à ma fille Thia, si tu lui as fait un enfant. Sa mère ne lui dira plus à chaque lune : Mais, Thia, à quoi penses-tu donc ? Tu ne deviens point grosse ; tu as dix-neuf ans ; tu devrois avoir déjà deux enfans, et tu n'en as point. Quel est celui qui se chargera de toi ? Si tu perds ainsi tes jeunes ans, que feras-tu dans ta vieillesse ? Thia, il faut que tu aies quelque défaut qui éloigne de toi les hommes. Corrige-toi, mon enfant : à ton âge, j'avois été trois fois mère.

L'Aum. Quelles précautions prenez-vous, pour garder vos filles et vos garçons adolescens ?

Orou. C'est l'objet principal de l'éducation domestique, et le point le plus important des mœurs publiques. Nos garçons, jusqu'à l'âge de vingt-deux ans, deux ou trois ans au-delà de la puberté, restent couverts d'une longue tunique, et les reins ceints d'une petite chaîne. Avant que d'être nubiles, nos filles n'oseroient sortir sans un voile blanc. Ôter sa chaîne, lever son voile, sont des fautes qui se commettent rarement, parce que nous leur en apprenons de bonne heure les fâcheuses conséquences. Mais au moment où le mâle a pris toute sa force, où les symptômes virils ont de la continuité, et où l'effusion fréquente et la qualité de la liqueur séminale nous rassurent ; au moment où la jeune fille se fane, s'ennuie, est d'une maturité propre à concevoir des désirs, à en inspirer, et à les satisfaire avec utilité, le père détache la chaîne à son fils, et lui coupe l'ongle du doigt du milieu de la main droite. La mère relève le voile de sa fille. L'un peut solliciter une femme, et en être sollicité ; l'autre, se promener publiquement le visage découvert et la gorge nue, accepter ou refuser les caresses d'un homme. On indique seulement d'avance au garçon, les filles; à la fille, les garçons qu'ils doivent préférer. C'est une grande fête, que le jour de l'émancipation d'une fille ou d'un garçon. Si c'est une fille, la veille, les jeunes garçons se rassemblent autour de la cabane, et l'air retentit pendant toute la nuit du chant des voix et du son des instrumens. Le jour, elle est conduite par son père et par sa mère dans une enceinte où l'on danse, et où l'on fait l'exercice du saut, de la lutte et de la course. On déploie l'homme nud devant elle, sous toutes les faces et dans toutes les attitudes. Si c'est un garçon, ce sont les jeunes filles qui font en sa présence les frais et les honneurs de la fête, et exposent à ses regards la femme nue, sans réserve et sans secret. Le reste de la cérémonie s'achève sur un lit de feuilles, comme tu l'as vu à ta descente parmi nous. A la chûte du jour, la fille rentre dans la cabane de ses parens, ou passe dans la cabane de celui dont elle a fait choix, et y reste tant qu'elle s'y plaît.

L'Aum. Ainsi cette fête est ou n'est point un jour du mariage ?

Orou. Tu l'as dit....

= *A.* Qu'est-ce que je vois là en marge ?

B. C'est une note, où le bon Aumônier dit que les préceptes des parens sur le choix des garçons et des filles étoient pleins de bon sens et d'observations très-fines et très-utiles; mais qu'il a supprimé ce catéchisme, qui auroit paru à des gens aussi corrompus et aussi superficiels que nous, d'une licence impardonnable; ajoutant toute-fois que ce n'étoit pas sans regret qu'il avoit retranché des détails où l'on auroit vu, premièrement, jusqu'où une nation, qui s'occupe sans cesse d'un objet important, peut être conduite dans ses recherches, sans les secours de la physique et de l'anatomie; secondement, la différence des idées de la beauté dans une contrée où l'on rapporte les formes au plaisir d'un moment, et chez un peuple où elles sont appréciées d'après une utilité plus constante. Là, pour être belle, on exige un teint éclatant, un grand front, de grands yeux, les traits fins et délicats, une taille légère, une petite bouche, de petites mains, un petit pied... Ici, presque aucun de ces élémens n'entre en calcul. La femme sur laquelle les regards s'attachent et que le désir poursuit, est celle qui promet beaucoup d'enfans (la femme du cardinal d'Ossat), et qui les promet actifs, intelligens, courageux, sains et robustes. Il n'y a presque rien de commun entre la Vénus d'Athènes et celle d'Otaïti; l'une est Vénus galante, l'autre est Vénus féconde. Une Otaïtienne disoit un jour avec mépris à une autre femme du pays : Tu es belle, mais tu fais de laids enfans; je suis laide, mais je fais de beaux enfans; et c'est moi que les hommes préfèrent.

Après cette note de l'Aumônier, Orou continue. =

Orou. L'heureux moment pour une jeune fille et pour ses parens, que celui où sa grossesse est constatée! Elle se lève; elle accourt; elle jette ses bras autour du cou de sa mère et de son père; c'est avec des transports d'une joie mutuelle, qu'elle leur annonce et qu'ils apprennent cet événement. Maman! mon papa! embrassez-moi; je suis grosse! = Est-il bien vrai ? = Très-vrai. = Et de qui l'êtes-vous? = Je le suis d'un tel...

L'Aum. Comment peut-elle nommer le père de son enfant?

Orou. Pourquoi veux-tu qu'elle l'ignore? Il en

est de la durée de nos amours comme de celle de nos mariages ; elle est au-moins d'une lune à la lune suivante.

L'Aum. Et cette règle est bien scrupuleusement observée ?

Orou. Tu vas en juger. D'abord, l'intervalle de deux lunes n'est pas long ; mais lorsque deux pères ont une prétention bien fondée à la formation d'un enfant, il n'appartient plus à sa mère.

L'Aum. A qui appartient-il donc ?

Orou. A celui des deux, à qui il lui plaît de le donner : voilà tout son privilége : et un enfant étant par lui-même un objet d'intérêt et de richesse, tu conçois que, parmi nous, les libertines sont rares, et que les jeunes garçons s'en éloignent.

L'Aum. Vous avez donc aussi vos libertines ? J'en suis bien aise.

Orou. Nous en avons même de plus d'une sorte : mais tu m'écartes de mon sujet. Lorsqu'une de nos filles est grosse, si le père de l'enfant est un jeune homme beau, bien fait, brave, intelligent et laborieux, l'espérance que l'enfant héritera des vertus de son père renouvelle l'allégresse. Notre enfant n'a honte que d'un mauvais choix. Tu dois concevoir quel prix nous attachons à la santé, à la beauté, à la force, à l'industrie, au courage : tu dois concevoir comment, sans que nous nous en mêlions, les prérogatives du sang doivent s'éterniser parmi nous. Toi, qui as parcouru diverses contrées, dis-moi si tu as remarqué dans aucune autant de beaux hommes et autant de belles femmes que dans Otaïti? Regarde-moi : comment me trouves-tu ? Eh bien ! il y a dix mille hommes ici plus grands, aussi robustes ; mais pas un plus brave que moi : aussi les mères me désignent-elles souvent à leurs filles.

L'Aum. Mais de tous ces enfans que tu peux avoir faits hors de ta cabane, que t'en revient-il ?

Orou. Le quatrième mâle ou femelle. Il s'est établi parmi nous une circulation d'hommes, de femmes et d'enfans, ou de bras de tout âge et de toute fonction, qui est bien d'une autre importance que celle de vos denrées qui n'en sont que le produit.

L'Aum. Je le conçois. Qu'est-ce que c'est que ces voiles noirs que j'ai rencontré quelquefois ?

Orou. Le signe de la stérilité, vice de naissance, ou suite de l'âge avancé. Celle qui quitte ce voile, et se mêle avec des hommes, est une libertine : celui qui relève ce voile, et s'approche de la femme stérile, est un libertin.

L'Aum. Et ces voiles gris ?

Orou. Le signe de la maladie périodique. Celle qui quitte ce voile, et se mêle avec les hommes, est une libertine : celui qui le relève, et s'approche de la femme malade, est un libertin.

L'Aum. Avez-vous des châtimens pour ce libertinage.

Orou. Point d'autre que le blâme.

L'Aum. Un père peut-il coucher avec sa fille, une mère avec son fils, un frère avec sa sœur, un mari avec la femme d'un autre?

Orou. Pourquoi non?

L'Aum. Passe pour la fornication; mais l'inceste, mais l'adultère!

Orou. Qu'est-ce que tu veux dire avec tes mots *fornication, inceste, adultère?*

L'Aum. Des crimes, des crimes énormes, pour l'un desquels on brûle dans mon pays.

Orou. Qu'on brûle ou qu'on ne brûle pas dans ton pays, peu m'importe. Mais tu n'accuseras pas les mœurs d'Europe par celles d'Otaïti, ni par conséquent les mœurs d'Otaïti par celles de ton pays : il nous faut une règle plus sûre; et quelle sera cette règle? En connois-tu une autre que le bien général, et l'utilité particulière? A-présent, dis-moi ce que ton crime *inceste* a de contraire à ces deux fins de nos actions? Tu te trompes, mon ami, si tu crois qu'une loi une fois publiée, un mot ignominieux inventé, un supplice décerné, tout est dit. Réponds-moi donc, qu'entends-tu par *inceste?*

L'Aum. Mais un *inceste*.....

Orou. Un *inceste?*... Y a-t-il long-temps que ton grand ouvrier sans tête, sans mains et sans outils, a fait le monde?

L'Aum. Non.

Orou. Fit-il toute l'espèce humaine à-la-fois ?

L'Aum. Non. Il créa seulement une femme et un homme.

Orou. Eurent-ils des enfans ?

L'Aum. Assurément.

Orou. Supposons que ces deux premiers parens n'aient eu que des filles, et que leur mère soit morte la première ; ou qu'ils n'aient eu que des garçons, et que la femme ait perdu son mari.

L'Aum. Tu m'embarrasses ; mais tu as beau dire, l'*inceste* est un crime abominable ; et parlons d'autre chose.

Orou. Cela te plaît à dire ; je me tais, moi, tant que tu ne m'auras dit ce que c'est que le crime abominable *inceste*.

L'Aum. Eh bien ! je t'accorde que peut-être l'*inceste* ne blesse en rien la nature ; mais ne suffit-il pas qu'il menace la constitution politique ? Que deviendroient la sûreté d'un chef et la tranquillité d'un état, si toute une nation composée de plusieurs millions d'hommes, se trouvoit rassemblée autour d'une cinquantaine de pères de famille ?

Orou. Le pis-aller, c'est qu'où il n'y a qu'une grande société, il y en auroit cinquante petites, plus de bonheur et un crime de moins.

L'Aum. Je crois cependant que, même ici, un fils couche rarement avec sa mère.

Orou. A-moins qu'il n'ait beaucoup de respect pour elle, et une tendresse qui lui fasse oublier la disparité d'âge, et préférer une femme de quarante ans à une fille de dix-neuf.

L'Aum. Et le commerce des pères avec leurs filles ?

Orou. Guère plus fréquent, à-moins que la fille ne soit laide et peu recherchée. Si son père l'aime, il s'occupe à lui préparer sa dot en enfans.

L'Aum. Cela me fait imaginer que le sort des femmes que la nature a disgraciées ne doit pas être heureux dans Otaïti.

Orou. Cela me prouve que tu n'as pas une haute opinion de la générosité de nos jeunes gens.

L'Aum. Pour les unions de frères et de sœurs, je ne doute pas qu'elles ne soient très-communes.

Orou. Et très-approuvées.

L'Aum. A t'entendre, cette passion, qui produit tant de crimes et de maux dans nos contrées, seroit ici tout-à-fait innocente.

Orou. Étranger ! tu manques de jugement et de mémoire : de jugement, car par-tout où il y a défense, il faut qu'on soit tenté de faire la chose défendue, et qu'on la fasse : de mémoire, puisque tu ne te souviens plus de ce que je t'ai dit. Nous avons de vieilles dissolues, qui sortent la nuit sans leur voile noir, et reçoivent des hommes, lorsqu'il ne peut rien résulter de leur approche; si elles sont reconnues ou surprises, l'exil au nord de l'île, ou l'esclavage, est leur châtiment : des filles précoces, qui relèvent leur voile blanc à l'insu de leurs parens (et nous avons pour elles un lieu fermé dans la cabane) ; des jeunes gens, qui déposent leur chaîne avant le temps prescrit par la nature et par la loi (et nous en réprimandons leurs parens) ; des femmes à qui le temps de la grossesse paroît long; des femmes et des filles peu scrupuleuses à garder leur voile gris ; mais, dans le fait, nous n'attachons pas une grande importance à toutes ces fautes ; et tu ne saurois croire combien l'idée de richesse particulière ou publique, unie dans nos têtes à l'idée de population, épure nos mœurs sur ce point.

L'Aum. La passion de deux hommes pour une même femme, ou le goût de deux femmes ou de deux filles pour un même homme, n'occasionnent-ils point de désordres ?

Orou. Je n'en ai pas encore vu quatre exemples : le choix de la femme ou celui de l'homme finit tout. La violence d'un homme seroit une faute grave ; mais il faut une plainte publique ; et il est presque inouï qu'une fille ou qu'une femme se soit plaint. La seule chose que j'aie remarquée, c'est que nos femmes ont moins de pitié des hommes laids, que nos jeunes gens, des femmes disgraciées ; et nous n'en sommes pas fâchés.

L'Aum. Vous ne connoissez guère la jalousie, à ce que je vois; mais la tendresse maritale, l'amour maternel, ces deux sentimens si puissans et si doux, s'ils ne sont pas étrangers ici, y doivent être assez foibles.

Orou. Nous y avons suppléé par un autre, qui est tout autrement général, énergique et durable : l'intérêt. Mets la main sur la conscience ; laisse là cette fanfaronnade de vertu, qui est sans cesse sur les lèvres de tes camarades, et qui ne réside pas au fond de leur cœur. Dis-moi si, dans quelque contrée que ce soit, il y a un père qui, sans la honte qui le retient, n'aimât mieux perdre son enfant, un mari qui n'aimât mieux perdre sa femme, que sa fortune et l'aisance de toute sa vie. Sois sûr que par-tout où l'homme sera attaché à la conservation de son semblable comme à son lit, à sa santé, à son repos, à sa cabane, à ses fruits, à ses champs; il fera pour lui tout ce qu'il sera possible de faire. C'est ici que les pleurs trempent la couche d'un enfant qui souffre ; c'est ici que les mères sont soignées dans la maladie; c'est ici qu'on prise une femme féconde, une fille nubile, un garçon adolescent ; c'est ici qu'on s'occupe de leur institution, parce que leur conservation est toujours un accroissement, et leur perte toujours une diminution de fortune.

L'Aum. Je crains bien que ce sauvage n'ait raison. Le paysan misérable de nos contrées, qui excède sa femme pour soulager son cheval, laisse périr son enfant sans secours, et appelle le médecin pour son bœuf.

Orou. Je n'entends pas trop ce que tu viens de dire ; mais, à ton retour dans ta patrie si bien policée, tâche d'y introduire ce ressort ; et c'est alors qu'on y sentira le prix de l'enfant qui naît, et l'importance de la population. Veux-tu que je te révèle un sècret ? mais prends garde qu'il ne t'échappe. Vous arrivez : nous vous abandonnons nos femmes et nos filles ; vous vous en étonnez ; vous nous en témoignez une gratitude qui nous fait rire ; vous nous remerciez, lorsque nous asséyons sur toi et sur tes compagnons la plus forte de toutes les impositions. Nous ne t'avons point demandé d'argent ; nous ne nous sommes point jetés sur tes marchandises ; nous avons méprisé tes denrées : mais nos femmes et nos filles sont venues exprimer le sang de tes veines. Quand tu t'éloigneras, tu nous auras laissé des enfans : ce tribut levé sur ta personne, sur ta propre substance, à ton avis, n'en vaut-il pas bien un autre ? Et si tu veux en apprécier la valeur, imagine que tu aies deux cents lieues de côtes à courir, et qu'à chaque vingt milles on te mette à pareille contribution. Nous avons des terres immenses en friche ; nous manquons de bras ; et nous t'en avons demandé. Nous avons des calamités épidémiques à réparer ; et nous t'avons employé à réparer le vide qu'elles laisseront. Nous avons des ennemis voisins à combattre, un besoin de soldats ; et nous t'avons prié de nous en faire : le nombre de nos femmes et de nos filles est trop grand pour celui des hommes ; et nous t'avons associé à notre tâche. Parmi ces femmes et ces filles, il y en a dont nous n'avons pu obtenir d'enfans ; et ce sont celles que nous avons exposées à vos premiers embrassemens. Nous avons à payer une redevance en hommes à un voisin oppresseur ; c'est toi et tes camarades qui nous defrayerez ; et, dans cinq ou six ans, nous lui enverrons vos fils, s'ils valent moins que les nôtres. Plus robustes, plus sains que vous, nous nous sommes apperçus que vous nous surpassiez en intelligence ; et, sur-le-champ, nous avons destiné quelques-unes de nos femmes et de nos filles les plus belles à recueillir la semence d'une race meilleure que la nôtre. C'est un essai que nous avons tenté, et qui pourra nous réussir. Nous avons tiré de toi et des tiens le seul parti que nous en pouvions tirer : et crois que, tout sauvages que nous sommes, nous savons aussi calculer. Va où tu voudras ; et tu trouveras toujours l'homme aussi fin que toi. Il ne te donnera jamais que ce qui ne lui est bon à rien, et te demandera toujours ce qui lui est utile. S'il te présente un morceau d'or pour un morceau de fer ; c'est qu'il ne fait aucun cas de l'or, et qu'il prise le fer. Mais dis-moi donc pourquoi tu n'es pas vêtu comme les autres ? Que signifie cette casaque longue qui t'enveloppe de la tête aux pieds, et ce sac pointu que tu laisses tomber sur tes épaules, ou que tu ramènes sur tes oreilles ?

L'Aum. C'est que, tel que tu me vois, je me suis engagé dans une société d'hommes qu'on appelle, dans mon pays, des moines. Le plus sacré de leurs vœux est de n'approcher d'aucune femme, et de ne point faire d'enfans.

Orou. Que faites-vous donc ?

L'Aum. Rien.

Orou. Et ton magistrat souffre cette espèce de paresseux, la pire de toutes ?

L'Aum. Il fait plus ; il la respecte et la fait respecter.

Orou. Ma première pensée étoit que la nature, quelque accident, ou un art cruel vous avoit privés de la faculté de produire votre semblable ; et que, par pitié, on aimoit mieux vous laisser vivre que de vous tuer. Mais, moine, ma fille ma dit que tu étois un homme, et un homme aussi robuste qu'un Otaïtien, et qu'elle espéroit que tes caresses réitérées ne seroient pas infructueuses. A-présent que j'ai compris pourquoi tu t'es écrié hier au soir: *Mais ma religion ! mais mon état !* pourrois-tu m'apprendre le motif de la faveur et du respect que les magistrats vous accordent ?

L'Aum. Je l'ignore.

Orou. Tu sais au-moins par quelle raison ;

étant homme, tu t'es librement condamné à ne pas l'être?

L'Aum. Cela seroit trop long et trop difficile à t'expliquer.

Orou. Et ce vœu de stérilité, le moine y est-il bien fidèle?

L'Aum. Non.

Orou. J'en étois sûr. Avez-vous aussi des moines femelles?

L'Aum. Oui.

Orou. Aussi sages que les moines mâles?

L'Aum. Plus renfermées, elles sèchent de douleur, périssent d'ennui.

Orou. Et l'injure faite à la nature est vengée. Oh! le vilain pays! Si tout y est ordonné comme ce que tu m'en dis, vous êtes plus barbares que nous.

Le bon aumônier raconte qu'il passa le reste de la journée à parcourir l'île, à visiter les cabanes; et que le soir, après avoir soupé, le père et la mère l'ayant supplié de coucher avec la seconde de leurs filles, Palli s'étoit présentée dans le même déshabillé que Thia, et qu'il s'étoit écrié plusieurs fois pendant la nuit: *Mais ma religion! mais mon état!* que la troisième nuit il avoit été agité des mêmes remords avec Asto l'aînée; et que la quatrième nuit il l'avoit accordée par honnêteté à la femme de son hôte.

I V.

Suite du Dialogue.

A. J'estime cet aumônier poli.

B. Et moi, beaucoup davantage les mœurs des Otaïtiens, et le discours d'Orou.

A. Quoiqu'un peu modelé à l'européenne.

B. Je n'en doute pas.

== Ici le bon aumônier se plaint de la briéveté de son séjour dans Otaïti, et de la difficulté de mieux connoître les usages d'un peuple assez sage pour s'être arrêté de lui-même à la médiocrité; ou assez heureux pour habiter un climat dont la fertilité lui assuroit un long engourdissement; assez actif pour s'être mis à l'abri des besoins absolus de la vie; et assez indolent pour que son innocence, son repos et sa félicité n'eussent rien à redouter d'un progrès trop rapide de ses lumières. Rien n'y étoit mal par l'opinion et par la loi, que ce qui étoit mal de sa nature. Les travaux et les récoltes s'y faisoient en commun. L'acception du mot *propriété* y étoit très-étroite; la passion de l'amour, réduite à un simple appétit physique, n'y produisoit aucun de nos désordres. L'île entière offroit l'image d'une seule famille nombreuse, dont chaque cabane représentoit les divers appartemens d'une de nos grandes maisons. Il finit par protester que ces Otaïtiens seront toujours présens à sa mémoire ; qu'il avoit été tenté de jeter ses vêtemens dans le vaisseau, et de passer le reste de ses jours parmi eux ; et qu'il craint bien de se repentir plus d'une fois de ne l'avoir pas fait.

A. Malgré cet éloge, quelles conséquences utiles à tirer des mœurs et des usages bizarres d'un peuple non civilisé ?

B. Je vois qu'aussi-tôt que quelques causes physiques, telles, par exemple, que la nécessité de vaincre l'ingratitude du sol, ont mis en jeu la sagacité de l'homme, cet élan le conduit bien au-delà du but ; et que, le terme du besoin passé, on est porté dans l'océan sans bornes des fantaisies, d'où l'on ne se tire plus. Puisse l'heureux Otaïtien s'arrêter où il en est ! Je vois, qu'excepté dans ce recoin écarté de notre globe, il n'y a point eu de mœurs, et qu'il n'y en aura peut-être jamais nulle part.

A. Qu'entendez-vous donc par des mœurs ?

B. J'entends une soumission générale et une conduite conséquente à des loix bonnes ou mauvaises. Si les loix sont bonnes, les mœurs sont bonnes ; si les loix sont mauvaises, les mœurs sont mauvaises ; si les loix, bonnes ou mauvaises, ne sont point observées, la pire condition d'une société, il n'y a point de mœurs. Or, comment voulez-vous que des loix s'observent, quand elles se contrédisent ? Parcourez l'histoire des siècles et des nations tant anciennes que modernes ; et vous trouverez les hommes assujettis à trois codes; le code de la nature, le code civil, et le code religieux; et contraints d'enfreindre alternativement ces trois codes qui n'ont jamais été d'accord; d'où il est arrivé qu'il n'y a eu dans aucune contrée, comme Orou l'a deviné de la nôtre, ni homme, ni citoyen, ni religieux.

A. D'où vous conclurez, sans-doute, qu'en fondant la morale sur les rapports éternels, qui subsistent entre les hommes, la loi religieuse devient peut-être superflue; et que la loi civile ne doit être que l'énonciation de la loi de nature.

B. Et cela, sous peine de multiplier les méchans, au-lieu de faire des bons.

A. Ou que, si l'on juge nécessaire de les conserver toutes trois, il faut que les deux dernières ne soient que des calques rigoureux de la première, que nous apportons gravée au fond de nos cœurs, et qui sera toujours la plus forte.

B. Cela n'est pas exact. Nous n'apportons en naissant qu'une similitude d'organisation avec d'autres êtres; les mêmes besoins; de l'attrait vers les mêmes plaisirs; une aversion commune pour les mêmes peines: voilà ce qui constitue l'homme ce ce qu'il est, et doit fonder la morale qui lui convient.

A. Cela n'est pas aisé.

B. Cela est si difficile, que je croirois volontiers le peuple le plus sauvage de la terre, l'Otaïtien qui s'en est tenu scrupuleusement à la loi de la nature, plus voisin d'une bonne législation qu'aucun peuple civilisé.

A. Parce qu'il lui est plus facile de se défaire de son trop de rusticité, qu'à nous de revenir sur nos pas et de réformer nos abus.

B. Sur-tout ceux qui tiennent à l'union de l'homme et de la femme.

A. Cela se peut. Mais commençons par le commencement. Interrogeons bonnement la nature ; et voyons, sans partialité, ce qu'elle nous répondra sur ce point.

B. J'y consens.

A. Le mariage est-il dans la nature ?

B. Si vous entendez, par le mariage, la préférence qu'une femelle accorde à un mâle sur tous les autres mâles, ou celle qu'un mâle donne à une femelle sur toutes les autres femelles ; préférence mutuelle, en conséquence de laquelle il se forme une union plus ou moins durable, qui perpétue l'espèce par la reproduction des individus ; le mariage est dans la nature.

A. Je le pense comme vous ; car cette préférence se remarque non-seulement dans l'espèce humaine, mais encore dans les autres espèces d'animaux : témoin ce nombreux cortège de mâles qui poursuivent une même femelle au printemps, dans nos campagnes, et dont un seul obtient le titre de mari. Et la galanterie ?

B. Si vous entendez, par galanterie, cette variété de moyens énergiques ou délicats que la passion inspire, soit au mâle, soit à la femelle, pour obtenir cette préférence qui conduit à la plus douce, la plus importante et la plus générale des jouissances ; la galanterie est dans la nature.

A. Je le pense comme vous. Témoin cette diversité de gentillesses pratiquées par le mâle, pour plaire à la femelle ; par la femelle, pour irriter la passion et fixer le goût du mâle. Et la coquetterie ?

B. C'est un mensonge, qui consiste à simuler une passion qu'on ne sent pas, et à promettre une préférence qu'on n'accordera pas. Le mâle coquet se joue de la femelle ; la femelle coquette se joue du mâle ; jeu perfide qui amène quelquefois les catastrophes les plus funestes ; manège ridicule, dont le trompeur et le trompé sont également châtiés par la perte des instans les plus précieux de leur vie.

A. Ainsi la coquetterie, selon vous, n'est pas dans la nature.

B. Je ne dis pas cela.

A. Et la constance ?

B. Je ne vous en dirai rien de mieux que ce qu'en a dit Orou à l'aumônier. Pauvre vanité de deux enfans qui s'ignorent eux-mêmes, et que l'ivresse d'un instant aveugle sur l'instabilité de tout ce qui les entoure !

A. Et la fidélité, ce rare phénomène ?

B. Presque toujours l'entêtement et le supplice de l'honnête homme et de l'honnête femme dans nos contrées ; chimère à Otaïti.

A. Et la jalousie ?

B. Passion d'un animal indigent et avare ; qui craint de manquer ; sentiment injuste de l'homme ; conséquence de nos fausses mœurs, et d'un droit de propriété étendu sur un objet sentant, pensant, voulant et libre.

A. Ainsi la jalousie, selon vous, n'est pas dans la nature ?

B. Je ne dis pas cela. Vices et vertus, tout est également dans la nature.

A. Le jaloux est sombre.

B. Comme le tyran, parce qu'il en a la conscience.

A. La pudeur ?

B. Mais vous m'engagez là dans un cours de morale galante. L'homme ne veut être ni troublé ni distrait dans ses jouissances. Celles de l'amour sont suivies d'une foiblesse qui l'abandonneroit à la merci de son ennemi. Voilà tout ce qu'il peut y avoir de naturel dans la pudeur: le reste est d'institution.

= L'aumônier remarque, dans un troisième morceau que je ne vous ai point lu, que l'Otaïtien ne rougit pas des mouvemens involontaires qui s'excitent en lui à côté de sa femme, au milieu de ses filles ; et que celles-ci en sont spectatrices, quelquefois émues, jamais embarrassées. Aussitôt que la femme devint la propriété de l'homme, et que la jouissance furtive d'une fille fut regardée comme un vol, on vit naître les termes *pudeur, retenue, bienséance*; des vertus et des vices imaginaires; en un mot, entre les deux sexes, des barrières qui les empêchassent de s'inviter réciproquement à la violation des loix qu'on leur avoit imposées, et qui produisirent souvent un effet contraire, en échauffant l'imagination et en irritant les désirs. Lorsque je vois des arbres plantés autour de nos palais, et un vêtement de col qui cache et montre une partie de la gorge d'une femme, il me semble reconnoître un retour secret vers la forêt, et un appel à la liberté première de notre ancienne demeure. L'Otaïtien nous diroit : Pourquoi te caches-tu? de quoi es-tu honteux? fais-tu le mal, quand tu cèdes à l'impulsion la plus auguste de la nature? Homme, présente-toi franchement, si tu plais. Femme, si cet homme te convient, reçois-le avec la même franchise.

A. Ne vous fâchez pas. Si nous débutons comme des hommes civilisés, il est rare que nous ne finissions pas comme l'Otaïtien.

B. Oui, ces préliminaires de convention consument la moitié de la vie d'un homme de génie.

A. J'en conviens; mais qu'importe, si cet élan pernicieux de l'esprit humain, contre lequel vous vous êtes récrié tout-à-l'heure, en est d'autant plus ralenti ? Un philosophe de nos jours, interrogé pourquoi les hommes faisoient la cour aux femmes, et non les femmes la cour aux hommes, répondit qu'il étoit naturel de demander à celui qui pouvoit toujours accorder.

B. Cette raison m'a paru de tout temps plus ingénieuse que solide. La nature, indécente, si vous voulez, presse indistinctement un sexe vers l'autre; et dans un état de l'homme brute et sauvage qui se conçoit, mais qui n'existe peut-être nulle part....

A. Pas même à Otaïti ?

B. Non : l'intervalle qui sépareroit un homme d'une femme seroit franchi par le plus amoureux. S'ils s'attendent, s'ils se fuient, s'ils se poursuivent, s'ils s'évitent, s'ils s'attaquent, s'ils se défendent, c'est que la passion, inégale dans ses progrès, ne s'applique pas en eux de la même force. D'où il arrive que la volupté se répand, se consomme et s'éteint d'un côté, lorsqu'elle commence à-peine à s'élever de l'autre; et qu'ils en restent tristes tous deux. Voilà l'image fidelle de ce qui se passeroit entre deux êtres jeunes, libres et parfaitement innocens. Mais lorsque la femme a connu, par l'expérience ou l'éducation, les suites plus ou moins cruelles d'un moment doux, son cœur frissonne à l'approche de l'homme. Le cœur de l'homme ne frissonne point; ses sens commandent; et il obéit. Les sens de la femme s'expliquent; et elle craint de les écouter. C'est l'affaire de l'homme que de la distraire de sa crainte, de l'enivrer et de la séduire.

L'homme conserve toute son impulsion naturelle vers la femme; l'impulsion naturelle de la femme vers l'homme, diroit un géomètre, est en raison composée de la directe de la passion et de l'inverse de la crainte; raison qui se complique d'une multitude d'élémens divers dans nos sociétés; élémens qui concourent presque tous à accroître la pusillanimité d'un sexe et la durée de la poursuite de l'autre. C'est une espèce de tactique, où les ressources de la défense et les moyens de l'attaque ont marché sur la même ligne. On a consacré la résistance de la femme; on a attaché l'ignominie à la violence de l'homme; violence qui ne seroit qu'une injure légère dans Otaïti, et qui devient un crime dans nos cités.

A. Mais comment est-il arrivé qu'un acte, dont le but est si solemnel, et auquel la nature nous invite par l'attrait le plus puissant; que le plus grand, le plus doux, le plus innocent des plaisirs soit devenu la source la plus féconde de notre dépravation et de nos maux?

B. Orou l'a fait entendre dix fois à l'Aumônier: écoutez-le donc encore; et tâchez de le retenir.

C'est par la tyrannie de l'homme, qui a converti la possession de la femme en une propriété;

Par les mœurs et les usages, qui ont surchargé de conditions l'union conjugale;

Par les loix civiles, qui ont assujetti le mariage à une infinité de formalités;

Par la nature de notre société, où la diversité

des formes et des rangs a institué des convenances et des disconvenances;

Par une contradiction bizarre et commune à toutes les sociétés subsistantes, où la naissance d'un enfant, toujours regardé comme un accroissement de richesses pour la nation, est plus souvent et plus sûrement encore un accroissement d'indigence dans la famille;

Par les vues politiques des souverains, qui ont tout rapporté à leur intérêt et à leur sécurité;

Par les institutions religieuses, qui ont attaché les noms de vices et de vertus à des actions qui n'étoient susceptibles d'aucune moralité.

Combien nous sommes loin de la nature et du bonheur! L'empire de la nature ne peut être détruit: on aura beau le contrarier par des obstacles, il durera. Ecrivez tant qu'il vous plaira sur des tables d'airain, pour me servir des expressions du sage Marc-Aurèle, que le frottement voluptueux de deux intestins est un crime; le cœur de l'homme sera froissé entre la menace de votre inscription et la violence de ses penchans. Mais ce cœur indocile ne cessera de reclamer; et cent fois, dans le cours de la vie, vos caractères effrayans disparoîtront à nos yeux. Gravez sur le marbre: Tu ne mangeras ni de l'ixion, ni du griffon; tu ne connoîtras que ta femme; tu ne seras point le mari de ta sœur: mais vous n'oublierez pas d'accroître les châtimens à proportion de la bizarrerie de vos défenses; vous deviendrez féroces; et vous ne réussirez point à me dénaturer.

A. Que le code des nations seroit court, si on le conformoit rigoureusement à celui de la nature! combien d'erreurs et de vices épargnés à l'homme!

B. Voulez-vous savoir l'histoire abrégée de presque toute notre misère? La voici. Il existoit un homme naturel : on a introduit au-dedans de cet homme, un homme artificiel; et il s'est élevé dans la caverne une guerre civile qui dure toute la vie. Tantôt l'homme naturel est le plus fort; tantôt il est terrassé par l'homme moral et artificiel; et, dans l'un et l'autre cas, le triste monstre est tiraillé, tenaillé, tourmenté, étendu sur la roue; sans cesse gémissant, sans cesse malheureux, soit qu'un faux enthousiasme de gloire le transporte et l'enivre, ou qu'une fausse ignominie le courbe et l'abatte. Cependant il est des circonstances extrêmes qui ramènent l'homme à sa première simplicité.

A. La misère et la maladie, deux grands exorcistes.

B. Vous les avez nommés. En effet, que deviennent alors toutes ces vertus conventionnelles? Dans la misère, l'homme est sans remords; et dans la maladie, la femme est sans pudeur.

A. Je l'ai remarqué.

B. Mais un autre phénomène, qui ne vous aura pas échappé davantage, c'est que le retour de l'homme artificiel et moral suit pas à pas les progrès de l'état de maladie à l'état de convalescence, et de l'état de convalescence à l'état de santé. Le moment où l'infirmité cesse, est celui où la guerre intestine recommence, et presque toujours avec désavantage pour l'intrus.

A. Il est vrai. J'ai moi-même éprouvé que l'homme naturel avoit dans la convalescence une vigueur funeste pour l'homme artificiel et moral. Mais enfin, dites-moi, faut-il civiliser l'homme, ou l'abandonner à son instinct ?

B. Faut-il vous répondre net ?

A. Sans-doute.

B. Si vous vous proposez d'en être le tyran, civilisez-le; empoisonnez-le de votre mieux d'une morale contraire à la nature; faites-lui des entraves de toute espèce; embarrassez ses mouvemens de mille obstacles; attachez-lui des fantômes qui l'effraient; éternisez la guerre dans la caverne; et que l'homme naturel y soit toujours enchaîné sous les pieds de l'homme moral. Le voulez-vous heureux et libre ? ne vous mêlez pas de ses affaires : assez d'incidens imprévus le conduiront à la lumière et à la dépravation ; et demeurez à jamais convaincu que ce n'est pas pour vous, mais pour eux, que ces sages législateurs vous ont pétri et maniéré comme vous l'êtes. J'en appelle à toutes les institutions politiques, civiles et religieuses : examinez-les profondément; et je me trompe fort, ou vous y verrez l'espèce humaine pliée de siècle en siècle au joug qu'une poignée de fripons se promettoit de lui imposer. Méfiez-vous de celui qui veut mettre l'ordre. Ordonner, c'est toujours se rendre le maître des autres en les gênant : et les Calabrois sont presque les seuls à qui la flatterie des législateurs n'en ait point encore imposé.

A. Et cette anarchie de la Calabre vous plaît?

B. J'en appelle à l'expérience ; et je gage que leur barbarie est moins vicieuse que notre urbanité. Combien de petites scélératesses compensent ici l'atrocité de quelques grands crimes dont on fait tant de bruit ! Je considère les hommes non civilisés comme une multitude de ressorts épars et isolés. Sans-doute, s'il arrivoit à quelques-uns de ces ressorts de se choquer, l'un ou l'autre, ou tous les deux, se briseroient. Pour obvier à cet inconvénient, un individu d'une sagesse profonde et d'un génie sublime, rassembla ces ressorts, et en composa une machine ; et dans cette machine, appelée société, tous les ressorts furent rendus agissans, réagissans les uns contre les autres, sans-cesse fatigués ; et il s'en rompit plus dans un jour, sous l'état de législation, qu'il ne s'en rompoit en un an, sous l'anarchie de nature. Mais quel fracas ! quel ravage ! quelle énorme destruction des petits ressorts, lorsque deux, trois, quatre de ces énormes machines vinrent à se heurter avec violence !

A. Ainsi, vous préféreriez l'état de nature brute et sauvage ?

B. Ma foi, je n'oserois prononcer ; mais je sais

qu'on a vu plusieurs fois l'homme des villes se dépouiller et rentrer dans la forêt ; et qu'on n'a jamais vu l'homme de la forêt se vêtir et s'établir dans la ville.

A. Il m'est venu souvent dans la pensée que la somme des biens et des maux étoit variable pour chaque individu ; mais que le bonheur ou le malheur d'une espèce animale quelconque avoit sa limite, qu'elle ne pouvoit franchir ; et que peut-être nos efforts nous rendoient en dernier résultat autant d'inconvénient que d'avantage ; en sorte que nous nous étions bien tourmentés pour accroître les deux membres d'une équation, entre lesquels il subsistoit une éternelle et nécessaire égalité. Cependant, je ne doute pas que la vie moyenne de l'homme civilisé ne soit plus longue que la vie moyenne de l'homme sauvage.

B. Et si la durée d'une machine n'est pas une juste mesure de son plus ou moins de fatigue, qu'en concluez-vous ?

A. Je vois qu'à tout prendre, vous inclineriez à croire les hommes d'autant plus méchans et plus malheureux, qu'ils sont plus civilisés ?

B. Je ne parcourrai point toutes les contrées de l'univers ; mais je vous avertis seulement que vous ne trouverez la condition de l'homme heureuse, que dans Otaïti ; et supportable, que dans un recoin de l'Europe. Là, des maîtres ombrageux et jaloux de leur sécurité, se sont occupés à le tenir dans ce que vous appelez l'abrutissement.

A. A Venise, peut-être ?

B. Pourquoi non ? vous ne nierez pas du-moins qu'il n'y a nulle part moins de lumières acquises, moins de morale artificielle, et moins de vices et de vertus chimériques.

A. Je ne m'attendois pas à l'éloge de ce gouvernement.

B. Aussi ne le fais-je pas. Je vous indique une espèce de dédommagement de la servitude, que tous les voyageurs ont senti et préconisé.

A. Pauvre dédommagement !

B. Peut-être. Les Grecs proscrivirent celui qui avoit ajouté une corde à la lyre de Mercure.

A. Et cette défense est une satyre sanglante de leurs premiers législateurs. C'est la première corde qu'il falloit couper.

B. Vous m'avez compris. Par-tout où il y a une lyre, il y a des cordes. Tant que les appétits naturels seront sophistiqués, comptez sur des femmes méchantes.

A. Comme la Reymer (1).

B. Sur des hommes atroces.

A. Comme Gardeil (2).

B. Et sur des infortunés à propos de rien.

---

(1) *Voyez* dans le tome 12 de cette collection, les Contes qui terminent ce volume, page 339 et suiv.

(2) *Voyez* les mêmes Contes.

A. Comme Tanié, mademoiselle de la Chaux, le chevalier Desroches, et madame de la Carlière (*).

Il est certain qu'on chercheroit inutilement dans Otaïti des exemples de la dépravation des deux premiers, et du malheur des trois derniers. Que ferons-nous donc ? reviendrons-nous à la nature ? nous soumettrons-nous aux loix ?

B. Nous parlerons contre les loix insensées jusqu'à ce qu'on les réforme ; et en attendant, nous nous y soumettrons. Celui qui, de son autorité privée, enfreint une mauvaise loi, autorise tout autre à enfreindre les bonnes. Il y a moins d'inconvéniens à être fou avec des fous, qu'à être sage tout seul. Disons-nous à nous-mêmes ; crions incessamment qu'on a attaché la honte, le châtiment et l'ignominie à des actions innocentes en elles-mêmes ; mais ne les commettons pas, parce que la honte, le châtiment et l'ignominie sont les plus grands de tous les maux. Imitons le bon Aumônier, moine en France, sauvage dans Otaïti.

A. Prendre le froc du pays où l'on va, et garder celui du pays où l'on est.

B. Et sur-tout être honnête et sincère jusqu'au scrupule, avec des êtres fragiles qui ne peuvent faire notre bonheur, sans renoncer aux avantages les plus précieux de nos sociétés. Et ce brouillard épais, qu'est-il devenu ?

(*) Voyez les mêmes Contes.

A. Il est tombé.

B. Et nous serons encore libres, cet après-dîner, de sortir ou de rester ?

A. Cela dépendra, je crois, un peu plus des femmes que de nous.

B. Toujours les femmes! on ne sauroit faire un pas, sans les rencontrer à travers son chemin.

A. Si nous leur lisions l'entretien de l'Aumônier et d'Orou ?

B. A votre avis, qu'en diroient-elles ?

A. Je n'en sais rien.

B. Et qu'en penseroient-elles ?

A. Peut-être le contraire de ce qu'elles en diroient.

LETTRE

A Mme LA COMTESSE DE FORBACH,

SUR L'ÉDUCATION DES ENFANS.

M_{ADAME},

Avant que de jeter les yeux sur votre plan d'éducation, j'ai voulu savoir quel seroit le mien. Je me suis demandé : si j'avois un enfant à élever, de quoi m'occuperois-je d'abord ? seroit-ce de le rendre honnête homme ou grand homme ? et je me suis répondu : de le rendre honnête homme. Qu'il soit bon, premièrement; il sera grand après, s'il peut l'être. Je l'aime mieux pour lui, pour moi, pour tous ceux qui l'environneront, avec une belle ame, qu'avec un beau génie.

« Je l'élèverai donc pour l'instant de son exis-
» tence et de la mienne. Je préférerai donc mon
» bonheur et le sien à celui de la nation. Qu'im-
» porte cependant qu'il soit mauvais père, mauvais
» époux, ami suspect, dangereux ennemi, mé-
» chant homme ? Qu'il souffre, qu'il fasse souffrir
» les autres, pourvu qu'il exécute de grandes
» choses ? Bientôt il ne sera plus. Ceux qui auront
» pâti de sa méchanceté ne seront plus ; mais les

» grandes choses qu'il auroit exécutées resteroient
» à jamais. Le méchant ne durera qu'un moment ;
« le grand homme ne finira point ».

Voilà ce que je me suis dit ; et voici ce que je me suis répondu : je doute qu'un méchant puisse être véritablement grand. Je veux donc que mon enfant soit bon. Quand un méchant pourroit être véritablement grand, comme il seroit du-moins incertain s'il feroit le malheur ou le bonheur de sa nation, je voudrois encore qu'il fût bon.

Je me suis demandé comment je le rendrois bon ; et je me suis répondu : en lui inspirant certaines qualités de l'ame qui constituent spécialement la bonté.

Et quelles sont ces qualités ? La justice et la fermeté : la justice, qui n'est rien sans la fermeté ; la fermeté, qui peut être un grand mal sans la justice ; la justice qui prévient le murmure et qui règle la bienfaisance ; la fermeté, qui donnera de la teneur à sa conduite ; qui le résignera à sa destinée ; et qui l'élèvera au-dessus des revers.

Voilà ce que je me suis répondu. J'ai relu ma réponse ; et j'ai vu avec satisfaction que les mêmes vertus qui servoient de base à la bonté, servoient également de base à la véritable grandeur ; j'ai vu qu'en travaillant à rendre mon enfant bon, je travaillerois à le rendre grand ; et je m'en suis réjoui.

Je me suis demandé comment on inspiroit la

fermeté à une ame naturellement pusillanime; et je me suis répondu : en corrigeant une peur par une peur; la peur de la mort, par celle de la honte. On affoiblit l'une en portant l'autre à l'excès. Plus on craint de se déshonorer, moins on craint de mourir.

Tout bien considéré, la vie étant l'objet le plus précieux, le sacrifice le plus difficile, je l'ai prise pour la mesure la plus forte de l'intérêt de l'homme; et je me suis dit : Si le fantôme exagéré de l'ignominie ; si la valeur outrée de la considération publique ne donnent pas le courage de l'organisation, ils le remplacent par le courage du devoir, de l'honneur, de la raison. On ne fera jamais un chêne d'un roseau; mais on entête le roseau, et on le résout à se laisser briser. Heureux celui qui a les deux courages. *Si fractus illabatur orbis, impavidum ferient ruinæ.* Il verra le monde s'ébranler, sans frémir.

Avec une ame juste et ferme, j'ai désiré que mon enfant eût un esprit droit, éclairé, étendu. Je me suis demandé comment on rectifioit, on éclairoit, on étendoit l'esprit de l'homme; et je me suis répondu :

On le rectifie par l'étude des sciences rigoureuses. L'habitude de la démonstration prépare ce tact du vrai, qui se perfectionne par l'usage du monde et l'expérience des choses. Quand on a dans sa tête des modèles parfaits de dialectique, on y rapporte, sans presque s'en douter, les autres manières de raisonner. Avec l'instinct de la précision, on sent, dans les cas même de probabilité, les écarts plus ou moins grands de la ligne du vrai. On apprécie les incertitudes; on calcule les chances; on fait sa part et celle du sort; et c'est en ce sens que les mathématiques deviennent une science usuelle, une règle de la vie, une balance universelle; et qu'Euclide, qui m'apprend à comparer les avantages et les désavantages d'une action, est encore un maître de morale. L'esprit géométrique et l'esprit juste, c'est le même esprit. Mais, dira-t-on, rien n'est moins rare qu'un géomètre qui a l'esprit faux. D'accord; c'est alors un vice de la nature, que la science n'a pu corriger. Si l'on ne s'attendoit pas à de la justesse dans un géomètre, on ne s'étonneroit pas de n'y en point trouver.

On éclaire l'esprit par l'usage des sens le plus étendu, et par les connoissances acquises, entre lesquelles il faut donner la préférence à celles de l'état auquel on est destiné. On peut, sans conséquence et sans honte, ignorer beaucoup de choses hors de son état. Qu'importe que Thémistocle sache ou ne sache pas jouer de la lyre? Mais les connoissances de son état, il faut les avoir toutes, et les avoir bien.

Étendre l'esprit est, à mon sens, un des points les plus importans, les plus faciles et les moins pratiqués. Cet art se réduit presque en tout à voir d'abord nettement un certain nombre d'individus, nombre qu'on réduit ensuite à l'unité. C'est ainsi qu'on parvient à saisir aussi distinctement un million d'objets qu'une dixaine d'objets. Le nombre, le mouvement, l'espace et la durée sont les premiers élémens sur lesquels il faut exercer l'esprit ; et je ne connois pas encore la limite de ce que l'imagination bien cultivée peut embrasser. Le monde est trop étroit pour elle ; elle voit au-delà des yeux et des télescopes. Conduite de la considération des individus à celle des masses, l'ame s'habitue à s'occuper de grandes choses, à s'en occuper sans effort et sans négliger les petites. La vraie étendue de l'esprit dérive originairement de l'esprit d'ordre. Les bons maîtres sont rares, parce qu'ils traînent leurs élèves pied à pied ; et qu'on fait avec eux une route immense, sans qu'ils s'avisent d'arrêter leurs élèves sur les sommités, et de promener leurs regards autour de l'horizon.

Je prise infiniment moins les connoissances acquises, que les vertus ; et infiniment plus l'étendue de l'esprit, que les connoissances acquises. Celles-ci s'effacent ; l'étendue de l'esprit reste. Il y a, entre l'esprit étendu et l'esprit cultivé, la différence de l'homme et de son coffre-fort.

On est honnête homme ; on a l'esprit étendu ; mais on manque de goût : et je ne veux pas qu'Alexandre fasse rire ceux qui broient les couleurs dans l'atelier d'Apelle. Comment donnerai-je du goût à mon enfant, me suis-je dit ? et je me suis répondu : Le goût est le sentiment du vrai, du beau, du grand, du sublime, du décent, de l'honnête dans les mœurs, dans les ouvrages d'esprit, dans l'imitation ou l'emploi des productions de la nature. Il tient en partie à la perfection des organes ; et se forme, par les exemples, la réflexion et les modèles. Voyons de belles choses ; lisons de bons ouvrages ; vivons avec des hommes ; rendons-nous toujours compte de notre admiration ; et le moment viendra où nous prononcerons aussi sûrement, aussi promptement de la beauté des objets que de leurs dimensions.

On a de la vertu, de la probité, des connoissances, du génie, même du goût ; et l'on ne plaît pas. Cependant il faut plaire. L'art de plaire tient à des qualités qui ne s'acquièrent point. Prenez de temps-en-temps votre enfant par la main, et menez-le sacrifier aux Graces. Mais où est leur autel ? Il est à côté de vous, sous vos pieds, sur vos genoux.

Les enfans des maîtres du monde n'eurent d'autres écoles que la maison et la table de leurs pères. Agir devant ses enfans, et agir noblement, sans se proposer pour modèle ; les appercevoir sans cesse, sans les regarder ; parler bien, et rarement interroger ; penser juste, et penser tout haut ; s'affliger des fautes graves, moyen sûr de corriger un enfant sensible : les ridicules ne valent que les petits frais de la plaisanterie ; n'en pas faire d'autre ; prendre ces marmousets-là pour des personnages, puisqu'ils en ont la manie ; être leur ami, et par conséquent obtenir leur confiance sans l'exiger ; s'ils déraisonnent, comme il est de leur âge, les mener imperceptiblement jusqu'à quelque conséquence bien absurde, et leur demander en riant : Est-ce là ce que vous vouliez dire ? en un mot, leur dérober sans cesse leurs lisières, afin de conserver en eux le sentiment de la dignité, de la franchise, de la liberté ; et de les accoutumer à ne reconnoître de despotisme que celui de la vertu et de la vérité. Si votre fils rougit en secret, ignorez sa honte ; accroissez-la en l'embrassant ; accablez-le d'un éloge, d'une caresse qu'il sait ne pas mériter. Si par hazard une larme s'échappe de ses yeux, arrachez-vous de ses bras ; allez pleurer de joie dans un endroit écarté ; vous êtes la plus heureuse des mères.

Sur-tout gardez-vous de lui prêcher toutes les vertus, et de lui vouloir trop de talens. Lui prêcher toutes les vertus, seroit une tâche trop forte pour vous et pour lui. Tenez-vous-en à la véracité ; rendez-le vrai, mais vrai sans réserve ; et comptez que cette seule vertu amènera avec elle le goût de toutes les autres.

Cultiver en lui tous les talens, c'est le moyen sûr qu'il n'en ait aucun. N'exigez de lui qu'une chose, c'est de s'exprimer toujours purement et clairement; d'où résultera l'habitude d'avoir bien vu dans sa tête avant que de parler; et de cette habitude, la justesse de l'esprit.

Je ne sais ce que c'est que l'éducation libérale, ou la voilà.

Mais à quoi serviront tant de soins, sans la santé ? la santé, sans laquelle on n'est ni bon, ni méchant; on n'est rien. On obtient la santé par l'exercice et la sobriété.

Ensuite un ordre invariable dans les devoirs de la journée : cela est essentiel.

Voilà, madame, ce que je vous écrivois avant que de vous avoir lue : ensuite je me suis apperçu, qu'entre plusieurs idées qui nous étoient communes, il n'y en avoit aucune qui se contrariât. Je m'en suis félicité ; et j'ai pensé que je pourrois bien avoir de la raison et du goût, puisque de moi-même j'avois tiré les vraies conséquences des principes que mon aimable et belle comtesse avoit posés. Il n'y a guère d'autre différence entre sa lettre et la mienne, que celle des sexes.

AVERTISSEMENT DE L'ÉDITEUR.

Il est rare que la vie publique ou privée des savans et des philosophes, qui ont marqué dans l'histoire des sciences, n'offre pas quelques particularités qui méritent d'être connues : celle de *Boulanger*, enlevé par une mort prématurée aux lettres qu'il cultivoit avec tant d'ardeur et de succès, doit, à plusieurs égards, exciter la curiosité du lecteur. Diderot, qui avoit été intimement lié avec lui, a recueilli sur cette espèce de phénomène littéraire plusieurs faits curieux qui sont consignés dans la lettre suivante écrite à M. le baron d'Holbach, et imprimée à la tête de l'*Antiquité dévoilée par ses usages*. M. d'Holbach, qui a publié cet ouvrage dont le manuscrit lui avoit été confié à ce dessein par l'auteur, avoit demandé à Diderot une courte notice sur la vie de ce savant, leur ami commun; et il reçut le lendemain la lettre qu'on va lire, et dans laquelle, parmi plusieurs idées profondes et très-philosophiques, on trouve des pages de la plus grande éloquence.

LETTRE
SUR BOULANGER.

Nicolas-Antoine Boulanger naquit à Paris, d'une famille honnête, le 11 novembre 1722 : il fit ses humanités au collège de Beauvais. Il montra si peu d'aptitude pour les lettres, que M. l'abbé Crévier, son professeur de rhétorique, avoit peine à croire que cet homme, qui se distingua ensuite par sa pénétration et ses connoissances, sous le nom de *Boulanger*, fût le même que celui qu'il avoit eu pour disciple. Ces exemples d'enfans rendus ineptes entre les mains des pédans (*) qui les abrutissent

---

(*) Le mépris de La Fontaine pour les pédans perce dans plusieurs endroits de ses fables. Il leur fait même un reproche très-grave, et malheureusement très-fondé.

> Certain enfant qui sentoit son collège;
> Doublement sot et doublement fripon
> Par le jeune âge et par le privilège
> Qu'ont les pédans de gâter la raison, etc.

Ces vers semblent être une juste représaille du tort que les instituteurs de La Fontaine firent à sa première éducation.

« Élevé par des maîtres qui n'avoient pas, comme

en dépit de la nature la plus heureuse, ne sont pas rares ; cependant ils surprennent toujours.

En 1739, il s'appliqua aux mathématiques et à l'architecture ; et ce ne fut pas sans succès ; c'est-à-dire, qu'avec les connoissances propres à ces deux genres d'études, il puisa, dans le premier, un esprit net et juste ; et dans l'autre, un goût simple et grand.

Il accompagna M. le baron de Thiers à l'armée,

» Socrate, l'art de faire *enfanter les esprits*, et d'en
» deviner, par une finesse de tact et d'instinct très-
» difficile à acquérir, le caractère propre et particulier,
» il resta vingt-deux ans dans une espèce d'inertie qui,
» s'il eût été moins heureusement né, auroit éteint le
» feu de son imagination, et peut-être entièrement
» brisé les ressorts les plus utiles, les plus actifs et les
» plus puissans de l'ame, l'intérêt et les passions.
» Mais il est des hommes privilégiés, que les préjugés,
» le pédantisme et les vues étroites de ceux auxquels
» on confie ordinairement l'institution de sa jeunesse
» ne peuvent point abrutir : la société offre quelques
» exemples de ce fait ; et La Fontaine en est un ».
Voyez la notice sur la vie de La Fontaine à la tête d'une édition de ses Fables, imprimée par Didot l'ainé en 1787.

Lorsque j'écrivis le passage qu'on vient de lire, je ne me rappelai pas l'exemple de *Boulanger*, dont j'aurois pu fortifier ce que je dis ici du vice de l'éducation de La Fontaine.

NOTE DE L'ÉDITEUR.

en qualité de son ingénieur particulier, fonction qu'il exerça pendant les années 1743 et 1744, jusqu'au siége de Fribourg.

Il entra dans les ponts et chaussées en 1745, et fut envoyé dans la Champagne, la Lorraine et la Bourgogne, pour y exécuter différens ouvrages publics.

Il construisit le pont de Vaucouleurs, sur le passage de la France en Lorraine : il fut interrompu dans la conduite de celui de Foulain, près de Langres, par une maladie grave qui le relégua et le retint, une saison entière, à Châlons-sur-Marne.

Il est impossible que le séjour habituel des champs, le spectacle assidu de la nature, la vue des montagnes, des rivières et des forêts, l'empire absolu sur un nombreux atelier, la conduite des grands travaux, n'élèvent une âme bien faite, et ne l'étendent. Mais combien de fois n'ai-je pas vu la sienne pénétrée de compassion pour le sort de ces malheureux qu'on arrache à leur chaume, et qu'on appelle, de plusieurs lieues, à la construction des routes, sans leur fournir seulement le pain dont ils manquent, et sans donner du foin et de la paille à leurs animaux, dont on dispose ! Il ne parloit jamais de cette inhumanité, si contraire au caractère d'un gouvernement doux et d'une nation bienfaisante, sans déceler une indignation amère et profonde.

Il sortit de Châlons pour venir à Paris assurer

dans le sein de sa famille sa guérison et sa convalescence.

Ses supérieurs dans les ponts et chaussées, convaincus de ses talens, et satisfaits de sa conduite, l'employèrent en Touraine aux mêmes opérations qu'il avoit dirigées en d'autres provinces. Par-tout il fit voir qu'il étoit possible de concilier les intérêts particuliers avec ceux de la chose publique : il étoit bien loin de servir les petites haines d'un homme puissant, en coupant les jardins d'un pauvre paysan par un grand chemin qui pouvoit être conduit sans causer de dommage.

On sait que le corps des ponts et chaussées est distribué par généralités : il entra dans celle de Paris en 1751 : il avoit obtenu le grade de sous-ingénieur en 1749.

En 1755, il fut employé sur la route d'Orléans; mais des travaux au-dessus de ses forces, et des études continuées au milieu de ces travaux, avoient épuisé sa santé naturellement foible; et il fut obligé de solliciter sa retraite des ponts et chaussées en 1758: on la lui accorda avec un brevet d'ingénieur, distinction qu'il méritoit bien, et qui, je crois, n'avoit point encore été accordée. Il sentit alors que sa fin approchoit; et en effet elle ne tarda pas à arriver : il mourut le 16 septembre 1759.

J'ai été intimement lié avec lui. Il étoit d'une figure peu avantageuse; sa tête applatie, plus large que longue, sa bouche très-ouverte, son nez court et écrasé, le bas de son menton étroit et saillant, lui donnoient avec Socrate, tel que quelques pierres antiques nous le montrent, une ressemblance qui me frappe encore.

Il étoit maigre ; ses jambes grêles le faisoient paroître plus grand qu'il ne l'étoit en effet: il avoit de la vivacité dans les yeux : sérieux en société, gai avec ses amis : il se plaisoit aux entretiens de philosophie, d'histoire et d'érudition. Son esprit s'étoit tout-à-fait tourné de ce côté ; il étoit simple de caractère, et de mœurs très-innocentes; doux, quoique vif; et peu contredisant, quoiqu'infiniment instruit. Je n'ai guère vu d'homme qui rentrât plus subitement en lui-même, lorsqu'il étoit frappé de quelqu'idée nouvelle, soit qu'elle lui vînt, ou qu'un autre la lui offrît : le changement qui se faisoit alors dans ses yeux étoit si marqué, qu'on eût dit que son ame le quittoit pour se cacher en un repli de son cerveau.

Une imagination forte, jointe à des connoissances étendues et diverses, et à une sagacité peu commune, lui indiquoit des liaisons fines, et des points d'analogie entre les objets les plus éloignés.

Les dernières années de sa vie furent laborieuses, contemplatives et retirées. Quelquefois je le comparois à cet insecte solitaire et couvert d'yeux, qui tire de ses intestins une soie qu'il parvient à attacher d'un point du plus vaste appartement à un autre point éloigné ; et qui, se servant de ce premier fil pour base de son merveilleux et subtil ouvrage, jette à droite et à gauche une infinité d'autres fils, et finit par occuper tout l'espace environnant de sa toile : et cette comparaison ne l'offensoit point. C'est dans l'intervalle du monde ancien au monde nouveau que notre philosophe tendoit des fils : il cherchoit à remonter de l'état actuel des choses, à ce qu'elles avoient été dans les temps les plus reculés.

Si jamais homme a montré dans sa marche les vrais caractères du génie, c'est celui-ci.

Au milieu d'une persécution domestique (*) qui a commencé avec sa vie, et qui n'a cessé qu'avec elle ; au milieu des distractions les plus réitérées et des occupations les plus pénibles, il parcourut une carrière immense. Quand on feuillette ses ouvrages, on croiroit qu'il a vécu plus d'un siècle ; cependant il n'a vu, lu, regardé, réfléchi, médité, écrit, vécu qu'un moment : c'est qu'on peut dire de lui, ce qu'Homère a dit des chevaux des dieux : autant l'œil découvre au loin d'espace dans

---

(*) Ses parens étoient très-dévots ; et il ne l'étoit guère. Il s'accommodoit fort bien de leurs opinions, mais ils ne lui pardonnoient pas les siennes ; ils disoient comme le Christ : *Celui qui n'est pas pour nous, est contre nous.*

NOTE DE L'ÉDITEUR.

les cieux, autant les célestes coursiers en franchissent d'un saut.

Après de mauvaises études ébauchées dans des écoles publiques, il fut jeté sur les grands chemins; ce fut là qu'il consuma son temps, sa santé et sa vie à conduire des rivières, à couper des montagnes, et à exécuter ces grandes routes, qui font de la France un royaume unique, et qui caractérisent à jamais le règne de Louis XV.

Ce fut aussi là, que se développa le germe précieux qu'il portoit en lui. Il vit la multitude de substances diverses, que la terre récèle dans son sein, et qui attestent son ancienneté et la suite innombrable de ses révolutions sous l'astre qui l'éclaire; les climats changés, et les contrées qu'un soleil perpendiculaire brûloit autrefois, maintenant effleurées de ses rayons obliques et passagers, et chargées de glaces éternelles. Il ramassa du bois, des pierres, des coquilles; il vit, dans nos carrières, l'empreinte des plantes qui naissent sur la côte de l'Inde; la charrue retourner, dans nos champs, des êtres dont les analogues sont cachés dans l'abîme des mers; l'homme couché au nord sur les os de l'éléphant, et se promenant ici sur la demeure des baleines. Il vit la nourriture d'un monde présent croissant sur la surface de cent mondes passés; il considéra l'ordre que les couches de la terre gardoient entre elles; ordre tantôt si régulier, tantôt si troublé, qu'ici le globe tout neuf semble sortir des mains du grand ouvrier ; là, n'offrir qu'un chaos ancien qui cherche à se débrouiller ; ailleurs, que les ruines d'un vaste édifice renversé, reconstruit et renversé derechef, sans qu'à travers tant de bouleversemens successifs, l'imagination même puisse remonter au premier.

Voilà ce qui donna lieu à ses premières pensées. Après avoir considéré de toutes parts les traces du malheur de la terre, il en chercha l'influence sur ses vieux habitans ; de-là ses conjectures sur les sociétés, les gouvernemens et les religions. Mais il s'agissoit de vérifier ces conjectures, en les comparant avec la tradition et les histoires ; et il dit : J'ai vu, j'ai cherché à deviner ; voyons maintenant ce qu'on a dit, et ce qui est. Alors il porta les mains sur les auteurs latins ; et il s'apperçut qu'il ne savoit pas le latin : il l'apprit donc ; mais il s'en manqua de beaucoup qu'il en pût tirer les éclaircissemens qui lui étoient nécessaires ; il trouva les Latins trop ignorans et trop jeunes.

Il se proposa d'interroger les Grecs. Il apprit leur langue, et en eut bientôt dévoré les poëtes, les philosophes et les historiens ; mais il ne rencontra dans les Grecs que fictions, mensonges et vanité ; un peuple défigurant tout, pour s'approprier tout ; des enfans qui se repaissoient de contes merveilleux, où une petite circonstance historique, une lueur de vérité alloit se perdre dans des ténèbres épaisses ; par-tout, de quoi inspirer le poëte, le peintre et le statuaire, et de quoi désespérer le philosophe. Il ne douta pas qu'il n'y eût des récits plus antérieurs et plus simples ; et il se précipita courageusement dans l'étude des langues hébraïque, syriaque, chaldéenne et arabe, tant anciennes que modernes. Quel travail ! quelle opiniâtreté ! Voilà les connoissances qu'il avoit acquises, lorsqu'il se promit de débrouiller la mythologie.

Je lui ai entendu dire plusieurs fois que les systèmes de nos érudits étoient tous vrais ; et qu'il ne leur avoit manqué que plus d'étude et plus d'attention, pour voir qu'ils étoient d'accord, et se donner la main.

Il regardoit le gouvernement sacerdotal et théocratique comme le plus ancien connu : il inclinoit à croire que les sauvages descendoient de familles errantes, que la terreur des premiers grands événemens avoit confinées dans des forêts où ils avoient perdu les idées de police, comme nous les voyons s'affoiblir dans nos cénobites, à qui il ne faudroit qu'un peu plus de solitude pour être métamorphosés en sauvages.

Il disoit que, si la philosophie avoit trouvé tant d'obstacles parmi nous, c'étoit qu'on avoit commencé par où il auroit fallu finir, par des maximes abstraites, des raisonnemens généraux, des réflexions subtiles qui ont révolté par leur étrangeté et leur hardiesse, et qu'on auroit admises sans peine, si elles avoient été précédées de l'histoire des faits.

Il lisoit et étudioit par-tout : je l'ai moi-même rencontré sur les grandes routes avec un auteur rabinique à la main.

Ses liaisons se bornoient à quelques gens de lettres, et à un petit nombre de personnes du monde.

Il étoit attaqué d'une maladie bizarre, qui se portoit sur toutes les parties de son corps, à la tête, aux yeux, à la poitrine, à l'estomac, aux entrailles; et qui s'irritoit également par les remèdes opposés. Il étoit allé passer quelque temps à la campagne chez un honnête et célèbre philosophe, alors persécuté (*). Son état étoit déjà très-fâcheux; il sentit qu'il empiroit, et se hâta de revenir à Paris dans la maison paternelle, où il mourut peu de semaines après son retour.

A juger des progrès surprenans qu'il avoit faits dans les langues anciennes et modernes; dans l'histoire de la nature; celle des hommes; de leurs

---

(*) *Feu M. Helvétius.* C'est à lui qu'il dédia ses *Recherches sur l'origine du despotisme oriental*, dont la première édition a été faite à Genève. Cette épître dédicatoire est très-belle et très-philosophique : elle manque dans plusieurs éditions, particulièrement dans celle publiée à Londres, par M. Wilkes.

NOTE DE L'ÉDITEUR.

mœurs, de leurs coutumes, de leurs usages ; la philosophie, et le peu de temps qu'il avoit pu donner à l'étude, il eût été nommé parmi les plus savans hommes de l'Europe, si la nature lui avoit accordé les années qu'elle accorde ordinairement à ses enfans. Mais consolons-nous; si une mort prématurée l'a ravi aux lettres et à la philosophie qu'il honoroit, elle l'a ravi aussi à la fureur des intolérans, qui l'attendoit: l'imprudence qu'il avoit eue de répandre quelques exemplaires manuscrits de son *Despotisme oriental*, auroit infailliblement disposé du repos de ses jours ; et nous aurions vu l'ami des hommes et de la vérité, fuyant de contrée en contrée devant les prêtres du mensonge, à qui il ne reste qu'à frémir de rage autour de sa tombe.

Il a écrit dans sa jeunesse une vie d'Alexandre, qui n'a point été imprimée.

Il a laissé en manuscrit un dictionnaire considérable, qu'on pourroit regarder comme une concordance des langues anciennes et modernes, fondée sur l'analogie des mots simples et composés de ses langues, sans en excepter la langue française: cet ouvrage est en trois volumes *in-folio* (*).

(*) Il est écrit tout entier de la main de Boulanger, et d'une écriture fort nette. Marc-Michel Rey ayant su que ce dictionnaire étoit entre les mains du père de ce philosophe, me pria de l'aller trouver et de lui

On a publié, il y a quelques années, son traité du *Despotisme oriental ;* c'étoit le dernier chapitre de l'ouvrage connu sous le titre de *l'Antiquité dévoilée par ses usages,* qu'il en détacha lui-même pour en faire un ouvrage à part. Il n'a manqué au *Despotisme oriental,* pour être une des plus belles productions de l'esprit humain, qu'une forme plus concise et moins dogmatique, forme qu'il convient d'affecter toutes les fois que l'objet n'est pas démontrable. Il faut alors plus compter sur l'imagination du lecteur que sur la solidité des preuves; donner peu à lire, et laisser beaucoup à penser.

Outre les *Dissertations sur Esope le fabuliste ; sur Elie et Enoch ; sur saint Pierre,* il en a composé deux autres sur saint Roch et sainte Geneviève, qui se sont égarées (*).

---

offrir quinze louis de ce manuscrit. Ma proposition fut acceptée ; et j'emportai le livre que j'envoyai à Rey: ce libraire avoit d'abord eu dessein de le publier; mais il changea depuis d'avis, et le vendit, je crois, à une bibliothèque publique de Leyde ou d'Amsterdam.

(*) Ces deux dernières dissertations sont peu considérables. L'auteur y prouve, comme dans celle sur saint Pierre, qu'on a fait la légende de ce prétendu saint et de cette sainte également supposée avec les diverses significations de leur nom. Geneviève n'est que la nouvelle porte, *janua nova,* etc.

NOTES DE L'ÉDITEUR.

J'ai encore vu de lui une *Histoire naturelle du cours de la Marne*, et une *Histoire naturelle du cours de la Loire*, avec figures. Ces deux morceaux sont apparemment dans le cabinet de quelque curieux, qui n'en privera pas le public.

Il a aussi fait graver une mappemonde relative aux sinuosités du continent, aux angles alternatifs des montagnes et des rivières. Le globe terrestre y est divisé en deux hémisphères; les eaux occupent l'un en entier; les continens occupent tout l'autre; et par une singularité remarquable, il se trouve que le méridien du continent général passe par Paris.

RÉFLEXIONS

SUR

LE LIVRE DE L'ESPRIT,

PAR M. HELVETIUS.

Aucun ouvrage n'a fait autant de bruit. La matière et le nom de l'auteur y ont contribué. Il y a quinze ans que l'auteur y travaille ; il y en a sept ou huit qu'il a quitté sa place de fermier-général pour prendre la femme qu'il a, et s'occuper de l'étude des lettres et de la philosophie. Il vit pendant six mois de l'année à la campagne, retiré avec un petit nombre de personnes qu'il s'est attachées ; et il a une maison fort agréable à Paris. Ce qu'il y a de sûr, c'est qu'il ne tient qu'à lui d'être heureux ; car il a des amis, une femme charmante, du sens, de l'esprit, de la considération dans ce monde, de la fortune, de la santé et de la gaieté.... Les sots, les envieux et les bigots ont dû se soulever contre ses principes ; et c'est bien du monde.... L'objet de son ouvrage est de considérer l'esprit humain sous différentes faces, et de s'appuyer par-tout de faits. Ainsi il traite d'abord de l'esprit humain en lui-même. Il le considère ensuite relativement à la vérité et à l'erreur.... Il paroît attribuer la sensibilité à la matière en général; système qui convient fort aux philosophes, et contre lequel les superstitieux ne peuvent s'élever sans se précipiter dans de grandes difficultés. Les animaux sentent, on n'en peut guère douter: or, la sensibilité est en eux ou une propriété de la matière, ou une qualité d'une substance spirituelle. Les superstitieux n'osent avouer ni l'un, ni l'autre.... L'auteur de l'Esprit réduit toutes les fonctions intellectuelles à la sensibilité. Appercevoir ou sentir, c'est la même chose, selon lui. Juger ou sentir, c'est la même chose.... Il ne reconnoît de différence entre l'homme et la bête, que celle de l'organisation. Ainsi, alongez à un homme le museau; figurez-lui le nez, les yeux, les dents, les oreilles comme à un chien; couvrez-le de poils; mettez-le à quatre pattes; et cet homme, fût-il un docteur de Sorbonne, ainsi métamorphosé, fera toutes les fonctions du chien; il aboiera, au-lieu d'argumenter; il rongera des os, au-lieu de résoudre des sophismes; son activité principale se ramassera vers l'odorat; il aura presque toute son ame dans le nez; et il suivra un lapin ou un lièvre à la piste, au-lieu d'éventer un athée ou un hérétique.... D'un autre côté, prenez un chien; dressez-le sur les pieds de derrière; arrondissez-lui la tête, raccourcissez-lui le museau, ôtez-lui le poil et la queue ; et vous en ferez un docteur, réfléchissant profondément sur les mystères de la prédestination et de la grace.... Si l'on considère qu'un homme ne diffère d'un autre homme que par l'organisation, et ne diffère de lui-même que par la variété qui survient dans les organes ; si on le voit balbutiant dans l'enfance, raisonnant dans l'âge mûr, et balbutiant de rechef dans la vieillesse ; ce qu'il est dans l'état de santé et de maladie, de tranquillité et de passion, on ne sera pas éloigné de ce système.... En considérant l'esprit relativement à l'erreur et à la vérité, M. Helvétius se persuade qu'il n'y a point d'esprit faux. Il rapporte tous nos jugemens erronés à l'ignorance, à l'abus des mots et à la fougue des passions.... Si un homme raisonne mal, c'est qu'il n'a pas les données pour raisonner mieux. Il n'a pas considéré l'objet sous toutes ses faces. L'auteur fait l'application de ce principe au luxe, sur lequel on a tant écrit pour et contre. Il fait voir que ceux qui l'ont défendu avoient raison, et que ceux qui l'ont attaqué avoient aussi raison dans ce qu'ils disoient les uns et les autres. Mais ni les uns, ni les autres n'en venoient à la comparaison des avantages et des désavantages, et ne pouvoient former un résultat, faute de connoissances. M. Helvétius résout cette grande question ; et c'est un des plus beaux endroits de son livre.... Ce qu'il dit de l'abus des mots est superficiel, mais agréable. En général, c'est le caractère principal de l'ouvrage, d'être agréable à lire dans les matières les plus sèches, parce qu'il est semé d'une infinité de traits historiques qui soulagent. L'auteur fait l'application de l'abus des mots à la matière, au temps et à l'espace. Il est ici fort court et fort serré; et il n'est pas difficile de deviner pourquoi. Il y en a assez pour mettre un bon esprit sur la voie, et pour faire jeter les hauts cris à ceux qui nous jettent de la poussière aux yeux par état.... Il applique ce qu'il pense des erreurs de la passion à l'esprit de conquête et à l'amour de la réputation; et en faisant raisonner deux hommes à qui ces deux passions ont troublé le jugement, il montre comment les passions nous égarent en général. Ce chapitre est encore fourré d'historiettes agréables, et d'autres traits hardis et vigoureux. Il y a un certain prêtre égyptien, qui gourmande très-éloquemment quelques incrédules, de ce qu'ils ne voient dans le bœuf Apis qu'un bœuf; et ce prêtre ressemble à beaucoup d'autres.... Voilà en abrégé l'objet et la matière du premier discours. Il y en a trois autres, dont nous parlerons dans la suite.

Après avoir considéré l'esprit en lui-même, M. Helvétius le considère par rapport à la société. Selon lui, l'intérêt général est la mesure de l'estime que nous faisons de l'esprit, et non la difficulté de l'objet ou l'étendue des lumières. Il en pouvoit citer un exemple bien frappant. Qu'un géomètre place trois points sur son papier; qu'il suppose que ces trois points s'attirent tous les trois dans le rapport inverse du quarré des distances; et qu'il cherche ensuite le mouvement et la trace de ces trois points. Ce problême résolu, il le lira dans quelques séances d'académie: on l'écoutera; on imprimera sa solution dans un recueil, où elle sera confondue avec mille autres, et oubliée; et à-peine en sera-t-il question ni dans le monde, ni entre les savans. Mais si ces trois points viennent à représenter les trois corps principaux de la nature; que l'un s'appelle la terre; l'autre, la lune; et le troisième, le soleil; alors la solution du problême des trois points représentera la loi des corps célestes: le géomètre s'appellera Newton; et sa mémoire vivra éternellement parmi les hommes. Cependant, que les trois points ne soient que trois points, ou que ces trois points représentent trois corps célestes, la sagacité est la même; mais l'intérêt est tout autre, et la considération publique aussi. Il faut porter le même jugement de la probité. L'auteur la considère en elle-même; ou relativement à un particulier, à une petite société, à une nation, à différens siècles, à différens pays, et à l'univers entier. Dans tous ces rapports, l'intérêt est toujours la mesure du cas qu'on en fait. C'est même cet intérêt qui la constitue : en sorte que l'auteur n'admet point de justice ni d'injustice absolue. C'est son second paradoxe.... Ce paradoxe est faux en lui-même, et dangereux à établir : faux, parce qu'il est possible de trouver dans nos besoins naturels, dans notre vie, dans notre existence, dans notre organisation et notre sensibilité qui nous exposent à la douleur, une base éternelle du juste et de l'injuste, dont l'intérêt général et particulier fait ensuite varier la notion en cent mille manières différentes. C'est, à-la-vérité, l'intérêt général et particulier qui métamorphose l'idée de juste et d'injuste; mais son essence en est indépendante. Ce qui paroît avoir induit notre auteur en erreur, c'est qu'il s'en est tenu aux faits qui lui ont montré le juste ou l'injuste sous cent mille formes opposées, et qu'il a fermé les yeux sur la nature de l'homme, où il en auroit reconnu les fondemens et l'origine..... Il me paroît n'avoir pas eu une idée exacte de ce qu'on entend par la probité relative à tout l'univers. Il en a fait un mot vide de sens : ce qui ne lui seroit point arrivé, s'il eût considéré qu'en quelque lieu du monde que ce soit, celui qui donne à boire à l'homme qui a soif, et à manger à celui qui a faim, est un homme de bien; et que la probité, relative à l'univers, n'est autre chose qu'un sentiment de bienfaisance qui embrasse l'espèce humaine en général; sentiment qui n'est ni faux ni chimérique.... Voilà l'objet et l'analyse du discours, où l'auteur agite encore, par occasion, plusieurs questions importantes, telles que celles des vraies et des fausses vertus, du bon ton, du bel usage, des moralistes, des moralistes hypocrites, de l'importance de la morale, des moyens de la perfectionner.

L'objet de son troisième discours, c'est l'esprit considéré, ou comme un don de la nature, ou comme un effet de l'éducation. Ici, l'auteur se propose de montrer que, de toutes les causes par lesquelles les hommes, peuvent différer entre eux, l'organisation est la moindre; en sorte qu'il n'y a point d'homme, en qui la passion, l'intérêt, l'éducation, les hazards n'eussent pu surmonter les obstacles de la nature, et en faire un grand homme; et qu'il n'y a pas non plus un grand homme, dont le défaut de passion, d'intérêt, d'éducation et de certains hazards n'eussent pu faire un stupide, en dépit de la plus heureuse organisation. C'est son troisième paradoxe. *Credat judæus apella*.... L'auteur est obligé ici d'apprécier toutes les qualités de l'ame, considérées dans un homme relativement à un autre; ce qu'il fait avec beaucoup de sagacité; et quelque répugnance qu'on ait à recevoir un paradoxe aussi étrange que le sien, on ne le lit pas sans se sentir ébranlé..... Le faux de tout ce discours me paroît tenir à plusieurs causes, dont voici les principales. 1.° L'auteur ne sait pas, ou paroît ignorer la différence prodigieuse qu'il y a entre les effets (quelque légère que soit celle qu'il y a entre les causes), lorsque les causes agissent long-temps et sans cesse. 2.° Il n'a pas considéré ni la variété des caractères, l'un froid, l'autre lent, l'un triste, l'autre mélancolique, gai, etc., ni l'homme dans ses différens âges; dans la santé et dans la maladie; dans le plaisir et dans la peine; en un mot, combien il diffère de lui-même en mille circonstances où il survient le plus léger dérangement dans l'organisation. Une légère altération dans le cerveau réduit l'homme de génie à l'état d'imbécillité. Que fera-t-il de cet homme, si l'altération, au-lieu d'être accidentelle et passagère, est naturelle? 3.° Il n'a pas vu qu'après avoir fait consister toute la différence de l'homme à la bête dans l'organisation, c'est se contredire que de ne pas faire consister aussi toute la différence de l'homme de génie à l'homme ordinaire dans la même cause. En un mot, tout le troisième discours me semble un faux calcul, où l'on n'a fait entrer ni tous les élémens, ni les élémens qu'on a employés, pour leur juste valeur. On n'a pas vu la barrière insurmontable qui sépare l'homme que la nature a destiné à quelque fonction, de l'homme qui n'y apporte que du travail, de l'intérêt, de l'attention, des passions.... Ce discours, faux dans le fond, est rempli de beaux détails sur l'origine des passions, sur leur énergie, sur l'avarice, sur l'ambition, l'orgueil, l'amitié, etc.... L'auteur avance, dans le même discours, sur le but des passions, un quatrième paradoxe ; c'est que le plaisir physique est le dernier objet qu'elles se proposent ; ce que je crois faux encore. Combien d'hommes, qui, après avoir épuisé dans leur jeunesse tout le bonheur physique qu'on peut espérer des passions, deviennent les uns avares, les autres ambitieux, les autres amoureux de la gloire ? Dira-t-on qu'ils ont en vue dans leur passion nouvelle, ces biens mêmes dont ils sont dégoûtés ?.... De l'esprit, de la probité, des passions, M. Helvétius passe à ce que ces qualités deviennent sous différens gouvernemens, et sur-tout sous le despotisme. Il n'a manqué à l'auteur que de voir le despotisme comme une bête assez hideuse, pour donner à ces chapitres plus de coloris et de force. Quoique remplis de vérités hardies, ils sont un peu languissans.

Le quatrième discours de M. Helvétius considère l'esprit sous ses différentes faces. C'est ou le génie, ou le sentiment, ou l'imagination, ou l'esprit proprement dit, ou l'esprit fin, ou l'esprit fort, ou le bel esprit, ou le goût, ou l'esprit juste, ou l'esprit de société, ou l'esprit de conduite, ou le bon sens, etc. D'où l'auteur passe à l'éducation et au genre d'étude qui convient selon la sorte d'esprit qu'on a reçue.... Il est aisé de voir que la base de cet ouvrage est posée sur quatre grands paradoxes.... La sensibilité est une propriété générale de la matière. Appercevoir, raisonner, juger, c'est sentir : premier paradoxe.... Il n'y a ni justice, ni injustice absolue. L'intérêt général est la mesure de l'estime des talens, et l'essence de la vertu : second paradoxe.... C'est l'éducation et non l'organisation qui fait la différence des hommes; et les hommes sortent des mains de la nature, tous presque également propres à tout : troisième paradoxe.... Le dernier but des passions sont les biens physiques : quatrième paradoxe.... Ajoutez à ce fond une multitude incroyable de choses sur le culte public, les mœurs et le gouvernement; sur l'homme, la législation et l'éducation; et vous connoîtrez toute la matière de cet ouvrage. Il est très-méthodique; et c'est un de ses défauts principaux; premièrement, parce que la méthode, quand elle est d'appareil, refroidit, appesantit et ralentit; secondement, parce qu'elle ôte à tout l'air de liberté et de génie; troisièmement, parce qu'elle a l'aspect d'argumentation; quatrièmement, et cette raison est particulière à l'ouvrage, c'est qu'il n'y a rien qui veuille être prouvé avec moins d'affectation, plus dérobé, moins annoncé qu'un paradoxe. Un auteur paradoxal ne doit jamais dire son mot, mais toujours ses preuves : il doit entrer furtivement dans l'ame de son lecteur, et non de vive force. C'est le grand art de Montaigne, qui ne veut jamais prouver, et qui va toujours prouvant, et me ballotant du blanc au noir, et du noir au blanc. D'ailleurs, l'appareil de la méthode ressemble à l'échafaud qu'on laisseroit toujours subsister après que le bâtiment est élevé. C'est une chose nécessaire pour travailler, mais qu'on ne doit plus appercevoir quand l'ouvrage est fini. Elle marque un esprit trop tranquille, trop maître de lui-même. L'esprit d'invention s'agite, se meut, se remue d'une manière déréglée ; il, cherche. L'esprit de méthode arrange, ordonne, et suppose que tout est trouvé.... Voilà le défaut principal de cet ouvrage. Si tout ce que l'auteur a écrit eût été entassé comme pêle-mêle ; qu'il n'y eût eu que dans l'esprit de l'auteur un ordre sourd, son livre eût été infiniment plus agréable, et, sans le paroître, infiniment plus dangereux.... Ajoutez à cela qu'il est rempli d'historiettes : or, les historiettes vont à merveille dans la bouche et dans l'écrit d'un homme qui semble n'avoir aucun but, et marcher en dandinant et nigaudant : au-lieu que, ces historiettes n'étant que des faits particuliers, on exige de l'auteur méthodique des raisons en abondance et des faits avec sobriété. ... Parmi les faits répandus dans le livre de l'Esprit, il y en a de mauvais goût et de mauvais choix. J'en dis autant des notes. Un ami sévère eût rendu en cela un bon service à l'auteur. D'un trait de plume, il en eût ôté tout ce qui déplaît.... Il y a dans cet ouvrage des vérités qui contristent l'homme, annoncées trop crûment.... Il y a des expressions qui se prennent dans le monde communément en mauvaise part, et auxquelles l'auteur donne, sans en avertir, une acception différente. Il auroit dû éviter cet inconvénient.... Il y a des chapitres importans, qui ne sont que croqués... Dix ans plus-tôt, cet ouvrage eût été tout neuf ; mais aujourd'hui l'esprit philosophique a fait tant de progrès, qu'on y trouve peu de choses nouvelles.... C'est proprement la préface de l'Esprit des loix, quoique l'auteur ne soit pas toujours du sentiment de Montesquieu.... Il est inconcevable que ce livre, fait exprès pour la nation, car par-tout il est clair, partout amusant, ayant par-tout du charme, les femmes y paroissent par-tout comme les idoles de l'auteur, étant proprement le plaidoyer des subordonnés contre leurs supérieurs, paroissant dans un temps où tous les ordres foulés sont assez mécontens, où l'esprit de fronde est plus à la mode que jamais, où le gouvernement n'est ni excessivement aimé, ni prodigieusement estimé; il est bien étonnant que, malgré cela, il ait révolté presque tous les esprits. C'est un paradoxe à expliquer.... Le style de cet ouvrage est de toutes les couleurs, comme l'arc-en-ciel ; folâtre, poétique, sévère, sublime, léger, élevé, ingénieux, grand, éclatant, tout ce qu'il plaît à l'auteur et au sujet... Résumons. Le livre de l'Esprit est l'ouvrage d'un homme de mérite. On y trouve beaucoup de principes généraux qui sont faux; mais en revanche, il y a une infinité de vérités de détail. L'auteur a monté la métaphysique et la morale sur un haut ton ; et tout écrivain qui voudra traiter la même matière, et qui se respectera, y regardera de près. Les ornemens y sont petits pour le bâtiment. Les choses d'imagination sont trop faites : il n'y a rien qui aime tant le négligé et l'ébouriffé que la chose imaginée. La clameur générale contre cet ouvrage montre peut-être combien il y a d'hypocrites de probité. Souvent les preuves de l'auteur sont trop foibles, eu égard à la force des assertions ; les assertions étant sur-tout énoncées nettement et clairement. Tout considéré, c'est un furieux coup de massue porté sur les préjugés en tout genre. Cet ouvrage sera donc utile aux hommes. Il donnera par la suite de la considération à l'auteur ; et quoiqu'il n'y ait pas le génie qui caractérise l'Esprit des loix de Montesquieu, et qui règne dans l'Histoire naturelle de Buffon, il sera pourtant compté parmi les grands livres du siècle.

TABLE DU TOME III.

Prospectus de l'Encyclopédie. . . . . page 3
Sur le projet d'une Encyclopédie. 49
Lettre au R. P. Berthier, jésuite. 203
Seconde lettre au R. P. Berthier, jésuite. . . 231
Aux jeunes gens qui se disposent à l'étude de la
   philosophie naturelle. 237
De l'interprétation de la nature. 239
Principes sur la matière et le mouvement. . . 223
Supplément au voyage de Bougainville. . . . 335
Lettre à madame la comtesse de Forbach, sur
   l'éducation des enfans. 401
Lettre sur Boulanger. 411
Réflexions sur le livre de l'Esprit, par M. Helvétius. 425

FIN DU TOME TROISIÈME.

www.ingramcontent.com/pod-product-compliance
Lightning Source LLC
Chambersburg PA
CBHW071113230426
43666CB00009B/1948